當代新儒學叢書

郭齊勇　高柏園
主編

蔡仁厚新儒學論文精選集

蔡仁厚　著

臺灣　學生書局　印行

當代新儒學叢書序

現當代新儒學思潮是從中國文化自身的大傳統中生長出來的、面對強勢的西方文化的挑戰應運而生的、20 世紀中國最具有根源性的思想文化的流派，是在現代中國反思與批判片面的現代性（包括全盤西化或俄化）的思想流派，也是在現代中國積極吸納西學、與西學對話，又重建傳統並與傳統對話的最有建設性與前瞻性的思想流派。這一思潮是非官方、非主流的，其代表人物都是在野的公共知識分子，故深具批判性與反思性，又是專家、學者兼教師，在哲學、史學與教育界等領域有著卓爾不群的建樹。這一思潮發揚中國傳統的人文精神，既有終極性的信念信仰，又不與自然或科學相對立，堅持社會文化理想與具體理性，揚棄工具理性，開啟了 21 世紀中國重釋、重建傳統與批判現代性弊症的文化走向，又延續至今，在中國思想文化界繼續發揮著積極健康的作用。在西化思潮席捲全球、包舉宇內的時代，國人把儒學棄之如蔽屣，洋人視儒學為博物館、圖書館，當此情勢下，有現當代新儒家興焉。這一思潮的代表人物正視儒學為活的生命，真正能繼承、解讀、弘揚儒學的真精神，創造性地轉化包括儒家、道家、佛教等思想資源在內的傳統文化，把中華文明的精華貢獻給全人類，積極參與世界與中國現代文明的建構，其功甚偉！所以，這一學派雖然很小，影響力有限，在臺灣也是寂寞的，但因思想深刻，不隨波逐流，值得人們珍視。

現當代新儒學思潮形成於 1915-1927 年發生的東西文化問題論戰與 1923 至 1924 年發生的「科學與人生觀」論戰期間。最早的代表人物是梁漱溟、張君勱、熊十力、馬一浮等。以上也可以視為本思潮發展的第一階段。以後的三個階段，時空轉移，頗有意思。第二階段發生在抗戰時期與勝利之後的中國大陸，第三階段發生在 1950 至 1970 年代的臺灣與香港地區，第四階段發生在 1970 至 1990 年代的海外（主要是美國），改革開放後又由一些華人學者帶回中國大陸。第一階段可以簡稱為五四以後的新儒學（家），第二階段可以簡稱為抗戰時期的新儒學（家），第三階段可以簡稱為港臺新儒學（家），第四階段可以簡稱為海外新儒學（家），改革開放後返輸中國大陸。其代表人物包括三代四群十六人：第一代第一群：梁漱溟、熊十力、馬一浮、張君勱；第一代第二群：馮友蘭、賀麟、錢穆、方東美；第二代第三群：唐君毅、牟宗三、徐復觀；第三代第四群：余英時、杜維明、劉述先、成中英、蔡仁厚。此外，現代新儒家陣營中，還應包括如下人物：陳榮捷、陳大齊、謝幼偉、張其昀、胡秋原等。

隨著對現當代新儒學思潮與人物研究的開展，兩岸三地湧現出一批專家學者及其研究成果。

2015 年，友人、學者高柏園教授與我商量在臺灣學生書局出版當代新儒學叢書事，他提出了本叢書的構想、計畫及兩岸三地的作者人選。當時柏園兄擔任校長職，公務繁忙，諸事請學生書局主編陳蕙文女史籌畫。陳蕙文主編很有眼光，又很幹練，很快寫出本叢書出版與編輯計畫書，全面闡述了出版緣由及具體方案，祈望本叢書的出版，能更進一步闡明現當代新儒家學說，以利儒家思想之傳播，為民族復興盡綿薄之力。

本叢書名為：當代新儒學叢書。叢書主編是高柏園教授與在下。擬收輯臺灣、大陸、香港、海外學者共 30 位。每本字數：25-30 萬字。叢書各冊為論文集形式，各篇論文多寡長短不限，也不論其是否曾經發表出版。每冊書後附作者簡介，與該作者新儒學研究論著目錄。

本叢書各冊擬於 2020 年及以後陸續出版，衷心感謝各位作者及學生書局各位同仁的辛勤付出，懇望得到學術界、讀書界的朋友們的指教！

是為序。

郭齊勇
2019 年夏天於山東嘉祥

當代新儒學叢書序

子曰：必也正名乎！今逢《當代新儒學叢書》開始陸續出版之際，正可對「當代新儒學」一名之意義做一說明，並指出其中可能的發展與價值之所在。

儒學可大分為三期，其一為孔孟荀為主軸的先秦儒學，其核心關懷是周文疲弊的問題。其二為宋明新儒學，牟宗三先生認為其新有二義，其一是宋明理學之伊川朱子學，此為歧出轉向之新，其二是伊川朱子學之外者，其乃調適上遂之新。宋明儒學的核心關懷是回應佛老在文化與學術上之挑戰，並積極建構儒學自身的學問系統。今日所言之當代新儒學乃是屬於中國哲學史上第三期儒學，其代表性人物有熊十力、梁漱溟、張君勱、唐君毅、牟宗三、徐復觀等人，其核心關懷乃是中國及其文化，在面對西方文化入侵與挑戰之時，如何一方面靈根自植，真實護持中國文化之價值，另一方面遍地開花，對文化、民主、科學等問題，予以全面性、整體性的批判、回應與建構。其實，這樣的關懷並非當代新儒家的專利，也是當代中國人的共同關懷，而當代新儒家之為當代新儒家，乃是對此問題有其特殊的角度與立場，此即是當代新儒學的特質所在，也可以說是當代新儒學的理論性與系統性所在。

儒釋道三教是中國文化的主要內容，而三教之為三教在其有各自的教相，也就有其特殊性與系統性，缺少系統性就無法成為一套特殊的立場與教相。當代新儒家的教相或系統性有三個重點：其一是道德的理想主義，理想主義可以有不同型態，而當代新儒家乃是以道德為首出的理想主義。道德的理想主義不但不排除任何客觀知識，反而是要吸收、消化客觀知識，以幫助其道德理想之實現，因此當然不是反智論。同時，道與德乃是對所有人開放的存在，因此也沒有人有絕對的優位性去宰制他人，反而是尊重每個人對道德的體會與價值的實現，當代新儒家在此排除了良知的傲慢與文化的自大，而是重視對話、溝通與和諧。以道德的理想主義為基礎，當代新儒家特別強調生命實踐之學的重要與必要。道德的理想主義不只是一種理念，更是一種實踐的方向與內容，而此方向與內容也就落在日常生活中加以實現，也就是一種生命的學問，一種生命實踐之學。如佛經所謂「說食不飽」，生命之學不只是知道聖賢之道，而更要成為聖賢，具體真實地善化、實現、圓滿我們的生命。因為生命之學的推動，道德的理想主義才在具體的實踐中彰顯天道性命之永恆與普遍。更進一步，則無論是道德的理想主義或是生命實踐之學，都是在仁心無限的基礎上展開。仁者親親仁民愛物，其心一方面自覺、自在、自由，一方面則以一切存在為其所關懷、參與、與轉化的對象與內容，此即所謂自由無限心。此自由無限心之圓滿境界，即是天人物我合一之學，此義分四層，天是指超越界，說明儒家並非只是侷限在人間世，而保有一定的超越性。此超越性也呈現為一種無限性與絕對性，滿足儒家的宗教性。地則說明人與存在之關係，所謂「萬物皆備於我」、「大人者與天地萬物為一體」，接著強調人與自然、人與環境的本一與合一。本一就存在說，合一就價值說，其本一也。如果只是偏指自然環境，則人便是特指人文社會的存在，也就是文化的內容。孔子盛讚周文之郁郁乎文哉，其實也正是強調人文化成的價值與重要。人固然是活在自然環境之中，然而人也同時活在人文世界、意義世界之中，人是以其傳統文化為其前理解，進而與世界進行溝通與互動。而當代新儒家之重視道德，其實也就是重視文化，重視我們生命不可或缺也無可逃的前理解。這樣的態度並不是一種封閉的命定主義，而是指出歷史文化的必然影響，當我們如是說時，其實也說明我們對歷史文化已有充分的自覺與反省，這也就成為我們由繼承而創造，日新又新的動力與基礎所在。道德是自覺，而理想主義就表現為動力與目標，知行一也。知行無他，即是我之知、我之行，也就是人的主體性與主體自覺之問題。主體並非憑空而至，它乃是在歷史文化與生活世界中，逐步成長的存在。它具有歷程性、開放性與超越性，它是在我們的道德實踐的過程中，逐步形成的價值內容的創造者與參與者，它具價值義與實踐義。所有的道德工夫修養，皆是依心而發，也就是主體性的自我實現的自覺表現。

孟子讚孔子為聖之時者，今由天地人我合一之學觀之，則當代新儒家除了繼承並發揚傳統文化之價值之外，尤其重視時代的感受與回應。21 世紀的人類文明與宗教問題，這是天；人與環境、自然之關係，這是地；人與社會、家庭之關係，這是人；人與自己的心靈、身心之關係，這是我。我想，面對 21 世紀當代新儒家並未缺席，反而更積極地參與世界的改造與進化。以中華文化、孔孟思想、宋明理學、當代新儒家為前理解，以獨特的思想提供給人類社會，這是我們的責任與義務，也是我們的價值與喜悅。

《當代新儒學叢書》得以出版，要感謝學生書局陳仕華教授的倡議，郭齊勇教授的支持，學生書局陳蕙文小姐與其團隊的努力，以及所有學者的共襄盛舉。叢書的出版一方面是總結成果之豐碩，更重要的是它將成為我們了解儒學之前理解，從而將迎來更令人讚歎的學術文化迴響，人能宏道，非道宏人。且讓我們以豪傑之士自許，雖無文王，而儒學猶興。

高柏園

序於淡江大學中文系

2019 年 8 月 1 日

蔡仁厚新儒學論文精選集

目　次

宗教會通

人文教化

書院今昔

儒學省察

哲儒學思

名賢風範

附　錄

返本開新

文化生命的坦途：返本開新

一、離根拔土三百年

大明之亡，顧亭林有「亡國亡天下」之痛。亡天下者，亡文化也。

這裡所謂文化，不是指器物層的文物器用、人文景觀；也不限於生活層的婚喪喜慶之禮俗與日常生活之軌道；而是指文化理念、文化意識、文化精神而言。要想理解「華族文化隨大明之亡而俱亡」這樣一個判語，我願意採取「明、清」對比的方式，提出三點意思來作一個簡要的說明。

第一、明代以「廷杖」摧折士氣，而士氣益厲。清代則由強壓轉為懷柔，士氣反而失去了激發點和支持點。乃漸次形成士心泯失、士氣委靡之情況。於是知識分子轉成一種「幫閒」（不是幫忙）的「清客性格」，大大地敗壞了中華民族的「士品」。

第二、明代王學（陽明學）遍天下，人人面對自己的「良知、天理」，所以能自覺自主、推己及人，關懷人世之興衰治亂。而清代則以考據為學風，以才藝（做對聯、品字畫、玩骨董）為雅尚，久之，乃造成生命之軟疲、荒涼，而儒聖之慧命（生命的學問）死矣。（按：考據乃為學之方法，當然有其客觀之需要與價值，但不宜張大；文士才藝乃生活之趣味與逸樂，其間雖有美者焉，而並非所以動心忍性、敦品勵學之要。）

第三、明代政治不好，而東西廠之特務尤壞。然而，明代文化土壤中的種子，不斷發芽茁壯，文化生命也活潑有力。清代大興文字獄，士氣摧傷，接著又以懷柔籠絡，文化土壤既為冰天雪地所籠罩，而文化種子亦疲瘺發不出芽，真成了「無土失根的蘭花」了。

民國以還，清學之風習依然留存在士人的氣脈血液裡，加上西方強勢文化的侵襲銷蝕，文化理念模糊不明，文化意識不易激發，而文化精神也發越不起來，絕大多數的知識分子，似乎完全喪失了民族文化之自信心。這種情形，到今天依然如故。其中一個最令人痛心的原因，就是自從滿清入關以來，中華民族一直處於「夷狄入主」的狀態之中（政治、意識形態、價值標準，皆然）。我們「離根拔土」已超過三百年了。

尤其令人扼腕痛惜的，是五四以來，中國知識分子一直熱衷於意識形態之爭論，其實，這根本就是一個「永無休止，卻又並不重要」的論爭。我鄭重希望大家清醒一點，豁達一點，立即回到我們「真實的生命、純一的心靈」，不要再死心塌地、隨著外方人的魔杖起舞了。須知華族的歷史文化與民族前途，才是「最優先」的。我們應予關切，應加珍愛，以使之「返本開新、慧命相續」。

二、什麼是儒家之本

儒家之本，實際上也即中華文化之本。因為儒家以承續民族文化自任，而又自覺地要求不偏不倚，大中至正。所以，中華文化之本，與儒家之本，實無二致。儒家的原始經典、代表人物、基本觀念，就某種意思而言，都可以說是儒家之本。但同一個義理系統裡的「經典」、「人物」、「觀念」，事實上又皆依於一個共同的根源（根本）。

1. 經典所記載的，無非就是那個根源體本所涵蘊的義理內容；

2. 人物所踐行的，無非就是那個根源體本所要求的價值原則；

3. 觀念所陳述的，無非就是那個根源體所欲彰顯的理論系統。

據此可知，儒家之本，和「經典、人物、觀念」雖有密切的關係，但本文所說的儒家之本，並不指說任何特定的經典、特定的人物、或特定的觀念；而是指那作為「人文之根、價值之源」的道德主體——仁。

作為道德主體的「仁」，並非只是一個名詞概念，而是指目那徹上徹下的「道德實體」而言之。道德實體內在於人，便稱之為道德心性（道德主體），這是中華文化的核心所在。在孔子以前，這個核心長遠而持續地顯發在朝廷的典章制度上以及人民的生活規範上，那就是一般所說的「禮樂」。到周公作了總結，所以歷來都說周公制禮作樂。周公制作禮樂，並不是照他自己的意思來制作，而是有其客觀而普遍之根據的：一個是二帝三王（堯舜禹湯文武）繩繩相繼的政規，另一個就是人民的公意。但這裡所說的「人民的公意」，並不是由投票的票數多寡而顯示，而是指人心之同然。所以孟子說：「聖人先得我心之同然耳。」[1]聖人依於人心之同然（人同此心，心同此理）而制作禮樂，而人民也就自然而然順禮樂而行。這時，外在的「文」（禮樂之形式）和內在的「質」（生命之真誠）自然和諧，人民只覺得禮樂中的規律秩序，正是他內心所要求的、所欣悅的，而並不感到是一種外加的束縛。然而，時間長了，事情都不免會變質變樣。生活在禮樂文化中的人，感性的欲求漸漸冒出來了，心靈的純淨和生命的真誠，也漸漸維持不住了。於是，禮樂徒成形式，不能表現意義，到春秋之時，周朝的禮樂文化終於出毛病了。缺少生命的真誠，當然無法維繫禮樂文化的意義，也無法在禮樂中成就人生的價值和發揮政教的功效。面對這種情形，孔子有極深刻的反省，所以他說：

> 人而不仁，如禮何！人而不仁，如樂何！[2]

禮樂是仁心的顯發，仁心（道德主體）是禮樂的基礎。「人而不仁」，就表示人的道德心靈痲木了，昏昧了，不起作用了。這樣，生命中的真誠也

---

1 《孟子》告子上篇第七章。按，同然，猶言共同認可，共同肯定。理、義，是人心共同認可而欣悅的。南宋大儒陸象山即據孟子之意，引申為「此心同、此理同」之說。至於「人同此心，心同此理」，則是後人歸結而成之語句。

2 《論語》八佾篇。

將發不出來。一個人生命中的精誠不能貫注到禮樂之中，又如何能「行禮、守禮」，以善化政治、善化風俗、善化人生？

仁，是眾德之名。每一個德目，都是我們內心之「仁」對應於「人、事、物」而顯發出來的德行。無論孝弟倫常之德，立身處世之德，外王事功之德，以及狂狷之德，中行之德，都是內心之仁隨宜顯發而凝成的人文價值之成果。[3]社會雖然不斷演變，時代雖然持續推進，但有一點是不會改變的。是即：

人類的理性，永遠要求「真的、善的、美的」文化價值之實現。

人類的理性，可以分從「純粹理性」（理解理性）與「實踐理性」（道德理性）兩面作說明。前者只對價值內容作認知、分析、理解，卻不負責實現價值和創造價值。後者才內發自發地要求價值之實現和價值之創造。孔子所講的「仁」正是後者，屬於道德理性，它能顯發價值、創造價值。這個作為「人文之根、價值之源」的道德主體（仁），就是儒家之本、中華文化之本。所謂「返本」，就是要回歸於這個創造性的根源之地，以重新開創中華文化的浩浩前程。

三、什麼是文化之新

文化的內容，有的因襲下來，有的革而去之，有時有減損，有時又有增益。如果文化之「新」是指這些隨時出現的內容成果而言，那就只是時間流裡面很普通很自然的事實，我們只要去認知它、理解它就行了。但今天我們提出文化「開新」，卻並不是就這種實然層的事實而說話，而是從「應然」的層次，來思考文化的新道路。

在人類古文明中，中華民族所開創的文化，雖不是最古老，但卻最源遠

---

[3] 蔡仁厚《孔孟荀哲學》（臺北：臺灣學生書局，1984），頁 83-99。

流長。關於中華文化（以儒家為主流）最基本的宗旨原則，筆者五年前應約出席日本「東方思想前瞻年會」宣讀論文時，曾揭示八大端，以略見儒家思想之綱領。[4]

1. 人性本善的「道德動源」（善出於性，理由心發）
2. 天人合德的「超越企向」（下學上達，與天合德）
3. 孝弟仁愛的「倫理思想」（敦親睦族，仁民愛物）
4. 情理交融的「生活規範」（以禮為綱，以法為用）
5. 生於憂患、死於安樂的「人生智慧」（以理逆勢，據理造勢）
6. 因革損益、日新又新的「歷史原則」（守常應變，與時俱進）
7. 修齊治平、以民為本的「政治哲學」（好民所好，惡民所惡）
8. 內聖外王、天下為公的「文化理想」（成己成物，世界大同）

文化之「新」，正是從上述基本宗旨凝成之文化原則與價值取向中，隨順事理之宜與時代要求，以決定文化生命的走向；再從新的走向中，昭顯民族文化之新生命、新精神。這才是真正的「文化之新」。

從十七世紀中葉滿清入主，華族的民族生命遭受大挫折，文化生命遭逢大歪曲，演變至二十世紀，可以說是「混亂極矣，衰微極矣」。幾千年的文化傳統，不但不能承續光大，而且根本就斷了線，知識分子已經失去了智慧的方向和義理（思想）的能力。當一個民族不會運用思想，只靠生物的本能和世俗的聰明來圖存於世界時，那就很危險了。一個失去傳統的民族，當然也就沒有文化之可言了。當前中華民族面臨的麻煩，看起來彷彿千頭萬緒，紛繁煩雜，而實質上則仍然是一個「文化問題」。無論「立己、成己」一面的內聖成德之教，或者「立人、成物」一面的外王事功之學，也都是文化中事。這是人類永恆的問題，無可躲閃。

第一、內聖成德一面，乃是永恆的人生問題。如何表現生活的意義？如何完成生命的價值？這個問題，每一代人都要面對。用西方的詞語說，這是終極關懷的問題；用中國的老話說，這是安身立命的問題。在以前、儒、

---

[4] 蔡仁厚《儒家思想的現代意義》（臺北：文津出版社，1987），頁 165-180。

道、佛三教都提供了解決的途徑，而以儒家的道路最為平正而通達。如今，加上西方宗教的沖激，問題變得更複雜了。十年前，筆者曾就其中相關的命題，歸結為宗教會通的六個焦點，提出來和基督教方面作過廣泛的對話。[5]這和儒家內聖之學的新開展是相互關涉的。

第二、外王事功一面，實質上就是國家現代化的問題。中國的現代化，主要是集中在二個綱領上。一個是政治問題，一個是知識問題。政治方面是「民主政體」建國的問題，這是中國現代化最為本質的一步，這一步完成了，就會有一個真正自由開放的社會，因而科學知識的問題也連帶地比較容易解決。[6]而完成民主建國和發展科學知識，也正是儒家新外王的二大綱領。

文化必須通過實踐而完成。主觀面的實踐，是要求縱的提升（通天人），以成就生命之「質」的高明純一，這是內聖一面的基本目標。客觀的實踐，是要求橫的開擴（通物我），以成就生命之「量」的廣大博厚，這是外王一面的基本目標。時至今日，無論內聖或外王，都必須有進一步的充實開擴。而主觀面的新內聖和客觀面的新外王，二者融會而成的文化之「新生命、新精神」，就是中華民族開發出來的文化新機了。

四、為什麼要「返本」而「開新」

有人問，既然要「開新」，又何必再「返本」？那豈不是開歷史倒車！老實說，這樣的問話是沒有道理的。

「返本」不是復古，更不是開歷史倒車。有些人見到「本」、「根」、「源頭」一類的字眼，就感到不舒服，以為用這些字就表示頑固守舊，故步

5　蔡仁厚《新儒家的精神方向》（臺北：臺灣學生書局，1982），頁 71-90，〈關於宗教的會通問題〉。第二篇〈再談有關宗教的會通問題〉，編入《儒家思想的現代意義》，頁 373-397。

6　蔡仁厚《儒學的常與變》（臺北：東大圖書公司，1990）上卷，頁 1-100，共六篇文字，皆討論有關儒家與中國現代化之問題，請參閱。

自封。這是國人喪失文化自信之後，心態失衡，所以才會有這種自卑敏感的反應。因此，我在第一節便首先解釋什麼是儒家之「本」，以免大家望文生義，形成誤會。其實，回到本根才會滋生發芽，這應該是很普通的道理。而文化上的「返本」，就是要回歸「以仁為中心」的文化傳統，暢通「以仁為本根」的文化生命。如果我們不能重新開發「源頭活水」，中華文化的「滾滾江流」就將有枯竭乾涸之虞。仁，是我們鮮活的道德心靈，是我們真實的德性生命，這是一切道德價值和文化價值的本根。[7]我們如果不能回歸到生命的本根，則一切高論美談，皆將成為空想而幻滅。

至於「開新」，倒是人人都贊成。但開的是什麼新？「新」指什麼而言？卻又見仁見智而莫衷一是了。這些，我們且不管他。如今我只就自己的理解，把當代新儒家所說的「開新」，分為二點作一說明。

第一、所謂「開新」，是要拓展新的文化道路，使「真、善、美」交融會通，同時予以成就。這一個原則性的說明，非常重要。有了這個原則，便可以避免宗教上的排他主義，以及學術知識上的「唯理智」、「唯科學」之偏執。而「道德宗教、文學藝術、民主科學」，也因而可以同時成為文化價值中的重要內容。

第二、所謂「開新」，是要開發新的文化內容。五四運動之同時，又有所謂新文化運動，其內容歸結為「民主」與「科學」。[8]但一個國家民族，不能僅僅重視「政治、知識」。而且民主的實踐和科學的發展，都必須以「公益」為目標，以完成人文世界中事業價值之多元並立。文化的內容，是多層次、多方面的。大小、高下、剛柔、動靜……皆須一一成就。這才是「乾道變化，各正性命」[9]的道理。

7　拙著《孔孟荀哲學》卷上、孔子之部，第三四五章皆討論孔子之「仁」，請參看。

8　按：五四運動是愛國運動，其口號為「內除國賊，外抗強權」。新文化運動則是散而持續的文化反省，等到歸結出「民主、科學」二個要點之後，乃被稱為新文化運動。

9　《周易》乾卦彖辭語。在乾（天）道變化生生之中，萬物得以各自正其性命，大者成其大，小者成其小，各遂其生，各適其性，各得其所，同理，文化世界的一切價值，也要一一成就，以各定其位，各安其分，各得其理，各盡其用。

以上兩項「開新」，都是中華民族自己的事，不能靠外國人替我們去完成。所以新的文化道路與文化內容，都必須回歸於民族文化生命的根源處，才能開得出來。這就是「開新」必須「返本」的道理了。

天地間不可能有「無本之新」。沒有本根，何來枝、葉、花、果？凡是從外面拾掇而來的，都是和自己生命不相干的。不是「根生土長」的東西，絕不可能長久。西方的近代文明，以「民主、科學」為主綱。這是文化中間層的東西，西方先有了，我們也要有，以前沒有，現在我們決定要有。但這不能從別人手中拿過來，每一個民族都必須自己去成就，你成就它，它才是你自己的，才能成為民族文化中的新內容。否則，便只是「稗販」而已。稗販而來的東西，既不是自己生產的，也不是自己創造的，當然更說不上是文化開新了。

五、文化生命的坦途

在上文的敘述裡，我們已經分別提到中華民族當前的文化問題，不外下列三大綱。

第一綱，內聖成德之教，也就是心性之學。儒、道、佛三家都有其獨立的心性之學。其中儒家是道德的進路，應該是心性之學的正宗。心性之學的目標是成德、成聖賢。儒家既然認為人人都可以成為聖賢，就必須面對成聖成賢是否真實可能的問題。儒家當然認為可能，但可能的根據在哪裡呢？儒家講「本體」（道體、性體、心體、仁體、以及良知天理等），就是為了建立道德實踐所以可能的「超越而客觀的根據」。這是人人一樣，無不具足的。在本體問題之外，儒家又講「工夫」（為仁、守約、慎獨、求放心、明本心、致良知等），則是為了開顯道德實踐所以可能的「內在而主觀的根據」。工夫的進路可以有共同性，但工夫的實踐則完全是各人自己的事，任何人都幫不了忙；孔子所謂「為仁由己，而由人乎哉！」[10]便是這個意思。

---

10 《論語》顏淵篇。

儒家這一套內聖成德之學，不但有久遠的傳統，而且有永恆的意義。雖然二十世紀以來，內而慘遭不肖子孫之誤解醜詆、摧殘糟塌，外而遭逢西方宗教與各種觀念系統之挑戰擠逼；但俗話說得好，「真金不怕火煉」，而且越煉越純，越煉越亮。到底什麼樣的路道，最能使自己成為一個「真正的人」？在以往「儒道佛」一二千年的摩盪中，大家已經漸漸明白過來。從今以後，將轉為「儒、佛、耶」三教的摩盪過程。結果如何，無法預知，也無須猜測。我只想在此提醒一句：相互觀摩激盪，決非拼生死、分勝負，而是分判異同，進而相互融攝，以期化其異而趨於同。到最後如果仍然有異而難以消解，我們便應該記取孔子的話：「君子和而不同」，而千萬不可以為了「強求其同」而成為「同而不和」的「小人」。[11]

第二綱，開出知識之學。中華民族有很高的科學心智，而且自古以來也持續有高水準的科技發明。但我們仍然願意承認，中華文化欠缺一個「知識性的學術傳統」。以筆者之見，這是關乎民族文化心靈表現形態的問題。數千年來，華族文化心靈的表現是以「德性主體」（道德心）為主綱，而「知性主體」（認知心）則一直在德性主體的籠罩之下。未能充分透顯以獨立起用。所以，二千年來的學術，一直是以「成德」為中心，而從未以「成知識」為重點。華族本來可以開出知識之學的傳統，而終於未曾開出者，非不能也，乃未嘗專力為之而已。如今，民族文化心靈已經有了這步醒覺，以前沒有的，今後可以使它有。更何況在儒家學術中也原本就有現成的思想線索。先秦荀子和南宋朱子所講的「心」，正是作為知性主體的認知心；只因他們持守儒家「道德的進路」，而並未以知識為中心，所以仍然沒有發展出科學。今天我們反省文化生命的走向，既已確定知識之學的重要，自須調整文化心靈的表現形態，使中華民族能夠自本自根地開出科學。這是一步「相順的發展」，不但「理所應然」，而且「勢所必至」。若以近世儒學中的朱子與王陽明為代表，也同樣可以疏導「開出知性學問」的理路。

11　《論語》子路篇載孔子之言曰：「君子和而不同，小人同而不和。」

1. 朱子的「即物窮理」，本是要窮究事物之超越的所以然之理（性理），以成就德、成就善。如今只須轉換一下，去窮究事物之內在的所以然之理（物理），也即直接窮究（認知）內在於事物本身的「質、量、關係」，就可以分別做成知識報告以開出科學。[12]（按：思想觀念疏通之後，具體落實的工作，自與西方並無二致，不過如今是華人自己來做，主動來做，不再是西方的跟班，也不屑於做別人的「買辦」了。）

2. 王陽明的「致良知」，本是致吾心良知之天理（道德律則）於事事物物，使事事物物得到良知天理之貫注潤澤而得以各得其宜、各得其正、各得其成。這雖是成德成善，與成知識並不相關，但良知是個活體，它永遠在具體感應中，如今良知已感應到知識的重要與必要。當然就會要求成就知識；但良知心體「與天地萬物為一體」，它不會把事物推出去作為知識的對象，所以良知不能直接成就知識，而必須自覺地作一步「自我坎陷」（從「與物無對」的道德心之絕對體的地位，降到「與物為對」的認知心之相對的地位），而後乃能以認知心之身分，在「主客對列，心物相對」的格局之中進行認知活動，以開出知識之學。[13]

據以上簡要的陳述，可以看出從儒家開出知性學問，本就是一個「相順的發展」，並沒有思想上的困難，也沒有觀念上的牴觸。國人如能一念醒悟，則數十年來的糾結誤解，可以一掃而空，而民族文化心靈在通達條暢的情形下，「德性主體」與「知性主體」自能兼顧並重，相輔相成。

第三綱，政治上的「政統開新」。三百年前，華族在政治上的表現，其實是領先其他民族的。但中國傳統政治卻有三大困局，一直未能解決。(1)

---

[12] 參閱蔡仁厚《儒家心性之學論要》〈荀朱心性思想的時代意義〉（臺北：文津出版社，1990），頁 123-127。

[13] 參閱蔡仁厚《王陽明哲學》（臺北：三民書局，1974），第四章〈良知與知識〉，頁 56-76。

朝代更替，治亂相循。自堯舜禪讓，到三代世襲，又引發湯武革命，下及秦漢，竟形成「打天下」之局面。這表示，在「政權轉移」的問題上，始終建立不起客觀的法制。(2)君位繼承，宮廷鬥爭。這是從第一困局滋生出來的第二困局。君位傳嫡乎？傳賢乎？各有利弊。歷來雖以傳嫡為常規，但也不時出現變故，而造成骨肉之相殘。(3)宰相地位，受制於君。宰相制度本是華族在政治上很光榮的成就，但那只是治權層次上的制度。而政權方面卻欠缺客觀的制度來限制君主之專制獨裁，所以宰相常常受制於君。以上三大困局，在近代西方發展完成的民主政治中卻一舉而消解了。這是民主體制最大的效益所在。但五四以來，國人只著眼於政治的活動與民主政治的「內容」（自由人權），而卻疏忽了作為鋼架的「體制」。體制不立，內容必無保障。建立民主憲政的體制，才是建國大業的關鍵所在。只要鋼架定了，內容方面隨時都可以調節充實。

以上三件大事，乃是華族文化生命發展的坦途。因此，都必須回歸到生命的本根，才能滋生力量，開創新機。

六、由會通到達時中

文化的會通，其實並非時髦之事。人類自有文化以來，各種大大小小的文化系統就不斷有接觸、有交流，因而也必然有會通。其中的差別，不過主動與被動、自覺不自覺的不同而已。

就二十世紀的中華民族而講文化會通，一方面是「被動的」，一方面卻又是「自覺的」。中華民族是在西方的軍艦大炮和政治經濟之強力威脅下，心不甘情不願地被逼上會通之路，這當然是被動的。但等到中國人發現西方在船堅炮利之外，還有政法制度、學術思想上的優長，於是西方一下子變成上國、變成先進，而「全盤西化」或「中西會通」的論調便先後由國人自覺地提出來了。

健康正常的會通，是「體常」而「盡變」，必須常中有變，變不失常。千變萬化之後，它必須仍然是中華文化，而且必須順時合宜，以得其時中。

當代新儒家最基本的貢獻，是他們大致做到了四件事：

1. 釐清了中國哲學演進發展的思想脈絡；

2. 分判了中國哲學異同分合的義理系統；

3. 闡釋了中國哲學的基本義旨及其價值；

4. 開出了中西文化融攝會通的義理規格。

這四個問題，一直困擾二十世紀的中國知識界，而當代新儒家的努力，可以說已經為中國知識分子的「世紀困擾」提供了根本的解答。同時也為華族文化生命的走向，確立了「返本開新」的三大綱領（詳見上文）：

第一、光大內聖成德之教，以重開「生命的學問」。

第二、開出法制化的「政道」（安排政權之軌道），完成民主政體建國。

第三、調整民族文化心靈的表現形態，以自本自根地開出知識之學。

最後，我再提醒一下：今後中華文化是否有光輝的未來，其決定性的因素有二：

一、中國傳統哲學中的義理綱維，能不能重新顯發出來？能不能重新挺立起來？

二、中華民族能不能如像當初消化佛教那樣，來消化西方的哲學和宗教？

如果能，中華民族就有前途，中華文化也將充實開擴，再顯光輝。

「中國文化與世界」宣言之重大價值

一、中國在二十世紀前半的內憂外患

自滿清入關，漢民族的民族生命受挫折，文化生命受歪曲。從此以下，西方文化蒸蒸日上，而中國文化則日漸衰降。從鴉片戰爭（1840）到甲午戰爭（1894），清廷接二連三喪權辱國，隨時都可能為列強瓜分。這時候的中國，面臨三千年未有之變局，真是危困已極。

辛亥革命（1911）成功，民國肇建。但接著卻是袁氏稱帝。袁氏既倒，又釀成軍閥割據的局面。而北伐統一之後，仍不免發生中原大戰，接下來又有九一八事變、蘆溝橋事變，而引發八年之久的全面抗日戰爭。

勝利伊始，喘息未定，中共又挑起全面性的內戰，遍地烽火，民不聊生。回看這段歷史的進程，是多麼的艱辛，多麼的凶險。

二、繼之十年大動盪，炎黃子孫花果飄零

1949 年大陸赤化，中共政權既已成立，卻不求安定，又掀起全面的階級鬥爭，三反五反，打右派，打黑五類，更推行人民公社，發動全民土法大煉鋼。整個神州大陸，燒炙沸騰。這個時候的人民百姓，是真真實實地在水深火熱之中。接下來的文化大革命，又使中華文化、聖賢之道，亦遭受全面的破壞廢棄。留在大陸的人，除了忍受，別無他途。而出離大陸，來到臺灣、香港、東南亞或歐美各地的，無論是倉皇出走，或是慷慨投奔，所面臨的情境，同樣都是哀憐無告，望鄉邦而涕零。

唐君毅先生，以「中華民族的花果飄零」來描述這種情境，是非常恰當

的。然而句子何其淒美，而心情又何其沉痛！在如此時、如此地，拔根失土，無所託命的情形下，曾見幾多炎黃子孫，還能動心忍性，為家國文化的出路，鄭重一思！放眼神州內外，實鮮見其人，難道說五千年的歷史文化到此為止了嗎？

三、大難中的大反省，文化宣言的中心義旨

在人民公社推動的前夕，神州大陸正處於「山雨欲來風滿樓」之際，臺港海外的人，焦慮無計，痛憾而無奈，眼巴巴看著神州陸沉，而無力施以援手，真是情何以堪？

幸賴三五賢哲，秉持孤臣孽子的心情，奮其「不安不忍、憤悱不容已」之心，共同來反省中華民族的出路，共同來思量中華文化的前途。操心慮患，眾志成城，終於完成一篇劃時代的文化宣言。

這篇宣言，是唐先生執筆，由「牟宗三、唐君毅、徐復觀、張君勱」四位先生聯名發表，於 1958 年元旦，在香港《民主評論》、《再生》兩雜誌發表，後又譯為英文，發表於相關刊物。

宣言的主旨，首先是希望西方人士，尊重中華民族精神生命之存在，並認取中國文化的精神價值，不應再把中國文化視同博物館的文化標本。必須認知它是活潑潑的文化生命，是一個有感觸、有反應、有情感、有智思、有理想的文化生命共同體。現時代的中華民族和中華文化雖然很衰弱，但它是一個活生生的存在，它要和西方文化、世界文化交流對話、融攝會通。而中國文化確實有此條件和西方文化切磋摩盪，截長補短，是即所謂「以西方學術充實中國文化，以孔子之道提昇西方文化。」

五十年前發表的這篇「中國文化與世界」宣言，不同於零散的意見，也不是一時的感想，它代表中華民族在文化危機的大難中，進行了通盤的大反省。宣言分為十二節，廣泛地涉及：存有論、心性論、修養論、學問方法、文化哲學、歷史哲學，以及民主、科學與東西文化「走向新生」的路道。而剋就中國文化生命的「本性、發展、缺點」而言，當代新儒家也已做了深切

而全面地省察。

四、宣言之影響：文化生命之返本開新

宣言發表之初，西化派的代表人物胡適之先生特別囑咐他門下的相關人士要認真研讀這篇宣言，他認為宣言的立場雖和他們不同，但言之有物，不可忽視。而大陸在當時乃是鐵幕，知識分子根本沒有機會見到這篇宣言。一直要到文革結束，他們逐步派出專家學者到香港、日本和美國、歐洲以及南洋各地觀風訪問，發現海外的華人世界，根本沒有「批孔」之事，也不見盲目反對文化傳統的言論，而且書刊出版，有絕大的比例，從不同的角度，認真地反省、詮釋和弘揚儒家思想與中國文化。他們還發現，這篇宣言的英文版，也受到歐美學界普遍地認知和肯定。我們可以說，這是一篇可以表述民族心聲的文獻。

以這篇宣言為導引，大陸方面逐步收集當代新儒家的著作，並由教育部發動，組成一個四十位學者的寫作班子，首先對當代新儒家最為核心的唐君毅、牟宗三兩位先生的著作，進行研讀與編寫，漸漸地，掀起了大陸的新儒學熱。近二十年來，大陸各地舉辦的儒家學術研討會，可以說是遍地開花，而學者的態度，大體上已能做到「批判地省察，客觀地詮釋」，而教條主義的論點，慢慢銷聲匿跡了。

最近，深圳大學王興國教授來信提到，據網路上公布，大陸書刊出版對於中文著作的徵引率，牟先生的哲學著作，竟能排列到前八名。自從牟先生著作發行大陸版，而他的全集也在大陸發行之後，說大陸儒學正興發「牟宗三熱」也不為過。而大陸學界這種情形，正顯出他們對儒學與文化傳統的「飢渴之感」。

接下來，我要說二點意思。

（一）潛移默運，文化生命的大迴向

民國以來，從五四反傳統、全盤西化，而演變到中共批孔揚秦，全面掀

起文化大革命，對儒家與文化傳統，挖根刨土，批鬥摧殘，可謂「無所不用其極」。在翻天覆地的大浩劫過去之後，人沉靜下來，便自然而然地要求安定、正常，一切順道理來，順人情來。而道理人情，也無非就是「平常、正常」而已。試想想，人間社會如果一切都「不平、不正、反常」，人還能活命嗎？而「中國文化與世界」宣言，雖然有些地方講得比較深，但基本上總是「順乎常道、本乎常理」而來。孟子說：「人心有同然。」陸象山再加點明：「人同此心，心同此理。」文化生命在「潛移默運」之中，順著人心之同然，便自自然然地完成了這個「大迴轉」，請問，這是誰的力量？我的回答是：人的「自力」而已。人心迴向，文化生命自然迴向。道理就是如此坦然明白，尚何可疑！

（二）返本開新：文化架構的大綱維（三統並建）

國家民族與學術文化，都必須開啟新機。而「開新」必須「返本」。本根都不顧好，不但沒有「枝榮葉茂」，而且行將萎謝以死。新儒家「返本開新」的提示，正是當前文化的正途。儒家本有「內聖外王」的傳統，原則上那是對的，而踐行之道，則應損益調適，以開出新的活路。當代新儒家的「三統並建」之說，是承認在「道統」之外，還有「學統」和「政統」的問題。

1. 道統方面，是光大內聖成德之教，以重開生命的學問。這內聖成德之教有久遠的傳統，它早已成為民族文化中定常的骨幹。同時，由於心性之學著重於講論常理、護持常道，所以它所開顯的生活原理和生命途徑，不只適用於中國，也適用於全人類。近二千年來中國文化的發展是「儒、釋、道」相互摩盪的過程。今後，必將是「儒、佛、耶」三教的互相摩盪以求融通。這是歷史運會迫至的文化情勢，也是東西雙方必須面對的時代課題。

2. 學統方面，是調整文化心靈的表現形態，開出知識之學（吸納希臘傳統）。傳統儒家講外王，集中於仁政王道與禮樂教化，對知識技術方面則未積極正視，所以沒有開出知識之學的傳統。如今面對西方強勢的科技文明，當然要深切反省。當代新儒家認為，我們必須自覺地調整民族文化心靈的表現型態，使「知性主體」從德性主體的籠罩之下透顯出來，獨立展現認知活動，以成就知識。如此，乃能使儒聖「開物成務」與「利用厚生」的古訓，獲得充分的實現。

3. 政統方面，是開出法制化的政道，完成政體的建國。中國傳統的政治形態只成就了「治道」，而未能開出客觀法制化的「政道」。所以形成「朝代更替，治亂相循」、「君位繼承，宮廷鬥爭」、「宰相地位，受制於君」這三大困局。當代新儒家認為，民主憲政的政治形態，正可消解這三大困局。由「民本」、「民貴」到「民主」，乃是相順的發展，並無相逆的衝突。而推行民主政治，一須具備形式的架構（憲法所代表的體制），這是第一義的制度，也是政道之所繫。二須進行具體的實踐，也即遵循憲政的軌道，依照政治的本性，來推行各個層面的政治措施。

道統的肯定，是內聖之學的承續光大。學統的開出和政統的繼續，則表示新儒家外王學一步新的充實和開擴。如此三統並建，可謂承先啟後，返本開新，是即當代新儒家對中國文化前景所提出的綱領性的新設計。

五、履道坦坦，旦復旦兮

三統的實踐，我曾做過討論（見《新儒家與新世紀》臺灣學生書局版，頁 41-50）。

「道統」方面，我列出「文化教養」、「生活倫理」、「風俗教化」三目。「政統」方面有三點，一是觀念的疏導（主要是認識「政道」的重要），二是行動的模式（主要是制憲和行憲的設計），三是參政的門路（除了直接投入，還可以組社團、辦刊物，間接參政）。「學統」方面也有三步工作，一是知識之學的開出，二是知性心靈的上達，三是中西哲學的會通（一心開二門，是一個基本的模式，是中西方所共同的哲學間架）。

道，是生命的道路，是人人共同行走的大路，而且應該是一條寬平正大的活路。三統所開顯的道路，原是平坦可行的大道，而治國為政者最基本的責任，也正是要安排一條康莊的坦途，保證人民行路的安全和生活的利便。

政治家不可以要求人民百姓走窄路、行險道。「履險如夷」的乃屬高人奇士，而平民百姓則必須是「履道坦坦」，行走在平穩的道路上。

儒家開顯的道，是常道；儒家講說的理，是常理。常，是恆久的意思，一世百世，一代千代，都是行走在常道大道上，都是踐行著常理大理。有如日月之光，周而復始，永無窮止。古聖先賢的嘉言懿訓，深摯感人，而《尚書大傳》所載「卿雲之歌」，允為首選。詞曰：

卿雲爛兮　糺縵縵兮
日月光華　旦復旦兮

精神方向

新儒家的精神方向

近數十年來，西方人喜歡稱宋明理學為新孔子學派或新儒家，而以先秦時期的儒家為原始儒家。近二三十年來，一般學者又把臺港兩地幾位弘揚儒家學術的前輩學者，稱之為當代的新儒家。其實，儒家講的是常理常道，理是恆常不變的理，道是亙古長存的道，所謂「天變地變，而道不變」。所以，儒家就是儒家，並無所謂新舊。不過，儒家亦特別重視「時中」之義，隨著時代的演進，常常因時制宜而有所因革，有所損益。因此，從「隨時變應」這個意思上看，稱某一階段的儒家學術為新儒家，亦並非一定不可以。題目中的「新儒家」，便是在這種隨俗順時的情形下而使用的。

一、對宋明儒學的反省

由先秦到兩漢，是儒家學術的第一階段。下來經過魏晉玄學，南北朝隋唐之佛學，而發展到宋明，是儒家學術的第二階段，現在，則是第三階段。第三階段是承接第二階段而來，所以要講當代新儒家的精神方向，還得從宋明階段說起。關於宋明儒學的內容，這裏不擬涉及。下面只提三點，以說明宋明儒者在中國文化的演進發展中所盡到的貢獻，並指出他們的不足在什麼地方。

（一）復活先秦儒家的形上智慧

從本質上說，宋明儒者最大的貢獻，是復活了先秦儒家的形上智慧。孔子講仁，孟子講心性，中庸、易傳講天道誠體，都蘊含著而且顯發出「天道性命相貫通」的大義，這是一種極其平正而又極其高明的形上智慧。

但秦漢以來，先是陰陽家的攪混，又加上象數的穿鑿附會，儒聖的慧命遂因之而沉晦（兩漢儒生皆對聖人無善解）。接下來是魏晉玄學興起，玄學代表道家的復興，他們表現的是玄智，講的是玄理。東晉以後，玄學趨衰，佛教因緣時會，靠著道家玄智的接引，而進入中國的文化心靈，形成南北朝隋唐階段佛學的盛行。佛家表現的是空智（亦曰空慧），講的是空理。講玄理而顯發的「無」的智慧，以及講空理而顯發的「空」的智慧，都已達到玄深高妙的境界（正因為其境界極高，所以能在中國第一流的頭腦裏盤旋達數百年之久）。然而，由玄智空智而開顯出來的「道」，畢竟不是儒聖「本天道為用」的生生之道。這生生之道，要等宋儒出來，纔能重新光復。

須知天道生生，仁道亦生生。天道生生是生化萬物，仁道生生是由「純亦不已」的道德心發出道德命令，發動道德創造——不斷地表現道德行為、不斷地成就道德價值。所以儒家之學，一方面上達天德，一方面又下開人文，以成就家國天下全面的價值。這樣的道，當然比佛老更充實，更圓滿。這「於穆不已，純亦不已」的天人通而為一的浩浩大道，是通過「仁的德慧」而彰顯，是先秦儒家本有的弘規。孔子「踐仁知天」，孟子「盡心知性知天」，便是這個弘規的基本模型。自北宋諸儒由中庸易傳之講天道誠體，回歸於論孟之講仁與心性，再到陸王之心學、良知之學，正表示儒家形上智慧的復活和道德文化意識的重新發揚。「天道性命相貫通」的大義既已恢復，中國文化的生命亦就返本而歸正了。

（二）光暢民族文化生命之大流

道家是中國根生土長的學派，但它只是旁枝，而非主幹，不能代表文化的大流。下及魏晉之清談、談玄，雖然言談甚美，智悟甚高，但魏晉人「有聰明而無真性情，有美感而無道德感」。那是一個德性生命萎縮而情意生命泛濫的時代。所以在那個階段，中國的文化生命是不健康的。他們的玄智接引了佛教，但佛教是印度來的，不能代表中華民族的慧命。只因中國文化生命有歧出而衰微不振，故讓佛教在中國大出鋒頭。然而就中華民族的內心來說，是並不心甘情願的。所以一方面護持政治教化，以保住廟堂之上的典章制度和社會民間的倫常禮俗，一方面翻譯佛經，研究佛法，持續地作消化佛教的努力。到了隋唐之時，終於把這一個大教（亦是大的文化系統）消化了。這表示在佛教傳入中國的數百年中，中華民族並沒有渾渾噩噩地睡大覺，而是另有一番用心處。一個民族能夠吸收而且消化一個外來的異質的大教，正是「文化生命浩瀚深厚，文化心靈明敏高超」的表徵。這在人類文化史上，還沒有第二個例子。

消化的工作逐漸完成，文化生命自然重新歸位。所以隋唐佛教的盛世過去之後，宋明儒學正式出臺，這是歷史的運會自然迫至的。在此，我們只舉兩件事來說：第一，他們重建道統，重新樹立孔子的地位，把思想的領導權從佛教手裏拿回來。第二，他們以民間講學方式，掀起一個影響久遠的文化思想運動，而造成中國哲學史上的光輝時代。由於他們的精誠努力，使魏晉以來長時期歧出的文化生命，終於導歸主流而恢復了文化生命的正大光暢。

（三）內聖強而外王弱

不過，宋明儒者的成就和貢獻，畢竟偏重於內聖一面，外王事功方面，則缺少積極的講論和表現，此即所謂「內聖強而外王弱」。宋明儒學的不足處，正是在這一點上。宋明諸儒當然知道內聖必通外王，他們亦持守仁政王道的原則和精神，同時，亦講春秋大義，並要求君王修德愛民以利用厚生；但「政道」的問題（說見後）不得解決，外王之學就沒有新義可講，而中國傳統政治的困局亦就無法作根本的消解。兼之宋代上承五代之衰頹，開國形勢又太弱，所以盤踞北方一隅的遼、金，亦竟成為中國長時期的邊患。國勢積弱的結果，乃有陷於金、亡於元的慘禍。明代國勢雖強大，但政治太壞（此亦正以外王事功精神未能客觀挺顯之故），所以最後仍不免有滿清之入主。顧、黃、王諸儒懍於亡國亡天下之痛，深切反省民族文化生命的方向和途徑，而自覺地要求由內聖開出外王事功，這是很中肯的。

可惜滿清入主，民族生命受挫折，文化生命受歪曲，顧黃王諸大儒的思想方向無法得到伸展。而乾嘉以下，考據成風，士習卑瑣，他們假託漢學之名以張大門戶，其實，清學只是清客的學問，哪有漢儒通經致用（以學術指導政治）的器識？風習所至，使得中國人的頭腦趨於僵化，而變成古董箱，不會用思想了。「國以賢才為寶」。一個國家民族沒有「大儒」，沒有器識恢弘的學者思想家，當然會造成各方面的悲劇。

近數十年來，新儒家的學者們，在國勢艱困、文運否塞之時，本於他們的孤懷閎識，和對於國家民族、歷史文化、時代學術的感受，從頭疏導民族文化生命的本性、發展、和缺點，以及今日所當走的道路。面對國族的遭遇和未來的遠景，牟宗三先生確定地指出儒家第三期的「文化使命」，主要是集中在三個中心點上：一是道統的肯定：肯定道德宗教的價值，以護住孔孟所開闢、宋明儒所承續的人生宇宙的本源。二是政統之繼續：認識政體發展的意義，以肯定民主政治之必然性。三是學統的開出：由民族文化生命轉出「知性主體」，以融攝希臘傳統，開出學術的獨立性。第一點是民族文化之統的延續與光大，這是引發文化創造力的源頭活水，必須使它永遠充沛而暢通。第二第三兩點，則是繼晚明三大儒而推進一步，以期徹底開出外王事功。而中國之近代化或現代化，亦正好是集中在這最後二點上。

茲分三節，作一簡要的說明。

二、當代儒家的精神方向

（一）道統的光大——重開生命的學問

道統，即是民族文化之統。它是文化生命的根源和人倫教化的綱維，而個人安身立命亦須取則於此。依據道統而講學問，它必然是「生命的學問」。由生命的學問，乃能開顯生活的原理，決定生命的途徑。

「生活的原理」，散開來說，可以說得很多，但如果集中地講，它只是一個「怵惕惻隱之心」，而這怵惕惻隱之心亦就是孔子所說的「仁」。仁，就其為德而言，它是生生之德，就其為理而言，它是生生之理。說得更具體一點，它就是人之所以為人的「本」。本立而道生，因此，它能顯發而為人生的大道——生生之道，亦同時就是我們的自救之道、救國之道、救文化之道。孟子說：「道，一而已」。這個「一」，正是就「仁」而說的。自救、救國、救文化，必須救活而使它生存下去，這就必須要有一個能夠「使之生、使之活」的「生活原理」。

生活的原理當然是就「人」而說的。自古以來，人性、人品、人倫、人道，早已成為我們日常生活中所熟知的名詞——但這些不只是名詞，而正是「仁」的彰顯與實踐。我們中國人，一向都是自覺地「把人當一個人看」（所以說仁者人也），而不是「把人當一個物看」（所以特嚴人禽之辨）。因為一旦「視人如物」，便必會抹煞人性、糟蹋人品、破壞人倫、毀滅人道，而淪為一個「動物世界」。人雖然亦是動物之一，但人卻不只是動物，沒有人願意他自己只是一頭動物。那末，「反物化」，豈不正是天經地義的事？而且，文化的演進過程，亦可以說正是一個反物化的過程。否則，人同於物，哪能創造文化價值？而現代人卻偏偏把「人」作「動物」看，拼命地要把人拖入動物羣中去討生活。這種情勢，更迫使我們要加緊展開「反物化」的奮鬥。

「反物化」有兩個方面，第一是反思想上的唯物主義：視人如物的馬列共產主義，是從根上「反人性、反人道」的邪惡思想，他代表一個魔道。第二是反生活上的唯物主義：凡是趨向情意泛濫、物欲恣縱的觀念意識，以及實際追求感性層之物質享受的，都是生活上的唯物主義，都將消磨人們向上的意志、腐蝕人類道德的心靈。這兩種唯物主義，都是人類的公敵，都和中國文化精神絕不相容。要想開出文化理想，護持生活原理，就無可避免地要對思想上和生活上的唯物主義兩面作戰。

「生命的途徑」，是本乎生活原理決定出來的道德實踐的軌轍，和人生努力的方向。這可以分為兩面來說：(1)主觀方面是成己、成就德性人格，是要求與天道天德合而為一，以達到天人合一、天人和諧的境地，這是一種「通上下」的縱的實踐。(2)客觀方面是成物、成就家國天下，是要求與天下民物通而為一，以達天下一家、萬物一體的境界，這是一種「合內外」的橫的實踐。通過這一縱一橫的實踐，人就能超脫形軀血氣的限制，以精神生命向上升進，向外充擴，而開創一個充實飽滿的人生，建造一個安和的人間社會。

護持生活的原理，暢通生命的途徑，而後乃能重開「生命的學問」，以延續而且光大民族文化之統。這一根而發、相繼綿衍的道統，既不可斷，亦不可化。尅就此義而言，重建沉晦千年之久的道統，使中華民族沒有為佛教所化，實乃宋明儒者最偉大的貢獻所在。所以佛教雖已普及於中國民間社會，雖已佔住了數不清的大小山頭（語云：天下名山僧佔多），但佛教始終只是一個很鬆泛的民間宗教，而不是中國的國教。於此，可見中國民族道統意識之強，同時亦可看出中國文化生命之寬平博厚，而能載能容。關於儒釋道三教在中國文化中的地位，我曾經用一個三角圖形來表示：

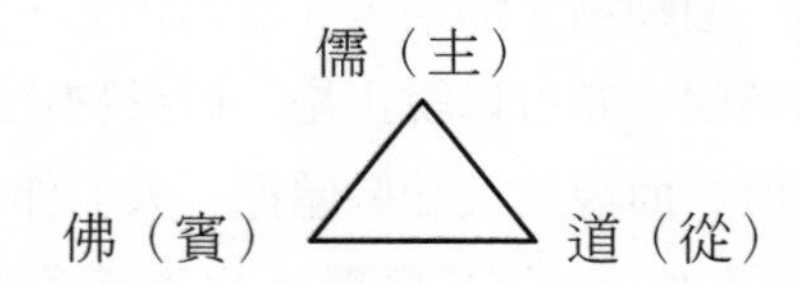

道家（教）是中國土生土長的，但它不能擔綱，相對於作為中國文化之主流的儒家而言，它是居於副從旁枝的地位，所以儒與道是主從的關係。佛教從印度來，它在中國是客位。而佛教亦自知這一點，所以能自覺地守這個分，這就使它和儒家之間形成賓主的關係。[1]至於道佛之間，則似乎若即若離，

---

[1] 關於這個意思，當代佛教界的善知識印順法師表示了很平實中肯的看法。他說：「儒學——新儒學——是純中國文化縱面的產品，是不可旁解的，是入世的，是天道的，是萬世不朽的經緯線」；「而佛家是介入的，是出世的，是偏於究竟空寂的；精深是精深矣，博大是博大矣，豈奈不及儒家何！」——引見民國 68 年 7 月 1 日《天華月刊》第四版、陳慧劍先生〈當代佛教思想家印順導師〉一文之第五節。上引諸語句，原刊文皆用引號括出，當係印順法師親撰之文或口講之言。印順法師又說，他是站在

關係微妙，彼此雖曾發生過幾次衝突摩擦（如佛教方面所說的三武之難），但終於亦能相安無事。

儒釋道三教之間的主從、賓主關係，不是任何人所能強調出來，而是歷經千百年相摩相盪、相融相攝，而後纔自然形成的。在今後中國文化發展的進程中，必然將是「儒、佛、耶」三教互相摩盪以求融通。如何融通？我們認為除了必須互相尊重、互相觀摩、互相了解之外，此時恐怕訂不出一個立即有效的具體辦法。須知文化的融通，一要精誠，二要機緣，三要時間，這是急不來的。但有一點是可以確定的。那就是任何外來的宗教或文化系統，在中國都是賓朋，都是客位，應該抱持「與人為善」的原則，而不可以「喧賓奪主」。（因為中華民族雖然涵容深廣，但絕對不願意為人所化而斷喪自己五千年的道統。）若問誰可以做中華民族的主？當然必須能夠代表民族文化之統的人纔可以。這個人誰都知道就是孔子。（共黨想以馬列篡奪孔子的主位，必敗無疑。而且其必敗的徵象，現在亦已經顯示出來了。）其實，孔子亦並沒有要來做我們的主，他只教我們自我做主，所以說「我欲仁，斯仁至矣」。欲仁而仁至，這正是「道德主體自由」立根的地方。亦是人人皆可以堂堂地做個人的、最真實的根據所在。人人自我做主，合起來就是「中華民族自己做自己的主」。所以，道統的延續與光大，人人有分，因為心同理同，個體生命本就是和民族文化生命合流的。

（二）政統的繼續——完成民主建國

「政統」是落在政體、政道上說。中山先生曾有政權與治權的劃分。順著這個劃分，可以講政道與治道。治道是安排治權的軌道，政道是安排政權的軌道。依於安排政權的方式，而形成各種不同的政體，如君主政體、民主政體等。政體可以隨著時代社會而有轉進、有發展，而且這種轉進發展都是歷史的必然，所以能夠成統。繼續這個政統，纔能在發展中開出客觀真實化

學佛者的地位發言，他認為「新儒家自是新儒家」，「佛家自是佛家」。我覺得印順法師的話說得坦誠而信實，希望學界人士不要再說什麼宋明理學「陽儒陰釋」一類的顢頇之言，以免貽笑大方。

的政道。牟先生說「中國有治道而無政道」，這是極有特識的一句話。在此應略加說明。

中國的士人政治，可以說已經達到了相當「合理」的境地，但那只是「治道」方面的成就。在「政道」方面，卻一直沒有進到客觀法制化。中國傳統政治對於政權的轉移，大體有四種方式：

1. 禪讓——這是公天下。堯禪舜，舜禪禹，都很順適自然。到了禹禪益時，天下諸侯百姓卻不從益而從禹之子啟，這當然亦是天心民意的表現，並無問題。但讓位傳賢，是取決於天子的德，並沒有訂為法制。啟之德不及堯舜禹，他傳位於子而不傳賢，乃造成世襲家天下之局。可見沒有客觀法制化的禪讓，公天下的理想，便無法保證它必然實現。

2. 世襲——這是家天下。家天下是世代相繼而為君，這當然不合理，所以終於促成湯武「革命」。

3. 革命——革命是順乎天理、應乎人心之事。然而湯武革命的結果還是家天下。這表示政權轉移的問題，依然未得解決。到了秦漢以後，乾脆就以武力打天下了。

4. 打天下——革命是德加上力，打天下則純以武力搶奪政權，這就變成「私天下」，連三代家天下的半公半私都說不上了。（三代雖是世襲家天下，但封侯建國，則亦表示與諸侯共天下，其中仍含有相當的公性。）

由禪讓而世襲，而革命，而打天下，正表示在政權轉移這個問題上，一直沒有建立客觀的法制。秦漢以來，更明顯地造成政治上的三大困局，歷二千年而不得解決。一是「朝代更替」的問題，形成一個治亂相循的惡性循環。二是「君位繼承」的問題，常常演成宮廷明爭暗鬥，皇室骨肉相殘的局面。三是「宰相地位」的問題，代表治權的宰相，不能與代表政權的君王相抗衡，因而使得中國士人政治受到一個無法突破的限制。這三個困局的消解，關鍵只在「政道」之客觀法制化，而近代的民主政體，正提供了一個客觀的解決之道。對中國來說，這就是民主建國的問題。

要恰當的了解民主政體的建國，就必須對下列幾點意思，先有清楚的認識：

第一、國家主權在於國民全體：「主權」是一個形式的定常的「有」。它為國民全體共同地總持地有之。它不專屬於任何個人（主權在民的「民」字，是指國民全體，不分指任何個人），亦不專屬任何階級。因此，它第一不可分割，不能你一半，我一半。第二不可私有，所以不能說朕即國家，亦不能說某某階級專政。

第二、劃分政權與治權：安排政權和維護政權的，是「政道」，是第一義的制度。這是屬於建國的問題。建立治權機構以處理公共事務，是「治道」，是第二義的制度。這是屬於治國的問題。當政道獲得客觀法制化，不但朝代更替和君位繼承的問題自然消解，而宰相的地位，亦因治權和政權分開，而有了客觀法制的保障。這就是近代三權分立或五權分立的憲政體制。

第三、公民自覺與政治的獨立性：把道德宗教劃分到政治的領域之外，以透顯政治的獨立性，這是近代民主政治的一大貢獻。所以，剋就政治而言，人只是政治的存在，只是權利義務的主體，這就是「公民」這個觀念的恰當意義。「公民」乃是一個政治上的觀念。通過公民的自覺，而後纔能表現政治主體的自由。而政治主體的自由，主要是集中在權利與義務上來表現。就權利而言，它可以爭取，而不可以拋棄（如人身自由），亦不可以讓度（如選舉權）。就義務而言，它有強制性，故不可以逃避，亦不可以代替。在此，可以接觸到政治的法制性與獨立性。

民主，是一種政治的體制（通常亦說為憲政體制），是政治建國的一個「鋼架」。政治的活動，就在這個鋼架下運用進行。至於自由、平等、人權、法治，則是民主政治的「內容」。鋼架是常，必不可缺，必不可變，這是民主之所以為民主的本質所在。至於內容，則是量的問題，它常隨著各個國家民族的文化背景、宗教信仰、民情禮俗，以及現實政治的情況而增損。這其中的參差，並不影響民主政治的本質。只要鋼架定了，內容方面隨時可以調節充實。我們所殷切注意的，是這個鋼架的真正樹立，這纔是政體建國的大業所關。而數十年來一些所謂「民主人士」（這個名詞根本不通。難道除了他們，別人都是「非民主人士」不成？）卻不知正視這個鋼架，只在內容上紛爭計較，那根本不足以言政治家的器識。所以這些人的夸奢喧嚷，對民主建國大業，實在沒有正面的積極的貢獻。而且對於民主建國意識的豁醒，還產生了攪擾混淆的反效果。

依據上面的說明，我們可以看出民主建國的大業，不但是辛亥革命以來仁人志士捨命以求其實現的目標，而且正是晚明三大儒要求由內聖轉出外王事功的一大關節所在。如果再說得遠一點，二千年來儒家「由內聖通外王」的理想，亦正須落在民主政體建國這個關節上，纔能豁然通暢，以獲得充分的實現。（有些人疑慮中國文化的傳統，是否與民主不相容，這實在是不學不思之過。）而且，中國的近代化或現代化，亦正須以民主建國為骨幹，而科學的發展以及經濟等的建設，亦同樣需要民主政治的軌道，纔能獲得堅實穩固的基礎。

三、學統的開出——轉出知識之學

就中國的學問傳統而言，道統與學統是二而一的。儒家的學問，說它是學統所在，可；說它是道統所在，亦可。但現在我們使用「學統」一詞，則是專指知識之學而言。在西方，知識之學是希臘傳統發展出來的學問。在中國，則須從儒家所代表的道統中轉出來，使它獲得獨立的發展。

有人說，中國是重德的文化，西方是重智的文化。這個說法雖然尚嫌簡略，但說中西文化的演進各有它所著重的一面，亦並不錯。不過，中國亦本有「德性之知」與「見聞之知」的分別。德性之知雖然不萌於見聞，卻亦不離乎見聞。而且見聞之知亦正是天德良知的發用。（張橫渠、王陽明，都曾說到這個意思。）因此，儒家的內聖成德之教，雖然並不落在見聞之知上講學問，但一定要直接指說儒家輕忽知識，亦不能算是一個恰當的評斷。

德性之知（良知），發自道德心，它可以成就人的「德」，亦可以彰顯人的「慧」由於中國向來著重在這一面講學問，所以中國人的哲學思考雖不足以與西方人相比，但哲學的器識與智慧則高於西方。而儒者的道德人格，尤其不是西方哲學家所能望其項背。至於見聞之知（知性之知），則發自認知心（理智心），它可以表現概念思考，成就概念系統（邏輯系統、哲學系統、科學知識系統，皆屬概念系統），這是西方最擅勝場的地方。我們現在的問題是，德性之知雖能決定一個應當的行為，但要完成一個應當的行為，往往需要一套知識，而這套知識卻不是德性之知所能直接提供、直接成就。在這現實的應用上，使我們接觸到了德性之知的限制。然則，如何融通「德性之知」與「見聞之知」？換句話說，如何從重德性主體的中國文化傳統中，轉出知性（思想）主體，以成就科學知識？這就是我們當前所面臨的新課題了。

對於這個問題，牟先生在他的《現象與物自身》書中，有一個義理圓熟，系統詳密的疏決。而在早年《王陽明致良知教》一書的〈致知疑難〉章中，則有較為直接而簡要的解答。（按：致良知教一書，牟先生決定不再印行，而致知疑難一章，則已收入其新著《從陸象山到劉蕺山》書中，由臺灣學生書局出版。）簡單地說，在中國，知識之學的開出，仍須通過良知（德性之知）。良知當然肯定知識之學的價值，因此良知亦必然能夠自覺地坎陷它自己，而轉為認知心。這亦就是說，良知要做一步「自我打開」的工作，使自己開為兩層：一層是道德心（德性主體），亦即良知自己；一層是認知心（知性主體），這是良知自覺地坎陷自己而轉出來的。(1)道德心是「與物無對」的，它要求與天地萬物為一體，它的表現或作用，是完成德性人格，以期成聖成賢。(2)認知心是「與物為對」的，它在「主客對列」之中向外發用，以認知外在的對象，所以它的表現或作用，是成就知識，開出科學。道德心的活動，有儒家的學問傳統為軌轍；而認知心的活動，則有西方的學問規模可資借鏡。（按：發展科學，可以西方為借鏡，而向西方學習；但卻不是撿人家現成的東西，以為可以「移花接木」似的，便把西方的文化學術轉到中國來。如果這樣想，中國將永遠隨人腳跟，不可能開出科學。）

我們無須疑慮中國文化是否可以自本自根的產生科學，亦不必去列舉中國古代科學技術上的成就以為誇耀。知識之學（邏輯、數學、科學）在中國古代當然亦有表現。但名家墨辯並不能直接視為邏輯，中國亦沒有順承名家墨辯而發展成邏輯學的傳統。古代雖有高深的數學，而且古代中國人表現的數學智慧甚至為西方所不及，但中國仍然沒有發展成數學這門學術的傳統。

古代亦有精微巧妙的科學技術，那是中國人的聰明才智在實用上的表現，當然很了不起，很不平凡，但多半只是智巧，而欠缺純學理的探索；如果有，亦沒有成為理論系統；如亦有之，則仍然沒有成為歷代承續不絕的知識之學的學統。這就是問題的關鍵所在。

所以知識之學的轉出，不能只是聰明才智的直接發用，而必須在中國的文化生命中透顯出知性主體（亦可名之為思想主體），使它獨立起用，而後纔能開啟科學的心智，以表現：

1. 純客觀的知識興趣；
2. 重學理而不計較實用的態度；
3. 主客對列的思考方式。

因此，良知自覺地坎陷它自己以轉出認知心，透出知性主體，乃是絕對必要的一步。（此中義理的關節，拙著《王陽明哲學》第四章亦有敘述，請參看。）必須這樣，以「道德心」為主的中國文化傳統，纔能轉出「認知心」來獨立起用，以建立純知識的學理。這一步做到了，那些成就事物的具體知識和實用技術，亦就獲得解決的基礎了。

從上所述，可知講儒家學問，並不只是「述古」，而是「返本以開新」，以期民族文化慧命之相繼光大，中國文化本就具有一種開放融攝的精神，而能隨時變應，日新又新。在內聖一面，中國文化生命向上透的境界，已經極其高明，今後只須在外王一面補足「政道」與「知性」這中間架構性的鋼骨，便可以向下撐開，以獲得穩固堅實的自立之基。所以，激發文化意識，暢通文化生命，樹立文化理想，使道統、政統、學統，三統並建，以恢復文化的創造力，這不僅是新儒家的精神方向，而且亦是全民族共同奮鬥的中心目標。

儒家精神與道德宗教

從去年十二月二十八日至今年元旦，輔仁大學主辦了一次以「當代哲學與宗教問題」為主題的「國際哲學會議」。與會的學者，來自德、意、英、美、加、印、菲、日、韓等國，加上國內各大學的哲學教授，共有五十餘人參加。筆者因為學校有課，只出席了最後一天的會議，也最後宣讀論文。我所提的這篇論文，說的都是通義常理，行文也力求淺近平實。但出乎意料的，卻引起相當熱烈的反應。當論文宣讀完畢，即有高思謙教授、薛保綸教授、曉雲法師等發言，謬加稱讚和提出詢問。休會之後，幾位外籍教授也來握手致意，並表示希望有機會到東海大學訪問。接著高思謙老先生由於弄錯了我的姓名，又特地過來致歉寒暄；曉雲法師因為在華岡哲學研究所和我有同事之誼，也由她的女弟子陪同，一起來相敘晤，並說到會通精神對當今宗教的重要；薛保綸教授則將他的大著《墨子人生哲學》送我一冊。而師大張起鈞教授更情詞誠懇地特予謬許，說在今天這個場合我所表示的儒家立場，是適時而切要的，這種平正的道理應可視為這個會議的一個歸結。張振東教授對我所說宗教真理中那個最後的實在只是一個，表示贊同。李振英（李震）教授則說，輔大哲研所的同學很需要了解我所提出的這一類問題，希望有機會為他們講一講。還有陸達誠司鐸和韓國的鄭仁在博士，更和我說了很多話。到閉幕式時，蕭師毅教授（此次會議的秘書長）又特別提到他很贊同我的說法。我記述上面這些事，並沒有私心欣喜的情緒，因為我所說的本就不是我個人的獨見，而是文化思想的通義常理，而諸位先生對我的謬讚，實在只是由於心同理同之故。雖然有些稱賞的話，和我論文中的本意不盡相合，但會場熱烈的反應，卻也表示我文中所說，正是大家共同關心的問題。為此，特於文前略綴數語，將文稿予以發表，希望能引起更多的人士來重視和研討這個文化的根本問題。

一、文化的根源在道德宗教

當代中國知識分子所面臨的最大的問題，是文化問題。講文化，除了民主與科學，還有道德與宗教，另外還有文學與藝術。

民國初年，大家講民主、科學，而忽視道德、宗教。而且把道德看成是封建的、落伍的，是違背自由民主之原則的，所以不講道德，以至於反道德，於是有所謂「禮教吃人」的咒詆。大家又認為宗教是迷信的、不科學的，因此不講宗教，以致於反宗教，於是在民國十二三年間，出現了什麼「反宗教大同盟」的組織。但照我們今天的了解，為了講民主科學而去反對道德宗教，是不對的，這表示當時一些人對文化真理的了解，欠缺深度。須知文化的本質正在於道德與宗教。道德宗教的作用，不只是能建立一個「日常生活的軌道」——如人倫生活的規矩、婚喪喜慶的儀節，以及祭祀之禮等等。而且它能開出「精神生活的途徑」——(1)就個人方面說，是人格的創造，以成聖、成佛、成真人；(2)就客觀方面說，則是歷史文化的創造。所以，道德宗教正是湧發「文化創造之靈感」的泉源，也是創造文化的原動力。基於不同的道德宗教之信念與實踐，纔形成各個民族不同的文化體系。所以道德宗教纔真正是文化的根源。

文學與藝術雖然各自成為一個獨立的領域，但它常常表現出濃厚的民族色彩與鄉土氣息，這正是因為它與道德宗教的觀念信仰，有著緊密關聯的緣故。假如一旦撤除了道德宗教的根核，那是不可能創造出有深度的文學和藝術的。

至於民主與科學，雖然也各有它獨立的本性，但在整個文化真理中，尤其在實踐的過程中，仍然與道德宗教有著相依的關係。我們且不往深處說，大家只要簡單地想一想，如果沒有公正負責的政治家，沒有奉公守法的人民，民主政治將如何可能呢？而「公正負責」「奉公守法」不就是良好的道德品性嗎？至於科學家從事科學的研究，他仍然必須具有對真理的虔誠和持恆的努力，這仍然是道德的。而宗教信仰也可以開啟人的心智，培養人的品行。所以，民主科學與道德宗教並不相礙。而且道德宗教的精神，正大有助於民主科學的實現與創造。

二、道德與宗教的關係

人在道德生活中，常常會接觸到一些問題，其中有些是屬於道德範圍以內的，有些則已逸出道德範圍之外，而與宗教發生了交涉。而道德與宗教的關係，正可以從這些地方得到了解。

第一、道德與幸福一致的問題

大體說來，道德生活有兩個特質。第一是「不怕苦難」。人為了完成道德，可以忍受各種痛苦與危難，而且可以自覺地去忍受。文天祥正氣歌中所謂「鼎鑊甘如飴，求之不可得」。他所表現的就是這種不怕苦難的道德勇氣。第二是「不求報償」。道德行為只求自己心安理得，而不是為了報償，人有恩德於我，我應感念不忘；但我有恩德於人，則不可存之於心，更不可等待他人來報答。否則，便不能算是真道德。所以有心為善。雖然也算是好的行為，但不能算是大善。

不過話雖如此，但當一個好人受盡苦難，一個壞人卻享盡榮華，顏回短命而死，盜跖卻克享天年，這其間便總會使人感到不平，而覺得天道不公。正如太史公所謂「天之所以報施善人，固若是乎？」這種不平之感，便是希望「道德與幸福一致」的深心的要求。又如中庸上說：「大德者必得其位，必得其祿，必得其名，必得其壽。」修德者既然不怕苦難，不求報答，為什麼大德者又必得其位、其祿、其名、其壽？這便逸出了單純的道德範圍，而是一種宗教性的要求了。所以要求道德與幸福一致，乃是道德與宗教發生交涉的第一點。[1]

---

1 德與福一致的問題，極為幽邃深遠。今年五六月間，牟宗三教授在臺灣大學哲學研究所曾談到這個問題，認為這是東方講「圓教」所應含有的義理。他表示將寫一部書解答這個問題，書名可能叫做「圓善」。

第二、靈魂不滅的問題

人的自然生命雖然有限，但人卻不會願意當他呼吸停止、軀體腐朽之後，就真的從此消逝了。於是，靈魂不滅的要求，便自然被引發出來。「靈魂不滅」這個觀念，大體可以從兩種型態來表示：

其一，是承認一個鬼神世界：中國的傳統是有鬼神觀念的。[2]人們常如此認為：一般人死後成為鬼，仁人君子與忠孝節義之士則可成為神明。人的生死，正是彼世界（鬼神）與此世界（人間）的一個來回。禮記祭義篇說：「眾生必死，死必歸土，此之謂鬼。」說文也以人所歸為鬼，而有「鬼者，歸也」的說法。人死之後，既仍然可以和祖先同在以得其歸依，那也就沒有什麼可怕了。所以中國人繞著祖先的墓園走一走，看一看，或者躺在祖墳旁邊休息一下，都會得到一種「慰情」之滿足。我們也許以為受過科學的洗禮，便斥責鬼神觀念為迷信，這個看法是否全對，暫可不論。但我們至少必須了解，世界上不止你我一二個人，不止某一部分人，而多數人心靈中的需求，即使不全是「真」，那也是不可忽視的。人生的道理，並不像一個普通的知識問題那麼單純。人如果只承認理智一層，絕對無法解答、更無法解決複雜的人生問題。

其二，是創造不朽的價值以得永生：春秋時代魯國賢大夫叔孫豹曾說：「太上有立德，其次有立功，其次有立言。」此即所謂「三不朽」。人把自己的精神心靈，化為道、化有功、化為言，於是他的生命便隨著他所創造的價值而垂於久遠了。他永遠活在後人的心裏，因而他永生了。我們退一步說，人縱然不要求自己永生，至少我們希望聖賢能夠永生。但只是希望，還不足以滿足我們深心的要求，於是又立廟宇、塑金身、立神主，祭之、享之、祀之、敬之。所以聖賢孝子忠臣義士，都能俎豆馨香，血食千秋，我們

---

[2] 按：儒家對鬼神的態度，是存而不論（不去描述鬼神世界如何如何）。而祭祖先祭聖賢乃是慎終追遠、崇德報功，要者是在致誠敬，與光大祖德、承續慧命。至於祖先聖賢是否精靈不散，是否已經成神，則並不視為問題的中心所在，所以用不著去作理智性的探索（鬼神也本非理智所知的對象）。而且儒家的宗教性，也不能直接就鬼神說，而應該從天、天命、天道方面說。關於儒家的天與天人關係，須別論。

都把他們看做不朽的神明。人要求靈魂不滅，要求不朽以得永生，這不僅是道德的，而同時又使它與宗教發生了交涉。

第三、普遍的精神生命之存在的問題

道德生活一方面是自己的，一方面也是個人對他人的（如人倫生活）。在個人對他人的道德生活中，乃有生命與生命以及心靈與心靈的交感相通。譬如這次國際哲學會議，每天都有人在講話，同時也有許多人在聽，在講者與聽者的交感相通之中，我們便感覺到自己的生命不僅是我個人的，也可以通到他人生命中。這裏便呈現了一個超越我們個人、而又包含我們個人的「普遍的精神生命」之存在。這是當下現前就可以覺察到的一大真實。

不過，這一個普遍的精神生命，在平時我們很容易忽略它，似乎覺察不到它的存在。但是當我們處於痛苦困頓的時候，就會真實的覺察到。太史公說：「人窮則返本，慘痛哀惻則呼父母。」又說：「未嘗不呼天也，未嘗不呼父母也」。人為什麼要呼父母？並不是以為父母有超人的力量，可以解除我們的痛苦，而是人有一種「回到生命根源中去」的願望和要求。人是父母所生，父母是我們生命的根源，當我們一旦在人生的途程中失去憑依，而感到生命孤獨淒涼的時候，我們就會生起一種深心的願望，想要回到生命根源中去與它合一。於是我們哀號，我們呼父母。由父母直往上推，可以推到遠代的祖先。而人類又為天地所生，所以人在困頓無助的時候，「天啊！天啊！」這種呼求，也就自然而然地從心靈深處發出來。因為「天」是最後的生命之根源，是生命之本體，是超越個人而又含攝個人的普遍的精神生命。人唯有和這個普遍的精神生命通而為一時，纔能獲得生命的舒泰和心靈的平安。中國人喜歡講天人合一，也正可以從這個線索上去了解。

對於這個「普遍的精神生命」，我們稱之為「天、天道」，耶教稱之為「上帝、天主」，印度教名之曰「梵天」，回教又叫它「阿拉」，名號雖然不同，而它所涵指的意義層次，是相同的。孟子所謂「上下與天地同流」，易傳所謂「與天地合德」，程明道、王陽明所謂「與天地萬物為一體」……這些話都表示人對這個普遍的精神生命，有一種「由內在通向超越」的要求。因此，人之呼天呼父母的「呼求之情」，不能只看做是道德的，它更是宗教的。

從以上三點說明，可以了解道德本就可以通往宗教，只講單純的道德而不注意宗教真理，總覺得有些不足夠。不過，(1)在西方，道德與宗教大體是採取分開的方式。它們的道德概念比較是初層次的，而較高層次的精神心靈之生活，與生死幽明之際、天人之際的問題，則交託給宗教。(2)在中國，則將道德與宗教融通而為一。所以作為中國文化之主流的儒家，不但具備道德精神，而且也具備宗教精神與宗教情操。

三、重新認識儒家的性格

要說明儒家是否也具有宗教的性格，首先應該分辨一下「宗教真理」與「宗教形態」。宗教真理是「一」，而宗教形態是「多」。宗教真理中那個最高的主宰、最後的實在，只是一個，無論你賦予它什麼「名」，而指歸是同一的。但宗教的形態，則要通過人的生命來表現，來完成。而人的生命又是各不相同的獨立的個體，因此，依於孔子之「仁」，釋迦之「悲」，耶穌之「愛」，遂各自形成了不同的「教」之形態。因此，任何一個宗教，皆只是表現宗教真理的形態之一。

在中國，向來都是「儒、釋、道」三教並舉，但民國以來，一般人卻不認為儒家是一個宗教。這其中的原因，一方面是民國初年康有為陳漢章等人的孔教運動失敗，而造成一種情緒上的反感和心理上的禁忌；[3]另一方面是大家常以西方宗教為模式來作對比，只從形式上來觀察，以為儒家既沒有教

[3] 民國初年，康有為陳漢章等人發起的孔教運動，由於迂固愚誠而無實，結果當然失敗。以儒家為主流的中國文化，本來就沒有走一條宗教的路，而是攝宗教於人文，以人文精神淨化宗教、充實宗教。如果將儒家作宗教看，它也是「即道德即宗教」的天人合德之教，可名之曰「道德的宗教」。它既與以捨離為首要義的「滅度的宗教」（佛）不同，也與以神為中心的「救贖的宗教」（耶）不同。我們在此說儒家含具宗教性，也並不是要以儒家作為一個普通的宗教，來和其他宗教爭高低、爭長短。我們的意思，是在說明歷史文化的事實，以袪除一般心理上的禁忌，俾能敞開心靈之門，對儒家的精神宗趣，作更為相應更為清楚的了解。

會組織，又沒有僧侶，也沒有很特殊的宗教性的儀式，在這些「事」上，使得儒家不像一個宗教。其實，形式或形態本就是多樣性的，我們沒有理由限制宗教的多樣性，也不應該主張凡是宗教就一定要採取某一種形態。更何況從宗教之「理」上來說，儒家又確實具有宗教性，也能表現一般宗教所表現的作用，和擔負一般宗教所擔負的責任。儒家講道德，常含有宗教性的意義，而不只是單純的道德，單純的道德只及於人生界，而儒家教義所重視的則不限於人生界，同時也重視「死」與「祭」。

子路問死，子曰：「未知生，焉知死？」一般人常以為這是孔子只重視生、而不重視死的證明。這實在是不思之過。我們只要細細一想，應該可以看出孔子這句話，只是對子路指點生死的本末輕重與先後之序，而並不表示孔子不重視人生之「死」的問題。孔子不是說過嗎？「生、事之以禮，死、葬之以禮，祭之以禮。」從生到死，再到祭祀，都以禮一以貫之，這表示人的孝敬之誠，是徹通生死幽明的。而重視喪祭祀敬，也正表示重視人生之「死」的問題。後來由荀子所講的禮之三本（君師、祖先、天地），而演變為三祭之禮。試問，祭天地、祭祖先、祭聖賢，能把它看做僅僅是道德的嗎？這其中，當然有宗教性的情緒，宗教性的虔誠，以及宗教性的要求。而孔子的超越意識，尤其明顯而深摯。他「知天命」、「畏天命」（畏、敬畏義）、「下學而上達」（上達天德），又說「天生德於予」、「知我者其天乎」、「獲罪於天，無所禱也」。這一類的言詞，都是我們應該加以正視的。

唯識學大師歐陽竟無曾說，佛教非宗教非哲學、而亦宗教亦哲學。我們也可以說，儒家的性格，是亦哲學、亦道德、亦宗教的。唯其如此，所以儒家的禮樂倫常，可以成為人民生活的軌道，而儒家這個天人合德之「教」，乃能安頓中華民族的生命。（附按：佛教傳入中國，曾經有過極為興盛的時代，但佛教並沒有成為中國的國教。因為中華民族既已有了儒家作宗主，佛教便自然在中國居於賓位。佛教如此，其他傳入中國的宗教，也同樣不能例外。）

四、禮教三祭所表示的意義

儒家的道德宗教精神，具體地表現在中國的禮教之中。禮教的形式雖已衰微，但它內涵的思想精神，仍然活躍在文化心靈之中。在此，我們無暇敘述禮教的內容，而只是就它最能顯示宗教精神的「三祭」之意義，來作一個反省和考察。

一、祭天地：這裏所說的「天」，不是天文學上的天，而是有意志的天，在以前也常稱之為「上帝」。（上帝之名，在詩經書經等典籍中屢見不鮮，如「皇皇上帝」、「上帝鑒汝」、「對越上帝」等等。）天，除了含有人格神這一層意義，又可以轉為形上實體的意義，而說天道、天命、天理、天德等，這表示「天」有豐富的內容。因而，許多具有不同類型的宗教情緒的人，都可以從不同的方面對它引生誠敬，而來尊信它。由此也可看出，中國文化特別具有涵蓋性與包容性。其次，這裏所說的「地」，也不是地理學或地質學上的地。中國人看地是大地生機，是持載之德。中庸說「天覆地載」，地能持載萬物，這就是地的偉大。而中國文化也正表現「載」的精神，能承受一切好的東西。因而也能包容各種宗教與文化真理，這就是「地德」。天為乾、為父，地為坤、為母。天在上，地在下，而中國文化精神不但能上達天德，也能下開地德。天德成始，地德成終。終始條理，金聲玉振，而後大成。可見中國人祭拜天地，其中所涵容的意義，是非常充實飽滿而圓盈完足的。

二、祭祖先：天地創生萬物，是一切生命之始，而祖先則直接給予我們生命。所以祖先的恩德，是可以和天地相提並論的。祀敬天地和祖先，同樣都是「報本返始」「慎終追遠」的精神。我們不承認生命的可貴則已，如果承認生命的可貴，那麼，中國人之敬祀祖先，就無疑的是一種非常高貴的傳統。有人說，中國人敬祀祖先，乃是一種「祖先崇拜」，這是以那些原始部落原始民族的「××崇拜」來作比附，是一種「非善意」的貶視。須知「齋明盛服，以承祭祀」，根本不是一般祈福消災的心理，而是致誠敬以徹通幽明的限隔，頌祖德以期子孫之繼述光大。這種緜緜穆穆的深摯情懷，既表示精神生命的擴展與延伸，同時也是一種人神交通的精神生活。所以說，「祭神如神在」，「洋洋乎如在其上，如在其左右」。然則，那些原始民族的什麼什麼崇拜，豈足以和中國人之敬祀祖先，同日而語？

三、祭聖賢：天地是宇宙生命之始，祖先是個體生命之始，聖賢則代表文化生命。聖賢人物之所以值得崇敬，就在於他們以自己的生命、德性、智慧，開發了人類精神無限向上之機；使人反求諸己，就可以覺識到生命中莊嚴神聖的意義。聖賢立人倫、興教化，為人類安排了一個精神生活的軌道，開闢了一個精神心靈的領域。他所提揭的文化理想，也為民族文化指出了一個正大的方向，而使之有文化慧命之永恆相續。孟子說：「聖人者，人倫之至也。」聖人既是人格世界最高的型範，當然值得我們永遠來祀敬。當我們面對聖賢的時候，那種莊嚴肅穆的心情，就直接地使我們個體的生命，和民族文化生命的大流通在一起。父母生我們七尺之軀，而聖賢則使我們的生命通貫古今，而能自覺地表現「橫通天下之志，縱貫百世之心」的緜緜相續的意義。

五、宗教精神的終點與歸宿

中國人對生化萬物、覆育萬物的「天地」，自己生命所從出的「祖先」，以及立德立功立言的「聖賢」，併此三者而同時祭祀之、崇敬之，我們認為這是一種較普通宗教更高明廣大的宗教精神。因為禮教三祭並不局限於一定之神，而且其精神內涵更時時在生長擴大與創新之中。中國民族當然有雅量容受其他宗教，但我們也要維護自己的禮教。任何民族都該有它自己的傳統，人能守護他自己民族的價值規範，不但是極為可貴的，也是絕對應該的。

人如果不歸於自己，不通過自覺、自主、自律的道德實踐以上達天德，而只是一心一念想把自己的生命向外交託，是否就真能交代得了？這是一個值得省思的問題。我們是人，所以不能放棄人本人文的立場，也不應該忘懷人間。耶穌上了十字架，回到上帝身邊，但是他卻還要在人間復活。復活為了什麼？為了愛人。佛教有菩薩，菩薩是自己可以成佛，但「眾生不成佛，我誓不成佛」，他要度盡天下一切眾生。這又是為什麼？乃是為了慈悲。在此我想起了近年故世的唐君毅教授的幾句話。大意是說：一切宗教徒，當他成道得救之後，他仍將化身為儒者，回到人間來救世救人。而儒家正是要「與人為徒」，以成就人倫人道，和創造人文價值。依此而觀，儒家「本天道以立人道，立人德以合天德」的天人合德之教，應該是一切宗教精神的終點，而可以作為各大宗教共同的歸宿。

世界各大宗教之間，或多或少都不免有些本質上或事實上的衝突磨擦（宗教戰爭即因此而起）。我們認為，只有發揚儒家寬平而開放的精神，纔能打通宗教與宗教之間的隔閡，而使一切道德宗教的真理會通在一起。也唯有撤除彼此的藩籬，開誠布公，與人為善，各大宗教纔更能發揮它的作用，以達成救世救人的目的。

六、結語：再提出幾點看法

我們說儒家含具宗教性，只在指出這個歷史文化的事實，並希望大家正視這個事實。但儒家卻無意於和其他宗教相對立，以競一日之短長。儒家可以和任何高級的宗教，互相觀摩，互相取益。儒家也尊重一切宗教徒在信仰上所作的主觀的抉擇，而不會對某一個宗教存有先在的成見。但是，如果別的宗教對儒家先存有一種執意的誤解，或者採取一種有心的混抹，那麼，我們也就很難強制儒家「默爾而息」。當然，無論儒家主動地宣說自己的義理思想與精神方向，或者被動地起來維護自己而駁斥別人，也仍然是本乎公誠之心，以申述義理之正。數千年的歷史事實是如此，而當今儒家的學者們，也同樣持守著這樣的態度，而且具有這樣的襟懷。本著這樣的態度和精神，我願意提出幾點淺見，貢獻給與會的賢彥學者，特別是宗教領袖們，希望加以參證採擇：

第一，近年來，宗教界似乎有一種傾向，或者說一種心願，想把西方宗教的一些觀念，拿來和中國文化（主要是儒家）的觀念相比配，以為經過一番調和混同，就可以打通觀念，消除思想宗趣上的差異。我個人雖然很欽佩這種用心，但卻覺得不免有「助長」之失。因為不夠相應中肯的比配，事實上是很難避免「欲速則不達」乃至於「徒勞無功」之後果的。這個會議的主旨，是要討論哲學與宗教的問題。因此，我應該被容許說一句率直的話：如果西方宗教只想在中國增加教徒——如果是這樣的話，我個人不想表示意見，因為宗教信仰自由，是我們一向肯定而且尊重的。但如果不是這樣，而是真心誠意地想和中國文化精神相會通、相融攝，則虛心地學習了解和體驗，實在遠比匆率而勉強的解釋判斷，更為需要，而且更能符合實際的效益。

第二，就中國文化的發展而言，過去一二千年，是儒、釋、道三教相互摩盪的過程，今後必然將是儒、佛、耶三教相互摩盪，以求融通。而文化價值系統的融通，一要「精誠」，二要「機緣」，三要「時間」，這是急不來的。在當前這個階段，我們希望先能真正做到：互相尊重、互相了解，互相觀摩。然後，各本真誠與信念，在不離失自己本性的原則下，充實自己，改進自己，以與異質文化相資相益、相融相攝，而導致一個「和而不同、交光互映」的人類文化之新境界。

第三，我認為當代的哲學和宗教，有一個共同的重大使命，那就是「反物化」。反物化必須從兩方面著眼和著力：首先是「反思想上的唯物主義」。不把人當人看，而把人當物看的馬列共產主義，是從根上「反人性、反人倫、反人道、反人權」的邪惡思想，是二十世紀最大的魔道，所以必須堅決加以反對。其次，是「反生活上的唯物主義」。凡是趨向於物欲恣縱、情意泛濫的觀念意識，以及實際追求感性層之物質享受的，都是生活上的唯物主義，都將消磨人類向上的意志，腐蝕人類道德的心靈。這二種唯物主義，乃是一切純正哲學和宗教的共同敵人。在此時刻，我們已經無可避免地要對它們兩面作戰。而且必須戰勝它，才會有哲學慧命的延續和光大，也才能發揚道德宗教的光輝。

附記：立場的表示與問題的討論

本文在哲學會議宣讀之後的反應，已在前言中略有敘述。事後，我曾翻閱其他與會學者的論文，獲益不少。但同時也發現了一些狂熱炙人的論點。其中有一個說法，認為非基督宗教既沒有領受到天主的特別啟示，其宗教的智慧大概只限於原始啟示的範圍。非基督宗教（如儒、道、佛、印、回，乃至猶太教等）只是自然宗教，這些自然宗教雖然也是天主上智所批准的宗教，但卻只是基督福音宗教的前驅，只具備一種接觸基督福音的合法身分，等到與基督宗教會面之後，這些非基督宗教的使命便告完成，而應該讓位（意即被融解、被吞沒於基督宗教）。同時，他們還宣稱羅馬已經設立一個「非基督徒秘書處」，以表示推進這種新神學的實踐決心云云。這種貶視其他一切宗教文化的「唯我獨尊、唯我獨高」的態度，最多只表示了一個宗教教會與信徒的熱忱，而並非真正具備真理性的說法；而且必然會妨礙各系文化的融會交流，會加深各大宗教之間的壁壘對立，因而也將損及世界人類的福祉。所以這種新神學，實在說不上是一種良好的發展。

二月上旬，東海大學與臺灣省民政廳等有關單位合辦的「文化與宗教」研究班，我又應約將本題的大旨重講一次，亦引起頗為熱烈的反應。其中有一位還特別把講稿取去影印，隨後又到招待所休息室來相談，提出了好多問題。譬如他說，站在民族歷史文化的立場，他很同意我所說「外來宗教傳入中國，必須尊重儒家在中國文化中的主位性，而不可喧賓奪主」，但站在宗教真理的立場，似乎不必作此主客之分。我說：在講詞中我已說過，宗教真理是一，而宗教形態是多。任何宗教都表現宗教真理，但都不是宗教真理本身。宗教真理本身，是絕對的，自無主客之可言；但一落實為某某教，便必須作為一個宗教形態來看。某一宗教傳入另一個文化系統的國度裏，就會有異質文化交會接觸的問題。此時，便必然有主客之相對。如果這個作為「主」的文化系統低於傳進來的宗教，則不待「喧賓奪主」，此一文化系統亦必自然而然地被傳入的宗教所吞沒、所同化。近數世紀以來，基督宗教傳入美洲、非洲、澳洲，以及亞洲的菲律賓，便是這種情形。但在回教世界，情形便完全不同（菲律賓的回教徒亦同樣沒有歸化天主教）。在佛教地區（如泰國）與印度教地區，歸化基督教的人數，亦不多。在中國，亦復如此。儒教（一般地說，稱儒家；特殊地說，稱儒教）雖不同於一般宗教，而且儒教所素具的平正涵容的精神，亦不排斥外來的高級宗教（如佛教傳進來，便與儒教賓主相安）。但如果某一外來的宗教不承認不尊重儒教在中國文化中的主位性，而想要來喧賓奪主、偷梁換柱，則中華民族決不答應。這就是我提到外來宗教不可在中國喧賓奪主的本意。至於信教傳教的自由，不但憲法載有明文，而且亦合乎以儒家為主流的中國文化之寬平涵容的精神。

接著，他又提出一個問題。他說看了中國文化月刊第三期我那篇〈孔子與耶穌〉的文章，覺得我對耶穌方面說得太少。從「神而人」看耶穌，是傳統的說法；從「人而神」看耶穌，則有些神學家亦在討論這個問題。而且現在基督教中有一種開明的說法，承認人人都是上帝的兒子，都可以回到上帝的身邊。但他又說，至於耶穌的降生，則是一件大事，是一個普世的福音，他負有一大使命，他將引導人人回到上帝身邊。我說：第一，我們很歡迎基督教內部能討論以「人而神」的觀點來看耶穌。這樣，就可以敞開一個大門，使「人而神」和「人而聖」、「人而佛」一類的道理，互相融和會通。第二，你說基督教已經可以承認人人都是上帝的兒子，這個話的意指，恐怕和甘地所說的意思，大有距離。甘地是說：「我不能置信，若使不做一個基督徒，便不能升天的事實。」又說：「在我，不可能相信耶穌是上帝的獨子，也不相信只有信耶穌的人才可以得到永久的生命。我以為，若使上帝有兒子的話，我們都是他的兒子們。」（見甘地自敘傳）。而照你所說的意思，耶穌之降生為人，他的身分和使命，都是特殊的，他作為一個「人」，和一般人之作為一個「人」，並不相同。第三，你說耶穌降生是一件大事，是普世的福音，他負有引導人人回到上帝身邊的使命。如果把你這個意思說得明白一點，則(1)耶穌仍然是「神而人」，是上帝的獨子或其化身；(2)而上帝的其他兒子們仍須通過耶穌，方能升天，而不能通過他們自己的文化教養和德性自覺而得救。因此，你所說的開明，只是說法上的變通，並沒有實質上的調整。內在於基督教而有的種種說法，非基督徒（至少是儒家）亦有同情的了解和尊重，但是否同意採取那些說法，則要另說另講。〔現在，我可以補充表示一下：「不通過耶穌，即不能得救」，這句話我們永遠不能同意，因為它抹煞了一切非基督徒的德性人格。但如果換一個說法，說「通過耶穌，可以得救」，這樣說，則我們可以表示尊重和承認，承認耶穌與孔子、釋迦、穆罕默德等所宣導的教訓和道理，同樣都是使人得救而完成他自己的路道。〕

寫到這裏，我要附帶說幾句話，中國文化月刊第三期我那篇短文：〈孔子與耶穌〉，本是去年九月廿七日晚，在東海大學一次座談會上的發言錄。（「孔子與耶穌」，就是座談會的主題。）我覺得，兩個名字擺在一起，難免要比較，但一旦比出高低來，無論誰高誰低，都不能浹洽人心。所以我並沒有採取結論式的比較，我那一天所說的話，都是很謹慎、很平正的。同期，刊出了哲學系同事蘇景星先生的〈從耶穌看孔子〉一文，卻採取了直接的比較，看樣子，是已經比出高低來了。但這樣的比較，站的是教徒的立場，說實了，就是以「神」與「人」來作比較。假若先肯定耶穌的身分是神或神之獨子，則耶穌根本就是最高的，而且是唯一最高的，還那裏用得著與人相比較？站在一邊來看其他的人，是以自己這邊做標準；如果這樣，同樣亦可以站在孔子或釋迦一面來看耶穌，其結果，我相信是很難使基督徒浹洽心舒的。我們很了解這種道理，亦知道說話的分際，所以從來不做這一類的比較。

宗教會通

關於「儒家人文教」與「儒學在地化」

一、從「儒家人文教」的名稱說起

最早使用「人文教」這個名稱的，應該是牟宗三先生。民國四十三年八月十四日，他在「人文友會」第一次聚會時曾提出一句話，說我們主張「使儒家成為人文教」。但《人文講習錄》（學生版、全集版）第一講的講詞後面，又附有唐君毅先生給牟先生的一封信。裡面說到「在儒之為教處、確有宗教之性質與功能。故曾安頓華族之生命。」信之後段又說：「兄函所謂凝聚成教會之義，仍只能存之於心，人文友會仍以講義理為重。」云云。

二週後，人文友會第二次聚會，牟先生一開頭便提到唐先生這封信，並當即宣布：「以後聚會，關於教會方面，暫且不講。」從此以後，便再也沒有提到「人文教」這個名稱。但他對韓國日本直稱儒家為「儒教」，則予以肯許。

按：民國四十八年，我撰有〈關於儒教復興〉一文，稿寄牟先生，先生復示謂：「諸緣不備，茲非其時。凡此類事體，人與世運俱關重要。此時只宜存之於心，先且廣結師友，發揚學術。」據此可知，唐先生信中的意思，牟先生是認同的。而也由於這個原故，我那篇關於儒教復興文之第四節「儒教組織創新芻議」，牟先生認為：宜刪之。據以上的說明，我也認為我們不必使用「人文教」的名稱。儒家本就在用「儒教」二字。說「儒家」是一般地說，說「儒教」是特殊地說（所謂特殊，是指突顯儒家的宗教性格）。「儒家」或「儒教」，隨宜用之即可，不必說為「儒家人文教」。

二、道德與宗教通而為一

中國文化不走宗教的路，並不表示排斥宗教，而是說中國文化轉化了宗教的形式，而卻又融攝了宗教的真理，使宗教與道德通而為一。

有人說，儒家之教是「教化」之教。這個說法不周延，不妥當。儒家當然重視教化，但它並不只有「教化」這一層。儒家能表現宗教的功能作用，也能顯發宗教的超越精神。依唐先生之意，最高無上的宗教意識，必須同時兼備二者：

1. 對超越之神的皈依崇拜。（如天、上帝、真主、梵天等。）
2. 對聖賢、豪傑、祖先的崇拜皈依。（孔子、釋迦是大聖人，穆罕默德是聖賢中的大豪傑，耶穌是「人而神」或「神而人」，有爭議。

唐先生指出，在這二者之中，如果只有其一，而否認另一，則將成為宗教上之罪過。如果只有其一而並未自覺地否認另一，雖表示其宗教精神尚未充量發展，但既未否認另一，則「可以不成為罪過」。依唐先生的分判，儒家一方面崇拜祖先聖賢之人神，同時也敬祀天地之神。可見儒家具有最高最圓滿的宗教意識。

三、儒釋道三教的關係

從形式上考察，儒家(1)沒有教會組織，(2)沒有僧侶制度，(3)沒有受洗、受戒的特殊儀式，(4)沒有權威性的教義（如來生、救贖等觀念），(5)沒有教條和對神的義務。這些，都使得儒家看起來不像一個宗教。但形式形態本是多樣的，也許有一天，人類會發覺儒家這個「最不顯宗教形式相」的「道德的宗教」，才是最平正圓滿的宗教形式，也未可知。

儒教是順著中國文化心靈的方向，在中國文化土壤中自本自根生長出來的。儒家的道理，不同於一家之言，而是中華民族共同的「生活原理」和「生命途徑」。維護「生活的原理」，暢通「生命的途徑」，而後才能重開「生命的學問」，以延續而且光大民族文化之統（道統）。道統不可斷，也不可為人所化。一旦為外來的文化宗教所化，中國文化便將喪失它的「原則、方向」，而去接受一個「非中國」的生活原理，去走一條「非中國」的生命途徑。那樣的話，中國人就不可能「光榮的活著、尊嚴的活著」了。

但也須知，儒家的民族意識和道統意識，並不是狂熱型的，而是理性的、平和的。因此它沒有一般宗教所顯露的「排他性」。儒家精神寬平深厚，能載能容，只要是文化真理裡面的東西，它都可以承認，可以接受。當然，這裡還有本末主從之分，而不可本末顛倒、主從不分；也有賓主之分，而不容許喧賓奪主。

道家（道教）也是中國土生土長的，它表現了很高的智慧。但從整體的文化責任來看，道家不能擔綱做主。在中國文化裡擔綱作主的是儒家，道家處於副從旁枝的地位。所以儒道關係是主從的關係。

佛教是印度傳來的，因此佛教和儒家是賓主關係。不過，這位大賓在中國住了一二千年，它早已是遍布中國的民間大教。中國吸收它，消化它，甚至調整它，使它和中國人的生命能夠調順相通。但我們必須承認它本是印度開顯的智慧。雖然中國光大了佛教，佛教也替中國放光，但我們不能掠人之美，說佛教是發自中國的智慧。千百年來，中國佛教界的大德大和尚也了解這個位分，所以能守住分際，和儒家賓主相安。不僅此也，佛教在中國一二千年，已真正達到和儒道二家相資相益的地步。從文化交流融通上說，這是佛教界了不起的地方，值得傳入中國的其他宗教虛心借鏡。至於道佛之間，雖曾有過一些摩擦衝突，但現在看來，好像是交互錯雜而水乳交融了。

四、宗教的會通融和與摩盪對話

我們回溯中國文化的發展，可以看出過去一二千年，是傳統三教（儒釋道）相互摩盪的過程。摩盪的結果，使傳統三教在主從、賓主的關係中，取得了平衡。

近百年來，西方的文化宗教以一種強勢的姿態，排山倒海似的壓到中國來，造成全面性的大衝擊，使中國文化面臨新的考驗、新的挑戰。而從「文化心靈」和「文化生命」的層面來衡量，今後必將轉為新三教（儒佛耶）的相摩相盪。這是眼前的事實，也是時代的課題。

就新儒家本身說，它的問題主要在外王一面，新外王的問題集中在二個中心點，一個是政治事功，也就是如何完成民主建國的大業。另一個是「開物成務」、「利用厚生」，也就是如何發展科學技術的問題。

儒家作為一個「成德之教」或「天人合德之教」來看，在義理上，在工夫實踐的入路上，都已發展到充分圓滿的境地。今後的問題是「如何講明」、「如何表現」、「如何實現」。在這個意思上，西方宗教對儒家有著對比反照的作用，可以使儒家更清楚自己的性格和歷史文化的使命。

至於內容層上的會通，問題不在儒家，而在西方宗教。因此，宗教會通的關鍵，不在儒家要如何如何，而在於基督宗教傳到中國之後，應該如何如何。民國七十一年一月，我在東海大學「中國文化研討會」上，提出宗教會通的六個焦點，周聯華牧師以六篇文章分別對我提出的六個焦點進行對話（宇宙光雜誌連載）。之後，我也寫了一篇〈再談宗教的會通問題〉以為回應。（去年九月，山東舉辦首屆「尼山論壇」（儒耶對話），我亦以〈宗教對話的基礎與宗教會通的限度〉為題，提供論文。文見《新儒小品長短篇》P.146-155。）

會通對話，可以消解一些問題。如果不能消解，又將如何？我認為孔子有一句話值得我們認取，那就是「和而不同」。佛教傳到中國，既沒有使中國佛教化，中國也沒有化掉佛教。儒家還是儒家，佛教也還是佛教。從明代以來，倡導三教合一，其實也沒有合一，只是做到「和而不同」。雖不同，而能和，也就可以相安。

文化宗教上的真理，在表現的型態上一定是多元的。因為文化背景不同，生活方式不同，而價值標準也互有差異。所以宗教型態、文化系統，不可能一樣，也不需要一樣。我們只能在理性的原則上，在真理的標準下，虛心服善，以減少隔閡而增進了解。所以我常說，文化宗教的融通，一要「精誠」，二要「機緣」，三要「時間」，這是急不來的。在當前這個階段，我們希望先能真正做到：互相尊重，互相觀摩，互相了解。然後，各本真誠與信念，在不離失自己本性的原則下，充實自己，來和異質文化相資相益，相融相攝，而導致一個「和而不同，交光互映」的人類文化之新境界。

五、儒家在地化之靈藥：廣設書院

儒家根生土長，十足是「在地的」，何以會有疏離之感？因為家庭和社會的結構起了鉅大的變化，人們的生活方式和工作環境，也一直在劇變中。如今，在我們居息的家庭裡，已經沒有祖先的位置；在我們的學校裡，也已沒有孔子的位置。這種奇怪的「異象」，大家竟懵然而無所感覺，這難道不是文化心靈「麻木不仁」的徵象嗎？

各大宗教，都有他們的寺廟、教堂，作為信徒聚會活動的場所。儒家雖也有孔子廟，但那只是官式教化的象徵。在古代還算好，廟同時也是「縣學」、「府學」、「國子學」（國子監）的所在，如今連這樣的「學」也消逝不見了。現在的大、中、小學，又全是西式化的知識教育，而「做人之道」（人品教養）落空了。在西方，有宗教負責，而中國文化不走宗教的路，所以沒有「國教」，那末誰來負責教導國民「做人」呢？最後當然還是靠儒家。

然而，今天的儒者，真已成了「東西南北之人」，連一個落腳的地方都沒有了。所以我才想到「書院」。書院是儒者民間講學之所在，起始於唐，盛於宋明，到清代，書院大多官辦，以科舉為業，失去了書院講學的真精神。

今天，我來呼籲「廣設書院」，口氣甚大，但心地極其真樸。我是聯想到「兒童讀經」之簡便易行，才敢於說出這句「廣設書院」的話。我的意思很單純，只是想為散處各地的儒士，安排一個落腳安身的地方，讓他們有機會落地生根，為鄉里服務，為鄉里造福。

我想像中的書院，在目前還沒有定規，一切順其自然，因時因地而制宜。只要有一間房子，便都可以掛牌。先由地方耆宿、各級教師、文史工作者，自由參與，分工合作。當然最好能成立一個基金會，打下穩實的基礎。

書院的活動，基本目標是「講學」和「教化」。講學要師資，教化靠性情。如一時師資不備，便先讀經，其他如書法繪畫、禮俗儀節，琴棋歌舞，皆可以設立讀經班、才藝班、吟唱班……次第進行。只要「勿忘勿助，真積力久」，必可有成。

區區之意，如能溝通人心，興發情志，則各縣市，各鄉鎮，乃至各村里社區，都可以或先或後，成立大大小小的書院。到時候，書院一間一間開幕掛牌，也可以說是「一夜春風百花開吧」！

除了合眾力以成城，也可以一木獨支大廈。企業大老、殷商富農、凡有資財實力之屬，都不難獨力設置書院，造福鄉邦，光大人文。至於像廬山「白鹿洞書院」那樣的大書院，是否也能在臺灣出現？這也不會有絕對的困難。就看生活在臺灣的人，是否能夠發真心，立大願，大大方方地表現自己的生命力、創造力。

【補識】

我的講話，到此本可結束，但還有一個意思，必須在此提出。我認為書院無分大小，都應該安置一個「天地聖親師」的牌位，以便上香行禮。這是傳統的三祭之禮，表示「報本返始」。天地是宇宙生命的本始，祖先是族類生命的本始，聖賢是文化生命的本始。而「天地聖親師」中的「聖」字指歷代聖賢，「師」字指各行各業的先師與我們各自的師長。我曾撰製一聯：「天生地養，盛德廣大；聖道師教，親恩緜長」。1997 年夏月，我從新加坡開會返臺，曾寫一短文〈生命的本始：天地、祖先、聖賢〉，發表於《鵝湖月刊》，後又編入蔡仁厚《孔子的生命境界》（學生版）P.35-39，可參閱。

宗教對話的基礎與宗教會通的限度

弁　言

世界各大文化系統，都含具宗教性。但彼此形態不同，類型不同。當二個文化系統接觸之時，因為互不相知、互不相信，不免產生矛盾和衝突。尤其在「天涯若比鄰」的今天，宗教對話與宗教會通的必要性，便越來越明顯了。又因為宗教是一種信仰，信徒不免「先入為主」而引發「排他」的意識，所以宗教戰爭也屢見不鮮。

我並不專門研究宗教，但深知宗教的對話與會通，乃是消解宗教衝突最好的甚至唯一的途徑。所以三十年來也先後在學術研討會上宣讀過相關的論文。主要如：

1. 儒家學術與道德宗教——編入蔡仁厚《新儒家的精神方向》，臺北：臺灣學生書局，P.47-63。
2. 孔子與耶穌——同上，P.65-70。
3. 關於宗教的會通問題——同上，P.71-90。
4. 再談有關宗教的會通問題——編入蔡仁厚《儒家思想的現代意義》，臺北：文津出版社，P.373-397。
5. 宗教與文化——同上，P.355-372。
6. 道德與宗教的融通契合——編入蔡仁厚《孔子的生命境界》，臺北：臺灣學生書局，P.1-18。
7. 天道與上帝：以儒與耶之天人關係為線索——同上，P.39-59。
8. 從罪罰觀念檢視儒耶教義之異同——編入中國文化大學《中西科學比較論文集》，P.105。

今按：以上 1、4 二文，已於 2010 年 10 月，由河北人民出版社編入蔡仁厚著《儒學傳統與時代》（簡體版）P.48-85。

茲者，承蒙「尼山世界文明論壇組委會」主席許嘉璐博士邀請，約我出席首屆尼山論壇。論題的範圍是「儒家文明與基督教文明對話」，而論壇的主題，則定為「和而不同與和諧世界」，標舉的口號是「仁愛、誠信、包容、和諧」。凡此等等，都很順當而明確，預期必可獲得良好的效果。

我年逾八十，客歲三次住院動手術，雖機能無礙，而體氣轉衰，不宜再出遠門。也欠缺氣力撰寫長篇論文。斟酌再三，只能就我曾經論述過的大綱提要，作一綜合說明。然後再就這次論壇主題，略述一得之愚，以就正於諸方賢彥。

一、昔時文化關懷之所思與所見

在舊作裡面，我所涉及的論旨，大概有下列各點。

1. 指出「文化的根源在道德宗教」。
2. 「道德與宗教的關係」——中函「道德與幸福一致」的問題，「靈魂不滅」的問題，「普遍精神生命存在的問題」（此指天、天道與上帝、天主、梵天、阿拉）。
3. 「儒家三祭之禮」——祭天地、祭祖先、祭聖賢，乃是對宇宙生命、族類生命、文化生命之「報本返始」，也是人生之終極關懷與「慎終追遠」之具體落實。
4. 「宗教精神之終點與歸宿」——儒家「本天道以立人道，立人德以合天德」的天人合德之教，應該是一切宗教的終點，而可以作為各大宗教共同的歸宿。
5. 「宗教的摩盪與相資相益」——過去，傳統三教經過一二千年的摩盪，而達於相安相敬的境地。[1]今後，必將是新三教（儒、佛、耶）

[1] 儒道佛三教的定位，就儒與道說是主從關係，就儒與佛說是賓主關係。這不是由於任

的相續摩盪。事實上，也就是宗教的對話和會通。通過對話，可以促進雙方的資益；經由會通，可以加強彼此的契應。

6. 關於「儒耶的對話會通」，我曾舉出六個焦點。並表示，凡我所寫有關宗教問題的文章，既沒有傷害他人的企圖，也沒有討好他人的存心。我只持守一個原則：從宗教真理的層面上發言，而不從宗教信仰的層面上說話。（信仰乃個人的主觀抉擇，應予尊重。）換言之，我只是順就中西文化交流激盪的事實，從較高的層次，提出六個焦點供大家省思。

(1)人皆可以成為基督嗎？

(2)耶穌是人而神還是神而人？

(3)人不通過耶穌就不能得救嗎？

(4)耶穌是獨尊還是與孔子釋迦同尊？

(5)非基督宗教必須讓位嗎？

(6)是中國基督教化還是基督教中國化？

這六個焦點，引起周聯華牧師的注意，他一連寫了六篇文章，在《宇宙光雜誌》連載半年。然後，我也撰寫〈再談宗教會通問題〉以為回應。[2]

在此，我再指出，這六個焦點的真正核心問題，是「原罪」、「獨生子」、「救主」。這三者，都是儒、道、佛三教所不能同意接受的。[3]依三教教義，人皆有成聖賢、成真人、成佛的客觀根據（本體），也有成聖賢、成真人、成佛的主觀根據（心性工夫）。所以不認為人有「原罪」，也不需要接受上帝「獨生子」作為自家生命的「救主」。在此，我們同意印度甘地的說法。他說：「我不能置信，若使不是一個基督徒，便不能升天的事實。」又說：「在我，不可能相信耶穌是上帝的獨子，也不相信只有信耶穌

何人的安排，而是在中國歷史文化的演進發展中，自自然然而形成的。

2 雙方對話的文字，已編入《會通與轉化》（基督教與新儒家的對話），臺北：宇宙光出版社發行。

3 儒道佛三教對於基督教之傳教，可以尊重。但對其教義則須分別而觀，未必認同接受。

的人，才可以得到永久的生命。我以為，若使上帝有兒子的話，我們都是祂的兒子們。」（見甘地自敘傳）。

7. 此外，我也曾比論：

(1)儒家之天道與耶教之上帝。

(2)儒家之性善與耶教之原罪。

(3)天人合德與神人關係。

(4)人類自救與上帝救贖。

總之，「上帝救贖」只是人類得救的路道之一，不宜執其一而抹煞其他。而儒家的內聖成德之教，則肯定人人皆可以反身而誠，以證現至善本性，證現良知本心，以完成生命的價值。儒家所開出的人類自救之路道，可以融通各大宗教而使之各得其所，所以是人類共同的得救之坦途。

以上是我昔年文化關懷、所思所見的一些要點。下文將就今日文化之走向與展望，以論述「尼山論壇」主題的基本義旨。

二、今日文化情態之走向與展望

首屆「尼山論壇」的主題，訂為「和而不同與和諧世界」。這是極其順當，明確的標示。茲分四點，簡作陳述。

（一）「和而不同」的深旨

《禮記‧禮運》的「世界大同」，和《論語‧子路》的「和而不同」，都是各具深旨的經典語句。「世界大同」這句話，標舉出人類深心的嚮往，這是本乎「天下為公」的道理，而開顯的大同境界。這時候的世界，已經化除了各種不齊不同、不均不平的界限，而進到普遍的大同社會。這類的語句，首先在中國文化裡出現，而且是出於孔子之口，這是何等的璀燦與光耀。

然而，大同雖好，但只有普遍性的「同」，這樣的社會有如一塊光板，既不見事上的差別性，也無有價值的多樣性。這種社會真能給人幸福快樂嗎？而且人為了求「同」，又不免「黨同伐異」、「打擊異己」，於是，人類又不能「安」了。幸好孔子留下了另一句話「和而不同」，這才使得人間社會重獲太平。

「大同」顯示的價值性，很堂皇，很嚴整；而「和」（太和）的價值世界則含藏著無盡的豐盈與安祥。豐盈是許多不同的內容所成就的，安祥則由「雖不同而能和」而達致。孔子由「世界大同」翻越出「和而不同」，我們再由「和而不同」而反透出「雖不同而能和」。在這裡，不但顯示出儒家義理與中國文字的深妙美粹，而且宗教對話和宗教會通的指標，也不知不覺地自自然然揭櫫在朗朗乾坤之中。

試靜靜想一想，當儒耶雙方通過對話而逐漸增進了解，進一步就要踏上會通之路時，唯獨「原罪」、「獨生子」、「救主」的教義，無法進行溝通，無法獲得讓步。在此緊要關頭，忽然想起孔子「和而不同」的教言，於是你靈機一動，反過來說出「雖不同而能和」的話。這時候，耶教三句教義，遂能在彼此諒解之中而分別安置。基督徒依然信而守之，而儒家之徒則尊重人之信仰而暫置其教義。在如此「兩便」的情形下，各守其道，豈不是好？[4]

（二）和諧世界的嚮往

話雖如上段所說，但現實上還是會因為「不同」而滋生事端。這時候，儒家的「恕道」乃顯出它可貴的調適和通之功能。

西方有所謂「金律」：「己所欲，施於人」。從「己方」看，這是好的。我欲溫飽，便救濟飢寒之人使之溫飽。我欲人公平待我，便也以公平待人……如此看「己所欲，施於人」的金律，覺得是很好。但如果從「對方」作衡量，則施者所欲的，受者未必欲。所謂「酸、甜、苦、辣」，各有所好，你好辣，他好酸，你以己之所好所欲施於人，別人可能受不了。西方的

---

4 其實所謂三教合一，也只是和而不同，雖不同而能和。到今天三教還是三教，並未合一。但相安無事，有如水乳之交融。

宗教戰爭，就是因為傳播福音過於狂熱而激起來的。

人有原罪，不能自救。上帝為愛世人，特派遣獨生子上十字架，為世人贖罪。這是大的福音，應該傳播給世人分享。但由於宗教信仰之狂熱，不免過分積極地以己之所信強施於人。結果，不但直接干擾他人的信仰自由。而且這種單向的強施，使得當初的好意，反而成為對他人的騷擾乃至迫害（如制裁異端）。再嚴重些，便假借宗教而發動戰爭。其禍至今未已。金律何以會行之而轉成弊害？因為它缺少孔子「己所不欲，勿施於人」的告誡之言。人或以為「己所不欲，勿施於人」太消極。其實這消極的告誡極為重要。如果西方在金律之外，也有這種告誡之言，或可消弭西方歷史上的異端裁判與宗教戰爭。

同時須知，除了這二句消極的告誡語，孔子另外還有兩句：「己欲立而立人，己欲達而達人」。兩組四句配起來，成就了儒家的恕道。現在，我們可以說，恕道絕對是宗教對話與宗教會通的康莊大道。

民間百姓常說「將心比己」，以己心度他心，將他心比己心，這正好是儒家恕道最通俗也最平正的註腳。王船山說「恕，仁之牖也」。牖，指門窗通道。有了恕道做軌轍，「仁」乃可源源通化出去，而和諧世界的建立，便能順理成章地完成，而不至於空勞想像了。

（三）仁愛的意涵

孔子的仁愛，不同於墨家的兼愛。墨子提倡「愛無差等」（視人之父若己父），他抓住了「理」上的普遍性，卻拋棄了「事」上的差別性（己之父與人之父畢竟有別）。故墨家之兼愛實無可行性。儒家的仁愛是推愛，推己以及人，推己以及物，先「親親」，而後「仁民」，而後「愛物」。這樣的推愛，從仁之理講，也是愛無差等，但從推愛之事看，卻有親疏先後之別（事上的差等）。理之普遍性與事之差別性，同時兼顧，故儒家之推愛是合理可行的。因此，墨者夷之也認為「愛無差等」，而「施由親始」。上句是墨家，下句卻是儒家。墨者自己對「兼愛」也只能言之而不能行。真正可以言而行之而無弊的，是儒家以推愛為質的仁愛之道。

儒家的仁愛以天地萬物為對象，無論「親、民、物」，皆可得到仁愛的潤澤。對人而言，仁又是真實的生命。人有仁則生，不仁則痲木而死。凡孔子言「欲仁、志於仁、不遠仁、用力於仁、為仁、當仁、蹈仁、成仁」，皆是對「踐仁」的指點，而「為仁由己」一句，尤其是切要的單提直指的法語。[5]

基督教「上帝愛世人」之愛，自是普遍的。而其愛人的表現，必須秉持上帝的啟示。那是宗教的方式，不同於儒家的仁愛之心，能如「溥博淵泉，而時出之。」[6]故儒家的仁愛是內發自發的，隨時隨事而顯發。耶教徒之行愛，則必稱耶穌之名。所以說那是宗教的方式。若就其同者而言之，則耶教與儒家所表現的，皆是人類文化中最積極最豐富的大愛。

（四）誠信與包容

宗教對話，「誠信」至為重要。儒家講「反身而誠」，講「忠信」，講「信義」，皆屬基本道德，無時或缺。《大學》講「誠於中，形於外」，是指說內在的誠意，必然會表現到外在的言行舉止上。《中庸》還有「不誠無物」之句。意思是說，「誠」是事物成始成終的根據，如果沒有誠的始終貫徹，事物就無從得到最後的完成。

「包容」是心靈廣大之徵。心量不廣，則不能容物，也不能承載事業與價值。儒者講：(1)「合天人」（下學上達，天人合德）。(2)「通內外」（物我相通，與萬物為一體）。(3)「徹幽明」（慎終追遠，致孝乎鬼神）。(4)「貫古今」（通古今之變，古今同在）。由此可見儒者體現的「包容」精神，上下縱橫，與宇宙同其無窮。而北宋張子（橫渠）更說：「為天地立心，為生民立命，為往聖繼絕學，為萬世開太平。」這四句話，尤其能表出儒者的精神懷抱與弘願深情。

---

[5] 孔子言「仁」之意涵，蔡仁厚之《中國哲學史》（臺灣學生書局）上冊第一卷第二章第二節，以及《孔孟荀哲學》（臺灣學生書局）卷上第四章、第五章，皆有詳細之討論，請參看。

[6] 語見《中庸》第三十一章。

因此，以儒家為主綱的中國文化，是最具備世界情懷，也是最具有宇宙悲感與憂患意識的文化系統。我們樂與基督教文明開誠相見，真實對話，進而截長補短，分工合作，以共致人類世界之休美。

三、對話的基礎與會通的限度

論文題目所說的「宗教對話的基礎」，乃指仁愛與誠信。而「宗教會通的限度」，其核心的意思是說，「宗教真理」是一，是絕對的。「宗教形態」是多，是相對的。故世界各大宗教，都只表現宗教真理的一部分（從百分之一到百分之九十九，都是一部分）。我們不必爭論某教表現得多，某教表現得少。只須反求諸己，盡量求表現，自能合力成就宗教真理。否則，若自以為是，自以為足，而貶視甚至仇視其他宗教，則將淪為宗教真理之背叛者，而不足與議矣。

人文教化

當代新儒家的人文關懷

一、當代新儒家興起的機緣

儒家的歷史，可以分為三大階段。第一階段是先秦到兩漢，第二階段是宋明兩代，而從明末顧、黃、王三大儒到現代，則已進入第三階段。兩漢以後，從魏晉南北朝到隋唐這千百年間，儒家雖然守住了「家庭倫常」、「禮樂教化」、「典章制度」這三條陣線，但在思想觀念上卻發不出光采。直到北宋理學家出來，才重新復活了先秦儒家的形上智慧，暢通了民族文化生命的大流，使哲學慧命、思想系統、文教學術，都能返本歸流，光大發皇。但在政治方面，則仍然是一家之私（中國的君主政治雖有治權之開放，但政權則由皇帝把持，所以不同於公天下，也不同於家天下，而是「私天下」），尤其明代的政治，專制而慘刻，雖然有王學遍天下，雖然有東林黨人的犧牲奮鬥，仍然不免亡國亡天下。這表示其中必有問題，是即牟先生所謂「內聖強而外王弱」，或者說中國傳統政治「有治道而無政道」。所以，即使顧、黃、王三大儒本於亡國亡天下之痛來深切反省文化問題，仍然對「改朝換代，治亂相循；君位繼承，骨肉相殘」的歷史困局無可奈何，而只能付之於命，歸之於天。這表示政治上的困局始終未能得到客觀的解決。不過，明末三大儒的精誠並未落空，他們「由內聖開外王」的要求，是對的，而且已經成為今後發展的總綱。

如果從民族文化生命「潛移默運」的意思來看，辛亥革命的精神，正是顧黃王三大儒精神的繼續。可惜當時革命黨人學問工夫有所不足，思想觀念不夠透徹成熟，所以未能完成建國大業。五四救國運動的結局，又轉為全盤西化的思想走向。接下來，馬列共產的思想也乘虛而入，終於造成中國大陸的滔滔紅禍。幸而中華文化的根基畢竟廣大深厚，經過了雪上加霜的文革暴亂，仍然能夠起死回生。這個大轉機的關鍵有三：首先，是明末三大儒「由內聖開外王」的思想方向，已逐漸成為全民族的共識。其次，是西方文明與馬列思想的強勢沖激，固然使中國人喪失文化自信，但也同時刺激華族文化心靈步步甦醒。再次，當代新儒家的孤懷弘識及其精誠努力，業已解開了中華文化的學術困局。

我所謂解開學術思想的困局，主要是二點意思。

第一、是重新認取內聖成德之教的價值，使當前中國人的「終極關懷」有了著落，而可以無須託身於外來宗教。

第二、是看出傳統外王學的不足，認為必須有兩步新的充實與開擴，一步是自覺地調整民族文化心靈的表現形態，由德性主體開顯知性之用，以發展出科學知識。另一步是從傳統的治道轉出法制化的「政道」，以完成民主憲政的建國大業。

這二點結論，是對文化問題之「大的認知、大的理解」，表示當代新儒家的文化自省和學術器識，已遠遠地超越五四。

五四時代的人，否定中國傳統文化的價值；當代新儒家則一面肯定文化傳統的價值，一面也省察傳統文化的不足。五四人認為要民主，要科學，就必須拋棄傳統，全盤西化；當代新儒家則已確知民主科學都是人類文化心靈創造的文化成果。西方能，中國也能。儒家與民主科學，不是相逆的衝突，而是「相順的發展」，所以民主科學一定可以從中國的文化生命和文化土壤中生長出來。

以上所說，是當代新儒家在歷史文化的宏觀下所獲致的位分。他們之所以能在二十世紀末葉成為中華民族的肖子，成為中華文化的諍臣，基本上是由於他們能保住「千古不磨」的「本心」，並且持續開顯「心」的功能作用，而啟導了一個真實的思想運動，是即當代的新儒學運動。這第三期的儒學，雖然還沒有做出全面性的文化業績（這本來就不是少數學者思想家的事，而必須全民實踐，分工合作，持續貫徹，乃能完成文化的共業），但就精神器識與義理規模而言，可以說已使得先秦儒家的精神方向（內聖外王，成己成物，正德利用厚生），獲致新的充實和新的開擴。

二、當代新儒家透顯的精神方向

在二十世紀五十年代，牟宗三先生便已指出儒家第三期的文化使命，主要是集中在三個中心點上。一是道統的肯定：肯定道德宗教的價值，以護住孔孟所開啟、宋儒所承續的人生宇宙之本源。二是政統之繼續：認識政體發展的意義，以肯定民主政治之必然性。三是學統之開出：由民族文化生命中轉出「知性主體」，以融攝希臘傳統，建立學術的客觀獨立性。其中第一點，是民族文化之統的承續與光大，這是引發文化創造力的源頭活水，必須使它永遠充沛而暢通。第二第三兩點，則是繼晚明三大儒而推進一步，以期徹底開顯外王事功。

這新三統的承續與開擴，正是當代新儒家所透顯的精神方向。其中的基本大旨，我二十年來也多所申論。而首次較為集中的講述，是在拙著《新儒家的精神方向》（臺北：學生書局）一書之頁一九至二九。今只列目於此，文則省略。

1. 道統的光大——重開生命的學問。

2. 政統的繼續——完成民主建國。

4. 學統的開出——轉出知識之學（科學）。

這新三統可以涵蓋人文世界的全幅內容，所以不只是儒家學者之事，而應該由全體華人異地同心，異業合力，以促其實現。

三、文化意識與人文教化

本論文的題目，是「當代新儒家的人文關懷」，所以要先就文化意識與人文教化，說明一些意思。

民國四十六年，我寫過一篇文章〈激發我們的文化意識〉，主要是順著儒家「人禽之辨、義利之辨、夷夏之辨」來作申論。若干年後，又以「民族精神與文化意識」為題寫文，認為文化意識是由「價值意識、道德意識、民族意識」這三方面凝斂而成。同時，我對王船山幾句話的印象特別深刻。他說：「有家而不忍家之毀，有國而不忍國之亡，有天下而恐失其黎民，有黎民而恐亂亡，有子孫而恐莫保之。」船山的話，正是本於他深厚而強烈的文化意識而說出來。這是他靈魂深處發出來的聲音，也是最能引發共鳴的聲音。現在，我們可以這樣說：

> 不忍家國天下淪亡，不忍民族文化之統斷滅，而思有以保存之、延續之、光大之的仁心悲懷，是之謂文化意識。

一個真正的儒者，必然有深厚而強烈的文化意識。他的生命原則、生命方向、生命途徑，也必能和民族文化生命和諧一致。而某些靈魂有夾雜、有歧出的人，其生命方向另有所託；這些人口頭上也會講說一些儒家的道理，也會使用文化意識這四個字，但他的文化意識不是真的。他對儒家學問也並不真能相應了解，他的不了解，不關乎聰明，也不關乎知識，而是他的生命有隔閡，他的靈魂別有向方。由此可知，生命的學問與知識的學問有所不同。欠缺生命心靈的感通契應，就很難有相應的了解。

從文化意識，到人文教化，正是生命步步落實的過程。

近十年來，大家常到大陸各地旅遊觀光。無論你在大江南北，長城內外，大西北，大西南，以及東北與沿海地區，凡是令人感動眷戀的，全都是天地與祖先留下的自然山水與人文景觀。凡山水佳勝之地，就會有祠廟、寺院、道觀、殿宇、橋樑、寶塔、石刻、雕像以及亭、臺、樓、閣等等的「人文景觀」。有了靜態的人文景觀，就會有動態的禮俗（婚喪喜慶）民俗（歌舞技藝）以及講學論道等等的「人文活動」。這些人文活動正是儒家特為重視的「禮樂教化」之具體表現。禮的精神是「別異」（尊卑上下、親疏遠近、本末先後，皆有界限），樂的精神是「合同」（感人心，通人情，化異為同）。禮與樂的精神正相反，合「相反」的禮樂精神，而達致「相成」的教化效果，這正是儒家所以超越百家的大本領，也即易書所謂「以人文化成天下」。平常單以「禮教」或「樂教」說儒家之教，都只是偏指，必須說「禮樂教化」，方為周延。有了好的教化，人間社會便自然而然地顯發出「人文教養」。

禮樂教化，人文教養，不同於知識教育，而是「生命的學問」之發酵起用。所謂成德性、成人品，都不是學問堆積，而是人文化成。儒家看人，從不把人作動物看，而是把人當人看，而且一定要轉小我為大我。孟子分別大體（心）與小體（身），而要求先立其大，正是這個道理。所以，儒家嚮往的生命境界，是——

通物我，合天人，貫古今，徹幽明。

物我、內外相通，由親親而仁民，由仁民而愛物，以達到「萬物皆備於我」，「仁者渾然與物同體」，此其一。天道生生不息，生化萬物，人道（仁道）也生生不息，生發真美善的價值，此其二。萬物之中，只有人類能創造文化，也只有人類有記憶，有歷史，能夠通古今之變；以見出通貫古今的常理常道，此其三。而人類之有宗教，是顯示一種終極的關懷，但宗教精神大體依他不依自，重客體過於重主體；而儒家則攝宗教於人文，要求宗教人文化。當孔子稱讚大禹「致孝乎鬼神」之時，就已明示人生界（明）與鬼神界（幽）之交感通徹，此其四。儒家將宗教的祭祀轉為人文化之祭禮，又將祭禮展現為「三祭」之禮（祭天地、祭祖先、祭聖賢），這是最純潔、最深遠、最廣大的宗教精神之表現。

但今天的時勢，已非昔比。我們面臨人文精神如何落實的問題。第一是如何落實社會實踐？第二是如何融入風俗教化。第三是如何重開生命的學問？

在傳統老社會裡，有家族倫常，有禮樂教化，在人性善的肯認中，崇尚人品，敦篤人倫，弘揚人道，充實人文。在人心同然的潛移默運中，自然而然地順由「人同此心，心同此理」而表現為平實正常的行為；因此，社會實踐乃是理所當然之事，不在話下。既已成其實，自然泯其名，所以千百年來，根本無須乎「社會實踐」這句詞語。如今時勢事勢，皆已大變，我們將如之何？其實，根本就沒有什麼具體的方案可以直接因應時變，唯一可行的道理，還是孔子那句話：「為仁由己」。一切有關社會實踐的事情，都應該合乎仁道、合乎仁心。而踐行仁道、表現仁心，乃屬個人自己的事，你根本無須注目於別人如何如何，而只須切己自反，問自己能如之何？一切善的實踐，皆從自己開始，碰到困阻艱難，也由自己審察事勢，慎謀善斷，因時因地因事而制其宜。人能回歸主體，自覺自律，便能自定方向，自發命令，與人為善。

至於如何能融入風俗教化？也並無什麼巧訣，基本上這是文化教養的事。人能蘊蓄聖賢智慧於我心，漸漸地便能以聖賢之心為心，以聖賢之用為用，人人如此，民德歸厚，風俗教化自然日起有功。而孔子「興於詩，立於禮，成於樂」的話，更是萬古常新的明訓；個人與文化，皆須有詩的興發鼓舞，禮的貞定自立，樂的圓通融成。近年來，王財貴博士推行兒童讀經（含經、子、詩、文），讓記憶力特強的兒童，儲蓄聖賢的智慧，日後逐年發用，而顯發為善行，凝成為善德。這樣，聖賢智慧與風俗教化自然融為一片。而且讀經這件事，也無須煩勞政府，民間自覺行之，輕而易舉，其功德效用，實在無可限量。

再問如何重開生命的學問？這也是一念自覺的事，而世人總覺其難，實由心之不實，意之不誠，所以流為空談。有人說，當前乃是一個沒有聖賢的時代。這句話可以是深心的感嘆（有如古人所謂天地閉、賢人隱），也可以是非善意的譏刺。其實，我們無須掛慮此時此地有沒有聖賢，只要我們肯認儒家「人皆可以為聖賢」的道理，培養出一個不會妨礙人成為聖賢的生活環境（於此，可以感知開放社會與民主政治之可貴），這便是生命學問的重新建立。道在邇不必求諸遠，隨時起步，便是行仁之方。

四、當代新儒家（現實與終極）的人文關懷

關心人文教化，本是儒家之所以為儒家的基本情懷。無論現實面的關懷或終極面的關懷，都是儒家所眷眷勿忘的。古時如此，今時也如此。唯一的不同，只是時勢事勢之異，措其宜即可。

居今日而論現實面的人文關懷，實莫大於「完成民主政體的建國」和「開顯知性之用以發展科學」。但也正因為這兩件事情太大了，所以一般講人文的人都迴避而不談。其實，民主與科學正是人文大架構中的硬體骨幹，豈可疏而忽之！當代新儒家肯認民主科學之價值，而且確認民主科學皆可從民族文化生命中發展出來。關此，我個人也論之已多，今不贅述。其他方面，有如：

1. 古代文物與現代器用的陳列展覽和設計製造，以及恰當相應的解說和評判，都是人文活動的重要項目。

2. 人文景觀的整修開放，諸如宮殿、祠廟、寺院、道觀、園林、碑坊、石刻、雕像、橋梁、堰渠、亭、臺、樓、閣……都是先人前烈的遺澤，都是自然人文化留下的軌跡，後人「藏、修、遊、息」於其間，不只是愉怡身心、陶冶性情而已，而且可以抒懷興思，以縱貫百代之心，橫通天下之志。而人文精神之重建，也就順理成章而可以具體落實了。

3. 民生日用中的「衣、食、住、行」，也是現實層上的人文展現。衣冠服飾之美，食品烹飪之巧，屋宇居宅之勝，交通行路之便，便成種種不同的生活方式，多姿多采，各顯風華。再進一層的「育、樂」設施，則是生活的善化與美化。

現實關懷之外，終極面的人文關懷，更是人生的大事。儒家講求慎終追遠，報本返始，無非是要擴大生命的幅度，顯發人生的意義，希望經由理性的路，使安身立命的大事，平平落實。為了便於說明，試分為「人與天」、

「人與物」、「人與時」、「人與神」四方面略做申述。

（一）人與天

在「人與天」方面，要求天人合德，是即所謂「通上下，合天人」。孔子說「下學而上達」，是要通過下學工夫而層層上達天德（與天合德）。孟子說「盡其心者，知其性也；知其性，則知天矣」。心性天通貫而為一，故能「過化、存神」，「上下與天地同流」。而《中庸》又從盡己之性、盡人知性、盡物之性，講到贊天地之化育。更從人之「致中和」，通向大宇宙而共期「天地位焉，萬物育焉」。儒家如此而說的天人關懷，全都歸於人的性情，而且自始至終，光暢平和，而無涉神奇。所以最為潔淨而淵懿。

（二）人與物

在「人與物」方面，要求與物同體，是即所謂「通物我，合內外」。孟子所謂「萬物皆備於我，反身而誠」，正指出人類的生命實與萬物通合而為一。而物我同體的境界，首須化小我為大我，此意孟子言之最為親切。所謂「老吾老以及人之老，幼吾幼以及人之幼」。所謂「親親而仁民，仁民而愛物」。這種時時感通，步步推擴的仁愛（大愛），實足以使孟子「萬物皆備於我」這樣的大話，當下落實，得其徵驗。

（三）人與時

在「人與時」方面；要求體常盡變，是即所謂「貫古今，通永恆」。常理常道，不遷不改，順時應變，各措其宜。儒家講求「時中」之道，「中」是不變的原則，「時」是應變的權宜。在歷史的長流裡面，古今同在，常變相需。中華民族的歷史意識，實比其他民族更為深厚，而所謂「時間的永恆連續」，也只有在中華民族的歷史裡，才能獲得具體的印證。

（四）人與神

在「人與神」方面，要求鬼神世界與人間世界一體安頓，此之謂「徹幽明，合陰陽」。人死後的世界稱鬼神世界（常人為鬼，正人為神），生前死後，一氣相通。這個道理平平常常，實無玄奇。故一念精誠，自可徹通陰陽，而人之「慎終追遠」、「報本返始」，也正是人心之同然，情理之大通。從「通物我」到「徹幽明」，從「合內外」到「合陰陽」，正顯示「空間的普遍開展」，暢通無礙。

據此四點，可見順儒家而講「終極關懷」，仍然是「人性」的充擴，與「人本」「人文」「人倫」「人道」的伸張。小我（身）大我（心）通一無二，天地萬物與宇宙（空間、時間）亦通一無二。真理世界與人文世界，是理與事的等價相通；知的世界與行的世界，也是從量到質的同值相貫。而現實與理想，實永遠相需為用（由現實透出理想，以理想貞定現實）。所以，由對比、較量、爭鬥，到存異求同，再到雖不同而能和，竟是人類歷史長相循行的定然之路。到此方知，孔子隨口說出的「和而不同」，真乃人類永恆的福音，也是天地間最平常最落實的一句真言。（試想想，如果世界各色人等，都能服膺孔子「和而不同」的道理，則中東、巴爾幹、愛爾蘭各地因種族和宗教而引發的熊熊戰火，將可隨即熄滅，握手言和——雖不同而能和，豈非人類無窮之庥！）

第六屆「當代新儒學國際會議」論文

民國九十年（2001）十一月於臺北

儒家經教與人文教化

六十年前，牟宗三先生在臺師大主持「人文友會」。當時他說了一句話。他說：「新時代的光明，就從我們這裡開始。」這句話，是大話？還是真話？就我看來，是大話，也是真話。開啟新時代的光明，當然是一件大事。何時得以實現，則很難說。但精誠所至，必將開顯光明的新路。牟先生作為當代新儒家的主幹人物，他在很多方面，都已經做了「點燈、開光」的工作。而中國大陸文革之後的逐步回歸（回歸傳統文化，回歸孔子），也是很清楚的事實。雖然距離目標還遠，但大回歸的趨勢已經形成。所以，牟先生的大話可以不是一句空話。

當然，當代新儒家的努力，還須繼續加強。事實上，半世紀來，他們也做了一些事情。譬如：

1. 著作之發表與出版。
2. 期刊之編印發行。
3. 「中國文化與世界宣言」之發表。
4. 國際儒學會議之召開與論文集之編印出版。
5. 設置文化講座，舉辦專題演講。
6. 利用寒暑假，舉辦青年儒學講習營，聚合海內外各大學之大學生與研究生，進行一週之講習與訪察。
7. 以讀書會之方式，進行古文獻之解讀與會講。
8. 開設民間書院，進行講學與文教活動。

以上這八項工作，都有各自的成效。但要說到全面落實於社會民間，落實於兒童心田，使全球華人世界的男女老幼，都能感受到有如「春風化雨」般的溫潤，而引導他們萌發價值的追求和理想的嚮往。這一番大的成就，乃是王財貴博士和他的「春風團隊」二十年來所成就的「功」和「德」。（「春風團隊」四個字，是我在撰寫講詞時，靈光一閃而找到的美稱。名實相符，非常適合。）

我認為，兒童讀經運動的貢獻，無異於為當代新儒家取得了「半壁江山」。我這樣說，聽起來似乎有點誇張，而我一向又是個很平靜的人，從來沒有像今天這樣興奮。但我前面所說的話，確確實實都是我的真感受、真心話。而且也是我這次主題演講的引子。下面我們將分為六個段落，進行演講。

一、何謂「經教」？

經教，指經典教育。每一個文化系統都有它的經典。經典所講，不同於專門知識，而是人人皆當奉行的常理常道。常理恆久不變，所以是永恆的真理；常道也恆久不移，所以是永恆的道路。這永恆的理和道，雖然可分開來講述，而實際上二者是合一的。人持守常理，奉行常道，也同樣是表現生命的意義，成就生命的價值。

人生有理想，生命有道路。什麼是人生的理想？什麼是生命的道路？經典會告訴我們。因此，熟悉經典、理解經典、信守經典、踐行經典、弘揚經典，對每一個人來說，都是天經地義的事。人若違離經典，背叛正道，便叫做「離經叛道」。這是很大的罪過。

反過來，人若言行合乎規矩，即使是不識字的文盲，也可以歸入正人君子的行列。陸象山就說過：「我雖不識一字，也還我堂堂地做個人。」如何做人呢？簡單一句話，也無非是「持守經典中的常理，依循經典中的常道」而已。進一層也可以說，常理常道「存乎人心」，而不一定要說「在經典中」。因為事實上，二者正是「一而二，二而一」的問題。常理常道的文字根據在經典。這是客觀地說。而當下體證理和道卻由我心。這是主觀地說。所以王陽明直說：「經學即心學」。又說「四書五經，不過說這心體」。這是一句極透徹又極本分的話，在義理上無所扞格。

二、「經」與「子」的性質及其地位

中國，是文化大國，也是文化古國，而且是特重「歷史」的國家。「經、史、子、集」中的「史」，主要是講通變，「子」則各自表述自家的思想和理論，「集」也是各自抒發自家的文采風華。只有儒家的「經」講求常理常道。所以，尊經、尊儒，實在是理當如此，不應致疑。但五四時代的人，似乎不了解這層道理，以為尊儒、讀經，就是思想獨裁，學術獨霸，所以反對「讀經」，又誤解董仲舒「獨尊儒術，罷黜百家」的話，認為這二句話，便是儒家思想獨裁的鐵證。事實果真如此嗎？當然不是。

我們知道，在先秦時期，諸侯之中就有立百家博士官（學官）的。秦朝仍其舊，西漢之初亦然。董生所謂「罷黜百家」，只是罷黜諸子百家的博士官，而不是罷黜諸子百家的學術思想。我們這樣講是有根據的，而且還有事例可以徵驗。例如漢景帝時，本來有「孟子博士」，到漢武帝時，便罷黜了。因為朝廷的責任，只應該尊常理常道的「經」（故立五經博士），而不必尊尚一家之言的「子」（故罷黜百家的博士官）。《孟子》一書雖然是儒家重要的文獻，但它只是「子」，不是「經」（要到南宋，孟子一書才升列為經），所以一樣罷黜。由此可知，「尊經不尊子」，這個原則是對的。「經」是常理常道，不可或缺（所以要尊立），「子」只是一家之言（各說各話），不妨任它漂浮（自由著述，自由講說）。

有人再問，儒家和道家、墨家、法家、名家、陰陽家，都是諸子，何以「獨尊儒術」？答曰：術者道也。儒家經典所講的都是常理常道，這是文化的本根，有普世的價值，不同於一家之私見。所以必須尊儒術。而尊儒乃是尊經、尊常道。所以儒家與諸子不一樣。諸子只是諸子，只有「子」的身分地位，而儒家除了一家之言的「子」的身分，它還有作為民族文化骨幹（當家作主）的身分地位。這個事實，不可忽視。

三、經教方式的多樣性

上面提到，經典要熟悉，要理解，還要信守、踐行和弘揚。在以前的老社會裡，農工大眾大部分不識字。他們將如何才能理解經典、實踐經典呢？在此，我要以至誠來表達對先聖先賢的敬仰與感恩。因為他們安排了三套東西：一套是朝廷上的典章制度，一套是社會上的禮樂教化，還有一套，便是家庭人倫生活的軌道。

典章制度是高級知識分子在運用，能使萬民受惠。禮樂教化由官府和民間配合而如常推行。在禮樂教化中自然陶養出各種各樣的人品。而家庭人倫生活，更是「培元固本、安身立命」的所在。加上婚、喪、喜、慶的禮俗，也同時起著潛移默化的作用。廣大民間的人文景觀雖或不免「質勝文」，但它也能為風俗教化提供「禮失而求諸野」的資糧。

說到這裡，我要插入一件我親身經歷的事情。這件事，使我和我太太楊老師，都深受感動。我老家在江西南部，我第一次返鄉探親時，父親已經過世，母親由我四弟奉養，很健康地活到 98 歲。老人家去世時，我夫妻二人回家奔喪。喪禮依照鄉俗進行。其中最特別的是我母親靈柩上的棺飾。先是靈柩圍上白色的帷幕，再罩上一條素彩的雲龍，由剪紙做成。龍頭很有氣勢，顯示出剪紙的工藝水平甚為高級。雲龍身上又置放一隻丹頂白鶴，顯得靈動而雋逸。所有這些，都是我青少年時在家鄉從未見過的場景。族中長老說，這樣的排場，必須子孫有功名才可以。我說，我一介書生，並無功名啊！他們說，你是教授，兒女又都是博士，這就是功名。鄉俗既然如此，便自然遵而行之。

我之所以提起這件事，是為了印證老社會中禮俗教化的功能，實在是遍及漢土漢民，到處都有深厚的蘊蓄。雖然遭逢文化大革命的十年浩劫，也仍然能夠起死回生，剝極而復。

在傳統社會的人文教化中，不識字的人也可以具有「好自做人」的基本教養。而古時的士子，皆誦習四書五經，自然具有基本的人文底子。而今天的知識分子，應該如何維持儒家人文教化的水準，也正是目前讀經教育所當關切的一大重點。

西方的學術思想，沒有儒家這樣的禮樂教化。但他們有宗教。凡宗教都有經典，都有「誦經」、「唱經」或「查經」、「講道」這類的法式。這就是他們的教化之本，加上各種節日與婚喪喜慶的禮儀，以及日常生活的儀節，也同樣都是經典教育的不同方式。

四、推展讀經的策略

推展讀經，政府與民間各有責任。這一節的標題，用了「策略」二字。其實，我是一個非常疏於策略的人。我只能依據現狀，直接就讀經的教化效用，略作論述。

體制內的推展讀經，主要是指以《論語》、《孟子》為主的、高中用的《中國文化基本教材》。這個課程，原先是必修的。後來改為選修，而引起人民百姓與學界人士的陳情抗議，也只改回為「必選」。從這一字之差，顯示政府是「氣虛」的。官員們將儒家經典與其他家派齊頭並觀，而茫然不知常理常道與學術思想的性質差別。所以為政者一般都欠缺「文化意識」，器量識度也有所不足。

從情理上看，不但《中國文化基本教材》應該改回為必修，而且其他經典，也應選編為教學課程，由大專學生選修若干學分。（東海大學早年開講「大二國文」課程，後因故停開。其實，這仍然是一個可以考慮的方式。）

由於體制內的事情，常有限制，而實施的時宜也常有困難。最簡省方便的做法，是由民間廣設書院，自由推展讀經講經，以「活化」人文教化的功能。

儒家向來最重視人文教化。通過(1)「智、仁、勇」的個人修養，(2)「孝、弟、慈」的家庭倫理，(3)「詩、禮、樂」的社會教化，必能淨化思慮，深化修養，純化人品。各人的成就雖不免有差異，但任何人都不能缺少「智仁勇」，不能疏忽「孝弟慈」。而「詩禮樂」的教化功能，尤其可以陶養溫良謙和而又堅貞不移的品性。由此可知，無論個人與文化，皆不能缺少

「詩」的興發鼓舞，也不可缺少「禮」的貞定自立，以及「樂」的融通圓成。

古社會有「詩教」，有「禮教」，有「樂教」。所以人之成才順而易。如今，「詩、禮、樂」皆已「無教」，人民何以堪？文化何以堪？

天幸，中華民族根器深厚，故近百年來，雖然七顛八倒（無理、無體、無力），翻天覆地（自五四到文革而極），終於能夠剝極而復，重啟生機。如果沒有祖先的深恩，聖賢的盛德，先民的遺澤，怎麼能夠潛移默運，起死回生？現代人不喜歡「感恩」「報德」的字眼，實在是一種性情的「偏溺」，應該加緊反躬自省，從偏溺的泥淖中超拔出來。否則，走入歧途，必將終身悔恨。

五、民間書院與禮俗教化

民間書院，不只讀經而已。它實在應該全面擔負起禮俗教化的責任。而比較具有規模的書院，也可以隨宜分設許多小組，以收分工合作的實效。有如：

1. 經教組：這一組自然以讀經與講經為主。二十年來，王財貴博士的兒童讀經運動推展得很好，已經顯示出「人同此心，心同此理」的效應。今後應該擴及青年讀經與成人讀經。同時還要量力隨宜推展「講經」，以深化讀經功能。
2. 禮儀組：國人的生活儀節，過於隨意疏略，而婚喪喜慶方面，尤多違離禮意。比起韓國、日本，反生「欠文、失禮」之憾。早年，政府也曾頒布「國民生活須知」。但太簡略，推行又未盡力。今後必須特加措意，以求實效。
3. 書畫組：人類世界的文字，只有中華民族的漢字，能夠從工具的性質而進到「道與藝術」的境界。而「書法、書道」這二個詞語，更直接顯示「書寫」這件事情，也同樣可以直通價值世界。至於中國的繪畫，一直在世界美術中佔有極為重要的地位。中國畫不但意境高遠，而且能顯示華人獨特的生活品味與人文嚮往。

4. 吟唱組：以古詩吟唱與古樂演奏為主。這種人文的美聲雅音，其最高境界，是「盡美矣，又盡善也」。由於樂音感人至深，所以儒家的人文教化，不只是禮，還有樂，禮樂和合，方稱完善。

以上的分組，是我隨意提出的，無須定格。其實，傳統的書院，是以「講學」為主，層位甚高。如江西廬山的白鹿洞書院，和湖南長沙的嶽麓書院，便是。這種高層次的書院，也應該是我們努力的目標。但目前言之，恐太高調。不妨「守志以待時」。

六、關於教材與教法

經典教育，當然以經典為教材。但經典文字，處處都是智慧閃爍，德慧充滿。所以我們讀經或講經之時，不是面對書本，而是面對聖賢。這個意思，只要想像一下宗教徒唸經唱經的神情，就知道他們唸唱的雖是文字，而映現在他們心中的影像，必然是佛菩薩或耶穌基督等人。中國文化雖然不走宗教的路，但凡宗教文化中的功能作用，在中國都是由儒聖來擔當。因此，儒家也稱儒教。形式上它不像一個宗教，但本質上它具備宗教性，能表現宗教精神，並能安頓中華民族的生命，提供安身立命的基盤。

大家應該記得文天祥的「正氣歌」，它的結句是：

風簷展書讀，古道照顏色

前句說在風簷之下展書而讀，後句說生命智慧，古今同在。我們可以想見，文天祥讀書之時，他面對的並不是那本書，而是蘊藏在書中的古聖先賢的德慧生命及其志節懷抱。所以「千古之上與千古之下」的人，皆可相遇於旦暮。而古聖賢的生命之光，也正與他的容顏，相互映照而交相感應。必須是這種層次的讀書，才是我們「讀經、講經」的典範。

因此，如果我們編經典為教材，編好之後，還得自己深深體會，落實體證，然後才能本乎實感，而講出真心話。至於教法，並無定規。當你學會一套教法，也不必過於執定，而應隨宜運用，方能言之真切。所謂「運用之妙，存乎一心」。這應該就是人世間上好的教法了。再來，還有師資培訓等等，那是實務方面的事。我相信大家的想法和做法，都會比我更好，更切實際。這方面我就藏拙不說了。今天就講到這裡。謝謝大家。

書院今昔

「鵝湖人文書院」開幕講詞

主席、諸位女士先生和青年朋友：

今天，鵝湖社為了「鵝湖人文書院」開幕，和「牟宗三先生全集」出版，特別舉行慶祝茶會，安排我先來說幾句話，感到非常榮幸。關於牟老師的全集，鵝湖月刊五月號已有文章報導和說明。現在我只就「書院」部分，提出一些意思，來和大家共同期勉，相互切磋。

一、古代的學校、科舉和書院講學

孟子說過，三代之時，全國性的學校稱為「學」，地方性的學校稱為「庠」、「序」、「校」。所以數千年來，京師有「太學」，地方有鄉校。西漢景帝時，蜀郡太守文翁，立學宮於成都，首先祀奉孔子與七十二賢。從此，教育和儒家結為一體。到了唐太宗，正式通令全國各州縣立孔子廟。這座廟又稱文廟，一方面祀敬孔聖和先賢先儒，一方面它也是縣學府學的所在。縣學錄取的學生稱為「生員」（秀才），每三年有省區和全國性的科舉考試，中式的稱為「舉人」、「進士」。以上說的是「官學」方面。

到了宋朝，民間的書院講學漸漸成為風氣。北宋二程據傳曾在河南嵩陽書院講學，北宋末年，二程門人楊龜山講學於無錫的東林書院。這座書院到明代末葉成為東林學派的根據地，並發展為東林黨。黃宗羲說，東林「一堂師友，以冷風熱血洗滌乾坤」。這是書院通向政治而演成的歷史悲劇。很壯烈，很動人，但也很悲慘。這裡觸及了儒者參政的方式問題（(1)上行之路：通過科舉，參與朝政。(2)下行之路：出為幕賓，佐治庶政。(3)講學論政：東林式的、非東林式的。宋代以前，隋末王通，亦是一例。），等一下可能還會提到。

南宋時期，書院講學益發興盛。講學的地方，或稱書院，或稱精舍、講堂，甚至還常借佛寺道觀進行論學。這是非常自由的，並沒有一定的形式限制。理學家們都喜歡採取民間講學的方式，其中朱子的影響，特為深遠。譬如宋代的四大書院：白鹿洞書院、嶽麓書院、石鼓書院、睢陽書院。前二者都經朱子復建或修建，因而也特別著名。

朱子為江西廬山的白鹿洞書院訂頒新的「學規」，代表他講學的精神旨趣。內容有五教（即父子、君臣、夫婦、長幼、朋友五倫）。有為學之序（博學、審問、慎思、明辨、篤行）。有修身之要（言忠信，行篤敬，懲忿窒欲，遷善改過）。有處事之要（正其誼不謀其利，明其道不計其功）。有接物之要（己所不欲，勿施於人，行有不得，反求諸己）。這些，都是古聖賢教人為學的大端。朱子諄諄致意，期盼學者「講明義理，以修其身，然後推以及人」。他認為世俗以禁防為主的那些學規，太淺看學者，他要提倡一種自尊自重的學風。他相信，只要學者「知其理之當然，而責其身以必然」，則「思、慮、云、為」（思想言行）之際，自能戒慎恐懼，憤發向上。那時，湖南長沙的嶽麓書院，由張南軒主講，後來朱子受邀前往講學，留下「忠孝廉節」四個大字刻石，留傳至今。同時，嶽麓書院也採行了白鹿洞書院的學規。七八百年來，朱子這套學規通行天下，韓國儒學界簡稱之為「洞規」，敬謹奉持。

到了清朝，各地的書院多半是官辦的，裡面的學生主要用心於舉業，是為了考科舉。後來科舉廢了。民國創建之後，便完全是今天西式化的學校教育。

二、當代新儒家對書院的眷懷與奮鬥

西式的學校教育，以知識為主。雖然大家都說「三育並重」，或者加上美育、群育為「五育」。其實，德育一直不振，美育、群育幾幾乎是言之而無物，體育略有所成，但教育不能由體育擔綱。所以，結果便是由知識性的智育來獨領風騷。在西方，學校本就是知識性教育，但他們的文化傳統，還有宗教負德育之責，有民主法治負群育之責，有藝術館、音樂廳、戲劇院負美育之責，有運動競技場負體育之責，他們有完整的一套，而且配合得很好。我們學西方，一方面學得不夠好，一方面對於異質文化的溝通、協調、融攝，更是未嘗措意而懵無所知。所以才造成普遍的古與今、新與舊、自由與道德、保守與開放等等的矛盾。這些問題，這些矛盾衝突，都是文化意識不醒豁、文化心靈不平正、文化生命不順適條暢而造成的。

當代的儒門人物，第一代的人眷懷傳統講學的精神，希望在學校制式以外，以書院講學的方式來接續傳統，培養人才。像抗日戰爭時期，在西南大後方就有所謂當代新儒家的三大書院。一是四川樂山的「復性書院」，馬一浮先生做山長，熊十力先生擔任主講。後來熊先生退出，馬先生單獨講學，留下《復性書院講錄》和《爾雅台答問》。其次是設在重慶金剛碑的「勉仁書院」，梁漱溟先生創辦，與熊十力先生共同主講。熊先生的《新唯識論語體本》與《讀經示要》，就是在這段時間完成的。第三是雲南大理的「民族文化書院」，張君勱先生擔任院長，牟老師也在裡面（當時年輕，以講師名義住書院）。後來張先生批評政府的言論可能有點過分，書院便被停辦了。

這三所書院，就講學和培養人才而言，很難說是成功。但就其文化、學術意識與講學精神而言，卻非常難能可貴。這種精神，在民國三十八年大陸變色之後，還能以另一種形式復活於大陸邊緣，是即香港九龍的「新亞書院」。徐復觀先生說過，新亞是靠錢穆先生的大名，唐君毅先生的理想，和張丕介先生的頑強而支撐起來的。它一方面是大學教育，一方面配合「民主評論」雜誌從事文化反共和自由講學。後來新亞參加香港中文大學，由於官辦學校的一些限制，新亞的精神理想受到壓抑。待到唐先生和牟老師從中文大學退休，便重整「新亞研究所」，這是由唐先生主持，牟老師和徐先生共同參與的莊嚴奮鬥。主觀的努力，一直是精誠貫徹，而客觀的情勢，則無可避免的一步一步感到欲振乏力了。

三、牟老師的心願和鵝湖的精誠努力

牟老師一直希望有一個場所，可以進行社會講學。因為制式化的學校教育，總覺得欠缺一種活潑潑地自由講學的精神。而文化慧命的醒豁，文化靈感的鼓盪，文化理想的提揭，文化方向的貞定，還是要靠社會民間的自覺努力。今天的學術，當然不可能脫離大學，但也不能侷限於大學，必須通向社會，向社會開放。民國四十三年，牟老師在師大主持的「人文友會」的聚會，在精神上其實是和書院講學相類同的。之後，在東海大學的課外開講，在香港大學校外課程部的社會講學，留下了《中國哲學的特質》、《宋明儒學概述》兩部講錄。他晚年往來臺港兩地，在臺大、師大和新亞研究所連續講學，都是向社會開放的，也留下許多錄音，有的已經整理成講錄出版。這種「既講儒家，也講佛老；既講中國學問，也講西方思想」的新形式新內容的講學，實可視為書院講學一步新的推進和開展。

民國六十四年七月（時，唐牟二先生先後來臺講學），《鵝湖》雜誌創刊。這是在學青年創辦的刊物，而且它不只是辦一個刊物，而是把它當做一個理想的學園來辦。希望藉著「鵝湖」來團聚有文化意識，有文化理想的青年，大夥兒一起讀書，一起討論學問，以期彼此提撕，相互砥礪。秉執著這種自動奉獻、自力更生的精神，鵝湖除了發行月刊，還辦讀書會，辦講座，辦論文發表會，並出版書籍與學術論文集，接下來又辦純學術性的《鵝湖學誌》（半年刊），此外，每年還定期召開學術會議，每二年又相續舉辦當代新儒學國際會議。由於鵝湖師友持續不斷的精誠努力，自然而然地有了名聲，有了影響，而隱然成為當代新儒家的精神標竿。牟老師晚年在臺北講學，也時常到鵝湖坐一坐，喝喝茶，宛如家庭裡的一位老公公。最後一二年，又每週在鵝湖講堂正式開講，雖然形式上是比較輕鬆的討論和交談，但智光閃爍，哲思圓融。苟能有所會心，其得益仍然會是滿滿的。

據此看來，將近三十年的鵝湖，形式上雖然不是書院，而實質上它和書院講學的精神是融和相通的。三年前我到江西鵝湖書院開朱子會議，他們要我在開幕式上講話。我用的題目是「新鵝湖，新生命」。我說鵝湖的意指有三：一是地理上的江西鉛山的鵝湖，也就是唐詩「鵝湖山下稻粱肥」的鵝湖。二是歷史上的鵝湖，也就是朱陸會講的鵝湖。三是文化上的臺北的鵝湖。當年朱陸會講的地點其實是在鵝湖寺，後來地方人士修建一座四賢祠來紀念會講的朱子和二陸兄弟（復齋、象山），以及發起鵝湖之會的呂祖謙。若干年後，才又發展成為鵝湖書院。民國三十七年，牟老師應程兆熊先生之約，草擬「重振鵝湖書院緣起」，希望繼朱陸之後，來重振鵝湖書院，以開顯新的學術理想，完成儒學第三期的文化使命。結果因為時局的關係，心願未遂。

到今天，經過了半世紀的曲折，我們終於在臺北有了一個書院：「鵝湖人文書院」。加上「人文」二字，一是有別於歷史上的鵝湖書院，二是突顯人文精神。牟老師常常提醒說，唐先生為什麼把他的一部書叫做《人文精神之重建》，因為那正標舉出中華民族文化精神復活的核心意義。儒學的精神，就是人文精神，人文精神的主觀實踐，屬於成德之教，這是「道統的光大」。人文精神的客觀實踐，有政治和知識兩方面，一面是完成民主體制的建國，屬於國家政治法律，這是「政統的繼續」；一面是發展知識和技術，屬於邏輯數學科學，這是「學統的開出」。這「三統」的提揭，昭示中華文化開展的主綱。我認為，這也正是鵝湖人文書院奮鬥的指標。

四、書院精神與內聖外王

傳統的書院講學，都以內聖為主，目的是成德、成人品，也就是做聖賢。那是道統的擔負。今天，我們不能單單走傳統的路。雖然，道統的承續光大仍然是我們的天職。但我們沒有必要光是去記誦歷史上的聖王之統，而應該記取孟子「聖人先得我心之同然」這句話，時時回歸自己，來顯發我們本有的聖心，完成我們先天的聖性。用現在的話來說，所謂延續道統，本質上就是要激發國人（尤其知識分子）的文化意識。

王船山有言：「有家而不忍家之毀，有國而不忍國之亡，有天下而不忍失其黎民，有黎民而恐亂亡，有子孫而恐莫保之。」船山的話，正是本於他深厚而強烈的文化意識而說出來，這是他靈魂深處發出來的聲音，也是最能引發我們共鳴的一種聲音。它基本上就是孔孟「不安、不忍之心」的真實顯發。現在我們可以這樣說：

> 不忍家國天下淪亡，不忍民族文化之統斷滅，而思有以「保存之，延續之，光大之」的仁心悲懷，是之謂文化意識。

一個真正的儒者，當然要有深厚而強烈的文化意識。有些人口頭上也會講「文化意識」這四個字，而事實上他的生命原則、生命途徑、生命方向，並不真正能夠與民族文化生命和諧一致，他的靈魂有夾雜，有歧出，而別有所託。因而，他的文化意識是不真實的。這樣的人，也不可能對儒家的學問達到相應的了解。他的不了解，既不關乎聰明，也不關乎知識，而是他的生命有隔閡，他的心靈別有所向。據此可知，「道統」極其重要。我們雖不必時時在口頭上掛著道統二個字，但「道統意識」絕不可少。因為這是我們安身立命的根基。

至於外王方面，傳統上並非書院講學的重點。唯一的例外是東林書院。東林諸人，志在問政、救國，所以「國事、家事、天下事」，都要關心，這當然值得欽敬。但傳統儒家「以天下為己任」的精神及其「以內聖通外王」的方式，我們應該如何來順承接續？（救天下，援之以手乎？援之以道乎？內聖通外王，是直通乎？曲通乎？）這是必須嚴肅思考的問題。當代新儒家的人物裡面，張君勱先生曾經創辦過政黨，而且堅持政黨不搞特務，不練軍隊。他嚴守民主政治的規範，始終一貫。但他的政黨失敗了。在張先生來說，是求仁而得仁。我寫過一篇文章，題目是「當代新儒家對政治的理解與參與」，可以參閱。

據今日看來，所謂經世致用，所謂外王事功，其實就是「現代化」的問題，也即民主政治和科學技術的問題。當代新儒家認為傳統的外王必須有新的充實和開擴，必須把「民主、科學」看做是外王的新內容，而且視之為外王的新實踐。在這一點上，新儒家的胸襟器識，早已超越五四人物。不過，科學技術的發展，民主政體的建國，不單是儒家學者的事，乃是全民族的共同責任。大學裡的每一個科系，都必須分擔不同的使命。知識雖然分門別類，而「現代化」的目標則是共同的。在「中華民族現代化」的大旗幟下，民主建國的完成，科學技術的發展，正就是儒家外王實踐的真實成功。

五、餘言

鵝湖人文書院，剛剛開幕。無論組織的成員，講學的方式，學術的研究，文教的活動，在目前恐怕還只能採取較為鬆開疏朗的形式。原先的刊物（月刊、學誌）、基金會（東方人文基金會與中國哲學研究中心），加上書院，應該是三位一體的。大家用心的重點，研究的方式，工作的性質，有分也有合，有同也有異，彼此之間，雖在異地而仍能同心；雖然分工而仍須合作。借朱子的話來說，這也是「統體一太極，物物一太極」。分開看，人人都是獨立自主的個體存在；統合起來，便成為文化生命的共同體。因此，它又是一理而多相，理一而分殊。理上的普遍性同一性，和事上的差別性特殊性，同時承認，同時兼顧，同時運作。希望從此開啟新的機運、新的道路，建立新的規模、新的風範。

在此，我提供一副嵌名聯（把「鵝湖人文書院」六個字都嵌進去），作為我對書院開幕的獻禮：

> 鵝自天外飛來，藏修游息，返本開新，人文化成彌宇宙；
> 湖從地心湧現，吞吐涵容，承先啟後，書院論道貫古今。

上聯「鵝自天外飛來」，喻命從天降。歷經「藏、修、游、息」，含弘光大，隨而「返本開新」，以人文化成天下，彌綸宇宙萬物。下聯「湖從地心湧現」，喻德由心生。反覆「吞、吐、涵、容」，窮理盡性，乃能「承先啟後」，據書院縣穆論道，通貫往古來今。

我的講話，到此結束。謝謝。

民國九十二年（2003）八月，鵝湖月刊三三八期

白鹿洞書院與中南學術之旅

十六年前，我計劃作第一次大陸探親之行時，便預定回程時訪問江西大學哲學系，並請他們在廬山白鹿洞書院舉行一次以朱陸異同為主題的學術座談會。然後自南昌到廣州，再訪問中山大學哲學系。不料六月四日，發生天安門事件，一時情勢緊張。我趕快通知江西大學與中山大學，表示訪問計劃暫時取消。直到一九九八年，才遂願訪問廣州中山大學，作了一場專題演講和一次學術座談。而江西大學（後改稱南昌大學），則要到二〇〇三年，我赴武漢開會，回程轉江西探親，才順道訪問南昌大學哲學系，也作了一場專題演講。但廬山白鹿洞書院，仍然未克一遊。十多年來，我已走遍青藏以外所有省區的名山大川，名勝古蹟，唯獨還沒有登上鼎鼎大名的廬山。

今年（2005）正逢牟老師逝世十周年之期，五月六、七、八三天，鵝湖社與中央大學儒學研究中心以及東方人文基金會，假中央大學國際會議廳舉辦學術會議。而我卻在四月廿五日不慎輕度中風，住院旬日，雖然身體機能無傷，而病後體力虛弱，未克出席會議，所提論文〈牟宗三先生判教述略〉，商請何淑靜教授代為宣讀。調養月餘之後，覺得身體大致復原，乃決定出席九月份香港與武漢的國際學術會議，並安排回程時在江西各處作四場專題演講。這樣的「會議、講學、探親、訪古」之旅，共十七天，對我夫婦而言，應該算得上是平生一大盛事，故特略作記述，以誌勿忘。

一、香江新亞之會

香港新亞研究所，一向以突顯「文化理想」與「學術意識」為特色，是當代新儒三大師（唐君毅先生、牟宗三先生、徐復觀先生）晚年講學之地。

而牟先生的講學錄音，由盧雪崑教授整理成講錄，陸續發表出版，嘉惠學界，令人感佩。這一次新亞研究所舉辦「牟宗三哲學」學術研討會，主要是由受教於牟先生的周群振、蔡仁厚、楊祖漢、吳明、李明輝、陶國璋、盧雪崑、李淳玲以及中文大學哲學系的代表鄭宗義等發表論文，以紀念師尊逝世十周年。

另外，新亞研究所又在所長陳志誠教授的支持之下，設置「牟宗三先生紀念堂」，並整理出一些牟先生的手稿真跡，陳列展覽。表示對一代哲人永恆的追念和崇仰。

二、江漢新儒大會

香港的會議是小型的，一天而畢。武漢大學舉辦的是第七屆當代新儒學國際會議。前六次，一、二、四屆在臺北，第三屆在香港，第五屆在山東，現在第七屆在湖北。這是一次大型的國際會議，三天會期，分四個場地同時進行，每場都有熱烈的討論。而尤其令我意外的，是有人（大連的洪曉楠教授）在哈佛燕京學社作訪問時，對我的著作讀得很深入，並把我的一些講論，綜結為「蔡仁厚的文化哲學」，在會上發表，雖不免有幾處誤解，但大體上也算說得很持平。

第一天開幕式，由武大中國傳統文化研究中心主任馮天瑜教授和我共同主持，我請他偏勞一路主持到底，最後由我說幾句話即可。我說，在地緣上，湖北和當代新儒學有非常密切的關係，不但熊十力先生、徐復觀先生是湖北籍，牟宗三先生的祖先也是從湖北遷往山東。所以今天在武漢大學召開當代新儒學國際會議的三個意義：熊先生誕生一百二十周年，牟先生逝世十周年，以及推進儒學之現代化，都和湖北相繫相維，不可割離。

這次會議的籌備委員會，由郭齊勇和蔡仁厚擔任召集人，其實我只是掛名，事情都是郭教授和武大教職同仁會同臺北鵝湖的朋友在做。籌委會的顧問，由蕭萐父、湯一介、李錦全、方克立、杜維明、劉述先以及戴璉璋、李祖原、陳癸淼、王邦雄、曾昭旭等諸位先生擔任。執行委員會召集人是楊祖漢、郭齊勇。論文審查委員是李維武、田文軍、楊祖漢、李瑞全。兩岸的執行長是吳根友、周博裕，執行秘書是黃梅英、曾繁宏。白天發表論文共一百多篇，晚上則安排了四人同講的大型演講會。我和杜維明、曾昭旭、李瑞全安排在第一晚，會場不僅滿座，連走道上都擠滿了人。講題是「我們還能從孔子那裡學到什麼？」講後，發問爭先恐後，非常踴躍。大陸青年的心向及其好學精神，由此可見。

這次與會發表論文的學者，大陸方面差不多都是中壯青，郭齊勇、陳來等幾位，已算是較年長的了。而臺灣香港方面，則中壯青之外，戴璉璋、劉述先和我，都已年逾古稀，周群振更是八二高齡。這個對比，頗為有趣，而亦不無感慨。不過，言之不如默存於心。兩岸朋友，以道義相勉，以學術為念，異地同心，分工合作，則凡誤會曲解，或非友善之論評，皆可犯而不校，釋而去之。如此，則大道無傷，再充養之，開擴之，自必有成。我在新著《新儒學與新世紀》自序中有句云：「苟無丹心爭剝復，安得慧命相續流？」轉成肯定句式，便成為「人人獻出丹心以爭剝復，則華夏文化必可貞下起元，慧命永續。」所以，當主辦單位負責人郭齊勇教授宣稱，武漢大學願意繼續舉辦新儒學會議時，使我深深感動。

三、白鹿洞外，義利新論

白鹿洞書院是宋代四大書院之首。先是唐代高士李渤隱讀於此，有白鹿遊於門前，故名白鹿洞。五代南唐建學於此，稱廬山國學。南宋時，朱子為南康郡守，訪察遺跡，重建白鹿洞書院。集眾生徒，在此講學。朱陸鵝湖之會後第五年，陸象山率門徒數人，訪朱子於南康，他是來請朱子為他的季兄復齋撰寫墓誌。朱子陪他遊湖，情意款洽。當時對象山說了一句極有靈感、極為動人的話：「自宇宙以來，已有此溪山，亦有此佳客否？」可見朱子極賞象山的人品學問。於是特別邀請象山到白鹿洞書院登壇講書。象山選孔子《論語》中「君子喻於義，小人喻於利」一章大加發揮，講得真切痛快，感動人心。時天氣微寒，而朱子聽了汗出揮扇，座中有痛哭流涕的，可見其感人之深。朱子又請象山寫下大旨，刻之於石，是即平常所稱「白鹿洞書院講義」。

我這次訪問白鹿洞書院，特意選定演講的題目為「朱陸異同與義利新論」。朱陸的學術異同，我在《宋明理學南宋篇》第七章有比較詳細之論評。在此不必贅述。不過，我行前曾將一首舊作稍加訂改，請內子楊德英女士寫成條幅，獻贈給白鹿洞書院。詩云：

謾言朱陸各成宗　豈礙源頭有路通
猶記廬山辨義利　天光照映此心同

首句「謾言」猶云莫言、莫輕言。朱陸之學各自成為一個宗系，本是事實。但義理的源頭是共同的，所以今天無須多說「異」的一面。我們試回想一下，當年陸象山在廬山講義利之辨，朱子豈不亦大有同感？因為在天光（天道天理之光）的照映之下，人同此心，心同此理。那正是儒學最為核心之處，也是天下達道的根基所在。以是，所謂「義利新論」，也不過打通層面，換個視角，說幾句古人未嘗言及的通義而已。

我的意思，其實也很簡明。基本上，義和利並不必然相斥，而是可以相反相成的。試看董仲舒的名言：

正其誼（義）不謀其利，明其道不計其功

常人總以為這是儒家排斥功利的證據，其實，這樣去理解是不對的。前人已經指出：未有義正而不利者，未有道明而無功者。意思是說，義正即是利，而且是久遠之利，公眾之利。道明即是功，而且是廣大之功，天下之功。可見「道、義」與「功、利」，正可相輔相成，何來矛盾抵觸？真正說來，儒家並不排斥功利，而是要求「利不背義」、「利合乎義」。人如果「見利」而「忘義」，不但在道德上是過咎，是污點，在經濟行為上也將「不諒於人」，甚至「不容於法」。儒家講道德是理想主義的精神，而在政經事務上則採取經驗主義的態度。所以，我這次在白鹿洞書院所講的要旨，可以簡化為兩行：

道德上持守「義利之辨」；經濟上要求「義利雙成」。

義要落實，此之謂「義以導利」，利要善化，是之謂「利以合義」。合義之利，才是義的具體成就；善化之利，才足以證實利的真諦。真正的利，應該是「既利己，又利人」。如果一切事業的利益，都能不悖離義的規範，這就表示「義」不只是抽象的原則，而是業已「落實於生活，落實於事業」，時時都能具體的表現，處處都有具體的成果。在老社會裡，君子可以個別地做到「利」合於「義」，今後則應轉到企業精神上來表現。平常總說老社會的商人有古風，其實今天的工商鉅子，也常常通過客觀企業的形式，做了許多「合義」的善舉。所以我提出「義利雙成」這句話，絕非空言。而是「應該做到」也「能夠做到」的新的經濟倫理。

所謂「義利雙成」，與南宋陳亮的「義利雙行」，雖只一字之差，但我的意思與陳亮大有分別。陳氏是英雄主義，不贊成先辨義利，他服從生命原則，只要求「做得成」，功成事濟，便是有理，所以認為漢唐英主只須加以點化，即可等同三代聖王。這個觀點，傳統儒家固然不贊成，我個人也無法直接苟同。因為在道德上嚴辨義利，是必然而無可爭議的。而義與利同時兼顧的要求，只能從經濟活動、企業運作上說。這個意思，其實人人也都知道，只是其中的分際，十人之中倒有八九人時常懵然忽視。所以，我特意標示：

「道德」上的義利之辨，「經濟」上的義利雙成。

前一句是傳統儒家的精神。但從孔子以來，歷來具有代表性的儒者，也從未有人排斥工商經濟上的正當得利。後句則可以視為當代新儒家的主張。但既已標明「義利雙成」是從經濟上說，便自然不同於陳亮之混同義利、義利雙行。因此，從經濟說「義利雙成」與道德上的「義利之辨」，可以兩不相礙。換句話說，主觀面的自修自立，雖然仍須重視「義利之辨」，而客觀面的淑世濟民（政法工商農醫等等），便當然必須「義利雙成」了。

讀者看到這裡，想必以為上文所說，即是我在白鹿洞書院的新講。其實，不是這樣。事前，我以為可以在白鹿洞書院講這番話，以期與象山當年所論，稍稍碰撞一下，激出一點火花。可惜現在的白鹿洞書院不但沒有學生，也沒有像福建武夷山「朱子研究中心」那樣的學術機制，以及講學開會、期刊出版的活動。（今按：二年後，江西學界，在白鹿洞書院舉行三天學術會議，筆者提供之論文：〈朱陸廬山之會與義利新論〉，見本書下一文。）

還好，我到達南昌之後，江西師範大學臨時安排一場演講，我略去「朱陸異同」，而以「義利新論」為題，在江西師大與五六十位文科研究生作了一個半小時的學術研討，終於稍釋白鹿洞講學不成的遺憾。說到白鹿洞書院的位置之佳，山水之美，與書院建築之莊穆開通，恐怕天下書院難與之相比。如能參酌武夷山的做法，再從事一些「時、地、人、事」相宜的調整，則現代的白鹿洞書院，必將繼朱陸而大放異采。

四、朱子工夫，南昌會講

在廬山，除了白鹿洞書院，我只另遊含鄱口，遠望五老峰，憑眺望江亭，巡禮東林寺（東晉慧遠開闢之道場），便離開廬山而下南昌。我前年孟冬來訪問時，南昌大學哲學系四五位研究生陪我遊覽青雲譜八大山人紀念館和贛江之畔的滕王閣，並享用了滕王閣餐館有名的「贛菜」。一般餐館有川、揚、江、浙、湘、粵、京、津等菜系，未聞以江西菜做號召的。鄭曉江教授特別為我安排一餐美味的贛菜，還把珍藏八年的茅台開瓶賞飲，感到口福不淺。

這一次，是楊雪騁教授親自到武漢大學接我遊廬山，詹世友主任又來廬山接我到南昌。預定次日演講，講題是「朱子工夫論的全程考察」。我覺得歷代儒者的工夫論，可以從始到終作全程之講述的，以朱子最為明顯。同時，我為《江右思想家研究叢書》寫〈總序〉時，提及思想家之研究，是順歷史的脈絡來進行，朱子的祖籍婺源，向來屬於徽州，直到二十世紀才兩度劃給江西。但歷史上徽州婺源的人物，應該依據他一生來定位。歷史上的朱子，不是江西籍，而朱子又反對江西學（陸象山的心學）。可知朱子不會樂意以江西人自居。我們也仍視朱子為徽州人或福建人。我們敬重朱子，可另以專著專題來弘揚朱子學。

基於這樣的因由，所以特別選擇朱子的工夫論，作為這次在南昌大學演講的題目，也算是為朱子未曾列入《江右思想家叢書》這件事，做點彌補。（朱子是大賢，當然不會為此小事而介意，而我想要講明他的工夫論，也當然是很真心的。）

歷來講朱子學，一直未能簡明扼要地講清楚他工夫論的關節，通過牟先生的《心體與性體》，加上我們自己的用心致力，現在可以講得很相應，很中肯。我所謂工夫論的全程，可以這樣表述：

靜時涵養——動時省察——敬貫動靜——即物窮理——攝理歸心（心理合一）

這五個步驟，便是朱子工夫論的全程。(1)靜時（無事時）涵養心知之明。(2)動時（應事時）察識情之變化（喜怒哀樂好惡……）。(3)無論靜時動時，皆須居敬。敬的工夫，既顯立在存養之實，亦運行於省察之間。再下來便是(4)即物窮理。朱子認為，「人心之靈莫不有知，天下之物莫不有理」。故須即物（接觸事物）以窮究其所以然之理（如養親之孝，敬長之義，事君之忠……）。同時，由於認知了理而肯認之，自應(5)攝理歸心，以達到「心理合一」。此時，人便可以隨時依理行事（視、聽、言、動，皆依理，皆合理），以成就道德的善（此中兼含成德、成善、成聖、成賢、成事、成物）。

此外，還有朱子「先涵養後察識」，與張南軒「先察識後涵養」的論辯，以及「理在氣先」與「理在氣中」的問題，「理一而分殊」、「統體一太極，物物一太極」等等，皆在演講中作了簡要的說明。

五、贛州重申四句教

從南昌乘京九線軟臥車，約五小時抵達贛州。贛州是王陽明開始講論良知學的地方。第一本《傳習錄》和《朱子晚年定論》也是這時候分別在贛州和雩都刻版印行。

如今贛州有了贛南師範學院，我雖無相識之人，卻很想乘探親之便，訪問家鄉的師範學院，並作一次演講，題目就是「王陽明致良知四句教」。這樣，可以重新喚起贛南人的歷史意識、學術意識，和顯發知識青年的文化理想和人文嚮往。因此特別提請南昌大學哲學系幫我詢問可否作個安排，讓我和贛南師院的師生見見面，也可以作一次心靈交流的專題演講。

但天下事並非和想像一樣順利，因為人脈不備，聯繫不上。最後，還是我六弟家喜，在偶然的機遇中，間接地和贛南師院理學研究所周建華所長碰上頭。周所長聞知我想訪問贛南師院，並作演講，喜出望外，即與校方接洽，也極表歡迎。終於完成了一場「善緣湊成」的演講。他們還要我留下墨寶，但我的毛筆字實在太差，便由我題句，內子楊德英女士代筆，寫下「精神開放，心靈凝聚」的橫幅，以為紀念。

下午三時，由朱院長主持四百人的演講會。題目：王陽明致良知四句教。大綱：

甲、前段，王陽明學思歷程約述——1、少年與青年。2、陽明與朱子學。3、龍場悟道。4、從贛州到南昌。5、歸越之後，達於圓熟。

乙、後段，致良知四句教解義——1、從知行合一到致良知。2、良知是心，也是理。（一面是明覺（智），一面是天理（仁）：仁智之體。）3、心的體用：體無相（無善無惡）而用有相（有善有惡、知善知惡、為善去惡）。4、四有與四無：四有是「教法」，四無是「化境」。5、王龍溪天泉之悟及其疏闊。

這次演講雖未能細細而論，暢發其旨。但王陽明以及他贛南各縣的門人弟子所顯發的精神，必將永垂後世，成為贛南「人文蔚起」的動源之一。

事後，他們告訴我，贛南理工學院也很重視人文，而且設有中文系。校長是我中小學同學林君的侄子，也很想邀我去演講。可惜時程緊湊，未克遂願。

六、固院拜母會親

贛南師院演講完畢，荷蒙款待，吃了一次豐盛的贛南客家菜。（世界客家文化大會即將在贛州客家文化城召開）稍事休息後，便與舍弟家喜和社聯主席張文鈞先生專車回雩都。次早，先拜見住在城裡的叔母，然後驅車返回固院蔡屋拜見母親，母親已九十七歲高齡，身體稍顯虛弱，但每餐還可以吃一碗飯，而且耳聰目明，神氣清朗，口齒也很清晰。由四弟觀保夫婦長年奉侍，備極辛勞。我和內子，至深感謝。

中午，在輔卿堂宴請族親。大家祝賀我退休之後，又榮膺東海大學榮譽教授，是家族的共同光榮。這次更為學術宣勞，七十六歲的老人，又開會，又演講，還得路上奔波，實在很辛苦，乃殷殷叮嚀，要我多多保重云云。親情濃郁，實甚感人。第二天，與家人共度中秋佳節，歡悅無限。半個世紀以來，年年「但願人長久，千里共嬋娟」。今天，終於能在故鄉和母親一起過中秋，何其歡喜，何其溫馨；詩人說「月是故鄉明」，這雖屬想像之景，卻也是實感之言。

七、羅田新閣憶濂溪

十九日一早，拜別老母，再到縣城。先觀覽羅田岩新近重修之濂溪閣。我所寫的〈重建羅田岩濂溪閣序〉曾對濂溪閣的建置沿革做了說明。這次重建，新創規格，頗顯氣象。為了紀念濂溪閣的重建，我願意作一次演講。他們把演講會安排在雩都第一中學舉行，更是「先獲我心」。雩都中學是我的母校，初中三年，高中三年，以第一名保送大學深造。可惜好景不常，我在時代的大風浪中飄落臺海，不時遇上困頓，總算秉性質樸，不甘荒墮，而又叨天之幸，得從遊於大師之門。積多年之奮勉，終能以學知之心得，從容於大學講壇與國際學術會議講席之上。同時，勤勉著述，而得以參與當代新儒家「返本開新」之偉業。雖未能多所靖獻，而數十年孜孜矻矻，也自有其一得之愚，可供天下有志者參證採擇。

這次的講題，既是順濂溪閣之重建而來，所以訂為「周濂溪的愛蓮說與太極圖說」。〈愛蓮說〉是周濂溪任虔州（贛州）通判時，行縣至雩都，訪遊羅田岩，留詩刻石，時在正月七日。五月十五日又刻〈愛蓮說〉於羅田岩之濂溪閣。一百一十六年之後，朱子依濂溪曾孫之墨本重刻〈愛蓮說〉於南康郡學濂溪祠中（此墨本，極其可能就是羅田岩濂溪閣的石刻拓本）。世人誤以為〈愛蓮說〉始刻於廬山，其實是始刻於雩都。年譜與愛蓮說後款所載，可為憑證。

〈愛蓮說〉是一篇一百多字的短文，文字很淺顯，而寓意則深遠，是一篇自然雅潔，品格高尚的小品，是文學上的不朽之作。〈太極圖說〉也只有二百多字，但此一短篇，在中國哲學史上卻具有經典性的地位，發生了極為深遠的影響。由於演講安排在雩都中學，我以為聽眾之中大約一半會是高中學生，所以打算要講得非常深入而淺出。沒想到他們是以雩都前所未有的高規格來接待我，來聽講的，自縣長、書記以下，第一階的主管（所謂第一把手）與各單位的重要幹部，以及城區各高中的文史教師，便已佔滿四百個座位，高中學生只有象徵性的幾個代表，而城區以外四鄉各中學的文史教師也想來聽，皆不得其門而入。這樣一來，我覺得更不好講了。不得已，還是深入而淺出，務必把綱脈大意說明白。還好，一個半小時講下來，倒真的近乎深入淺出。我告訴他們，縣立圖書館裡，有我全套重要的著作，其中《宋明理學北宋篇》有專章討論〈太極圖說〉，如有興趣，可以參考閱讀。

演講的同時，我還當著縣裡的領導們，提出三個建議，請他們繼續支持完成濂溪閣的重建工作。

第一、應該恢復濂溪閣奉祀先賢的龕位。如周濂溪、二程、岳飛、文天祥、王陽明，以及王門雩都籍的五位高弟：袁慶麟、何善山、黃洛村、何春、管登等。奉祀先賢，不同於燒香拜拜，也不是有所禱求，而是崇仰先賢的人格精神，效法他們報國的志節和弘道的功績。人在祠閣中瞻仰先賢，自然會引發「見賢思齊」的上進心，使雩都人文蔚起，人才輩出。這豈不是十分佳好之事？

第二、仿照南昌青雲譜「八大山人紀念館」的廊道設計，把羅田岩自周濂溪以下，岳飛、文天祥以及羅念菴、羅近溪、歐陽南野、八大山人諸位名賢留下的詩文，重新仿刻，鑲在迴廊之上，形成一個碑林或碑廊。使遊人隨行隨讀，留連忘返。

第三個建議更有美感，就是重新為〈愛蓮說〉刻石立碑，同時配合〈愛蓮說〉碑刻，開闢一個相當大型的蓮花（荷花）池。這樣，不但可以增強羅田岩觀光的魅力，而且也可以招引更多的廠商，進駐雩都水南的工業園區。這樣一舉數得，愈發是美上加美了。

八、餘韻：獻詩、獻辭

此文的題目，何以稱為「中南學術之旅」？因為從河南中原下來，直貫湖北、湖南、兩廣，被稱為中南區。這次開會演講探親，正好是從香港北上武漢，回轉江西，經廬山、南昌、贛州、雩都，又南下深圳，再作一個小北迴，遊覽肇慶（古端州）七星岩，所以便用上「中南」二字。

這次回江西，安排四場演講，都有人文歷史的背景和涵義。

1. 在白鹿洞書院，我本想重講「朱陸異同」，並提出「義利新論」。雖未如願，但臨時應江西師大之約，也講出了我的新義利觀。何況我也已將一首舊作，寫成條幅，獻贈書院管委會留作紀念。如此，也庶幾可以稍補未登白鹿洞講壇之遺憾。

2. 在南昌大學講朱子的工夫論，也特選了一首五律，請內子寫成條幅，獻給南昌大學哲學系：

聖學無分隔　心同理亦同
淵泉湧活水　太極運天風
寂感通神妙　陰陽起化功
良知原不昧　大道貴時中

我另外還有一副對聯（懸掛在我書房中）：「時風有來去，聖道無古今。」學術上的思潮，隨時代風氣變來變去，那是皮相。而聖道中的常理常則，通貫古今，永無更改。這首五律，也是申述此番意思。首聯指出聖人之學，不容分隔。無論系別流派如何，總是人同此心，心同此理。次聯指說儒家所講的道體，乃是一切價值之淵泉，這源頭活水，不斷湧出，永無枯竭；而太極妙運氣化，恰如運天風以潤化萬物。三聯指出生生的易道，無思無為，「寂然不動，感而遂通天下之故」。（故者，事也，事事物物。）這裡顯示的即是道體神妙地運用陰陽變化，而生生不息，化育萬物，功莫大焉。四聯指說良知原本就是永不昏昧的光明體，必當永遠顯發大用，使時中大道成為儒家「體常以盡變」的實踐途徑。

3. 贛南師範的演講，就借用王陽明致良知的四句教，寫成條幅，作為獻贈之禮物。

4. 最後，對雩都中學沒有獻詩，而是獻辭。七年前，我曾以校友的身分，獻贈一副嵌字聯（嵌雩都中學四字），請曾昭旭教授法書，聯曰：「雩山鍾靈，中通內外；都邑毓秀，學貫天人。」這一次是八句題辭：

雩山聳秀　貢水有靈　自然蔥鬱　虎嘯龍吟
前修未遠　尚留典型　學校育才　人文昌盛

一二句說山水秀靈，地靈人傑，必出人才。三四句接下去，指出鬱鬱蔥蔥的大自然中，藏龍臥虎；所謂虎嘯龍吟，正象徵英豪出世，氣勢不凡。五六句說歷代鄉賢雖已故去，而典型猶在，足資後人效法。接下來七八句說雩都中學為國育才，必能人文蔚起，培養出許多健全有用之人。

最後再附一筆：在贛州江西旅臺同鄉會賓館，遇見中小學同學李萃賢、林仁遐、張志朝，餐宴小酌（志朝請客），又憶起許多少年往事。古稀回首，乃知人生有虛有實，虛實相依相循，永無了期。結果，還是蘇子「但願人長久」這一句，最為熨貼人心。

儒學省察

孔子智慧與二十一世紀

一、對孔子之道的整體省察與基本了解

（一）孔子、五經、常道

中國文化通過夏商周三代的蘊蓄發展，而凝成華夏文化的原初形態，是即二帝三王所代表的「道之本統」。再經過孔子的點醒開發，轉王者禮樂為成德之教，使中國文化達到第一階段的圓成。孟子所謂「孔子之謂集大成」，[1]這句話是具有真實意義的。所以，孔子以前，是中國文化的「源」，孔子以後，便是中國文化的「流」。二千五百年來，中國文化的開合發展，都與孔子之道息息相關。

孔子之道，無論你指稱它為仁道、中道、或聖道、儒道，它總是一個生生之道（不是不仁之道、死亡之道）。天道生生，仁道也生生。宇宙萬物生生不息，人文價值（真、美、善）也生生不息。一個生生不息的道，是日新又新，相續不絕的。所以，孔子之道雖有隱顯，卻永無斷滅。

孔子以前的文獻是「五經」，這是中華文化的原典。先秦諸子出來，各自著書立說，不再珍惜這套原典，唯獨孔子把這民族文化的家業繼承下來，於是五經乃專屬於儒家，再加上儒家人物的持續努力，便自然形成它在中國

---

1 語見《孟子・萬章下》。

文化中的主流地位。

何謂「主流」，不只是從諸子百家齊頭並列中脫穎而出，而是因為他繼承了民族文化的大統，所以成為主流。代表這文化大統的文獻根據在「五經」。經者，常也。常理常道是立國的常經大法。在《漢書・藝文志》裡，六經和論語，著錄在「六藝略」，諸子百家，著錄在「諸子略」，「經」和「子」的身分地位，有如根幹和枝葉，不可相提並論。儒家本乎五經而開發的，並非私己之見，而正是常理常道。常理常道是恆久不變的理，是人所當行的道（路）。所以儒家學術不同於一般的專門知識，而是人們日常生活的軌道和依據。離開了常理常道，人就不能表現生活的意義，不能成就人生的價值。而孔子所講的「仁」，孟子所講的「怵惕惻隱之心」（本心、不忍之心），正就是這常理常道最內在的根核。

由此可知，儒家一方面繼承民族文化的傳統，一方面又能開發常理常道。它既是諸子之一，同時又代表民族文化之統（道統）。由於儒家具有雙重身分，所以其地位高於諸子百家。尊儒，不只是尊諸子百家之一的那個儒家，而是尊儒家所承續光大的民族文化之統。儒家在中國文化中的「主位性」，從孔子整理六經開始，就已經確定了。再經過歷代儒者的護持與弘揚，更使得這文化的主位性和儒家緊密合一而不可分。這是歷史形成的事實，不是任何人所能強調出來的。

（二）從先秦到兩漢

在先秦諸子中，甲、道家以「致虛守靜」為修證工夫，其目的是要恢復自在的心境，求得心靈的自由，以達於逍遙無待，獨與天地精神相往來的境界。他們只重視個體性的精神自由，對於社會的禮樂教化、國家的政治事務，則輕忽而不加重視。乙、墨家提倡「兼愛」「非攻」，重視社會正義、國際和平，嚮往一個愛無差等的社會；但卻忽視禮樂教化以及國家的價值和責任。至於個體生命獨立的地位，也為墨家所疏忽；尤其在墨者集團嚴格的紀律之下，個體性的價值很難得到伸展和實現。丙、法家特重「君國」之利，在他們眼裡，人只是一個耕和戰的工具，至於人品、節操、才學、藝能，則一概加以貶抑甚至抹煞。[2]對於社會的倫理道德禮樂教化，也採取敵視的態度，而主張「以法為教，以吏為師」。[3]可見法家只重國家，而輕忽個人和社會。總之，道墨法三家皆有所偏，他們雖然各有所得，也各有所失。結果，只有丁、儒家才是大中至正，無所偏失。無論個人方面的人格、品節、思想、才藝；社會方面的人倫常道、禮樂教化、公益事業；國家方面的建國創制、設官分職、以及保民養民的政治措施；這三方面同時兼顧並重，一一予以成全。

結束戰國時代的是秦朝，秦始皇的政治是法家主張的變本加厲，正所謂「大敗天下之民」[4]的苛暴之政。暴秦過去之後，是漢朝。由於秦政苛虐暴烈，加上楚漢相爭，天下元氣大傷，於是「清靜無為，與民休養生息」的黃老之術應運而生。但等到休養生息夠了，社會日漸繁榮，地方封建勢力日漸膨脹，政治經濟，風俗教化，以及匈奴外患問題，越來越嚴重。在這種情形之下，清靜無為的黃老之術沒有用了。大勢所趨，一定是順著學者思想家們「反法歸儒」的方向走。而這個含有文化意義的時代使命，要靠漢武帝來完成。

漢武帝面對三重建國的問題。第一是國防建國，主要是解決匈奴的問題。第二第三是政治建國和文化建國，在當時叫做「復古更化」（恢復三代古制，革除苛法暴政，重開禮樂文化）。這是一個「政治」和「教化」雙管齊下的運動，在基本的精神方向上，可以歸結為三點：

1. 尊理性、尊禮義：這是針對黃老之術的不足而發。

2. 任德教，不任刑罰：這是針對法家的煩苛而發。

3. 以學術指導政治：此即所謂「通經致用」，是儒家精神。

據此可知，漢代的知識分子至少做到了三件大事：(1)在歷史文化的問題上，他們延續了民族文化的傳統。(2)在化民成俗的問題上，他們建立了

---

[2] 參《韓非子・五蠹篇》。

[3] 按：韓非、李斯，皆有是言。不以五經為教，而以法令為教；不以聖賢為師，而以官吏為師。此即法家之價值取向。

[4] 按：此乃西漢賈誼之語，見〈過秦論〉。

倫常生活的軌道。(3)在創制建國的問題上，他們以學術指導國家政治，使政治有了理想和原則。

但漢代的文化成就也有二點重大的不足：第一、是西漢學者通過「五德終始」的觀念，來實現「賢者為君」的理想，結果卻由王莽來收場，這是歷史的不幸。而這個不幸的結局是由於漢朝人只想到要由賢者來作天子，只知道以「天道、聖人之道」來規範皇帝，而沒有採取「立法」的步驟，以客觀的法制來限制君權的膨脹。結果，東漢的好皇帝：漢光武，反而成為中國二千年「君主專制」政治形態的完成者。第二、漢代的經學，在思想義理方面無所發揮。像孔子的「仁」，孟子的「性善」，漢代人都欠缺相應的了解；同時他們又認為「聖人」是天生的，不可學而至，這嚴重地違反「人皆可以為堯舜」的儒家傳統。結果，在人生的方向理想和生命的實踐途徑上，無法滿足人的要求。結果是儒學衰而玄學起，造成魏晉時期道家思想的流行。

（三）從魏晉到宋明

魏晉人有聰明而沒有真性情，有美感而沒有道德感。他們的生命情調所表現的「美的欣趣」，轉出了「智悟境界」，使道家玄理得到很高的發揚，同時也把佛教的般若學的思想接引進來。從此，佛教思想正式進入中國的文化心靈。

但佛教是印度來的，是從外介入的「非中國的」異質文化。就中華民族的內心來說，是不願受化於佛教的，但佛教有很高的智慧，能吸引你，你怎麼辦呢？中國人所採取的回應，可以從兩方面說：一方面是守住二條路線，一是朝廷政治上的典章制度，二是家庭倫理和社會的禮樂教化。另一方面是屬於思想層面的問題，也就是對佛教的吸收與消化。大量翻譯佛經，是吸收的階段。吸收的工夫深了，理解也開了，於是便有了「判教」和「開宗」，這是由吸收而進到消化了。一千多年前的中國人，能夠吸收而且消化一個外來的大教（大的文化系統），這在人類文化史上是獨一無二的。這表示中華民族「文化生命非常浩瀚深厚，文化心靈非常明敏高超」。而一個心智不衰的民族，當然會有光明的前途。所以隋唐佛教的鼎盛時期過去之後，北宋時期的儒學復興運動，就成為歷史發展中的必然。

從北宋到明末，前後有六百多年。宋明儒學的復興，有二大意義：

一是復活了先秦儒家的形上智慧

孔子講仁，孟子講心性，《中庸》、《易傳》講天道誠體，都蘊含著「天道性命相貫通」的義理。這是一種非常平正而又極其高明的形上智慧，是別的文化系統所沒有的。但秦漢以後，先是陰陽家的攪亂，又加上象數之學的穿鑿附會，儒聖的慧命遂因之沉晦。接下來是玄學盛行，佛教傳入。雖然道家講玄理而顯發的「無」的智慧，佛教講緣起性空而顯發的「空」的智慧，也很玄深高妙，然而佛老二家開顯的「道」，畢竟不是儒聖「本天道為用」[5]的生生之道。

儒家之學，一方面上達天德，一方面下開人文。這樣，就可以處理佛老二家所無法處理的「道德動源」和「文化傳統」的問題。從北宋諸儒由《中庸》《易傳》講天道誠體，回歸於《論語》《孟子》講仁與心性，再發展到陸象山的心學、王陽明的良知之學，正表示儒家形上智慧的復活，和道德意識的充分發揚。

二是重新暢通了民族文化生命的大流

道家雖是中國土生土長的學派，但只是旁枝，不是主幹。佛教是印度來的，不是中國文化本身發出的慧命。所以佛老二家，都不足以代表中華民族文化生命之大流。到了宋明儒學出現，才完成二件大事：第一件是恢復道統，重新顯立孔子的地位，把思想的領導權，從佛教手裡拿回來。第二件是他們以民間講學的方式，掀起了一個全面的而且持續六百年之久的文化思想運動，造成中國哲學史上一個光輝的時代。由於他們的精誠努力，使魏晉以來歧出的文化生命，終於導歸主流，而恢復了中華民族文化生命的正大光暢。

不過，宋明儒者雖然明白內聖外王是相通的，也能持守仁政王道的原則，並能要求修德愛民以「利用、厚生」。但他們的成就和貢獻，主要是在

---

5 按：此乃北宋張橫渠之語，見《正蒙》。

內聖成德之教，而外王事功之學則未能充分開創出來。不過這步「內聖強而外王弱」的欠缺，其實也不能單是責備理學家，因為這是全民族的責任，基本上它是「文化生命表現形態」的問題。這個意思，將於後文提出說明。

（四）三百年來孔教中國的衰落

明末清初（十七世紀）以前，中西文化互有短長，差距並不明顯。但十八世紀以後，歐洲有孟德斯鳩著《法意》、盧梭著《民約論》，康德更有三大批判（講文化中的真、美、善）之完成。而這個時候的中國知識分子，卻停止了思想活動，而埋頭伏案，大抄其書，抄成七大套四庫全書。在西歐，是顯示思想的開發；在中國，則是思想的封閉枯萎。一個突飛猛進，一個停滯落後；一升一降，中西差距就越來越大了。

大明淪亡之際，顧亭林、黃梨洲、王船山三大儒痛切反省民族文化生命的方向和途徑，而自覺地要求由內聖開出外王事功。這一步反省是非常中肯的。可惜滿清入主以後，大漢民族遭受雙重打擊：一是民族生命受挫折（漢族喪失天下），二是文化生命受歪曲（學術轉為考據）。在如此情形之下，三大儒的思想方向無法伸展，加上文字獄的壓制，讀書人不能用心了，而且漸漸不會用思想了。後來，洪楊亂平，而有自強運動，有維新變法，有辛亥革命，有五四運動，隨即轉為新文化運動而提出「民主」和「科學」二個鮮明的口號。可是，當時的知識分子實對民主科學欠缺真切的理解，以為民主是西方的生活方式，科學是西方的新知識，中國既然要民主、要科學，就得把自己的傳統文化徹底打倒，以便全盤西化。這種甘心做跟班的心態，哪裡像堂堂華夏子孫的精神器識！在如此昏昧喪心的情形之下，二十一世紀的中國乃一直處於噩夢困境之中，而民族文化生命也一直鬱結而不開朗，阻滯而不通暢。這到底是個什麼性質的問題呢？這個「世紀大困惑」，到二十世紀的後半，才逐步明朗起來，而最近一二十年以來，兩岸的文化共識，也漸漸地顯出眉目。

大家終於明白，中華民族的問題，不只是政治問題，不只是社會問題，不只是經濟問題，本質上它是一個文化問題，而且是全面性的文化問題。歸總而言之，可以列為三個綱領：

（五）當前文化問題三綱領

第一個綱領，是內聖成德之教的承續與光大

任何一個文化系統，都有它的「安身立命」之道。這個安身立命之道，包括日常生活的軌道和精神生活的途徑，同時也決定生命的方向和文化的理想。在印度，在西方，在回教世界，安身立命之道是由他們的宗教來提供；而在中國，則由孔子的仁教（內聖成德之教）來承擔這份責任。

這安身立命的內聖成德之教，是中國之所以為中國、中國文化之所以為中國文化的本質所在。雖然如今它仍在衰微之中，但當前中國人在生活行為上所表現的良好品質，主要還是靠這個根基深厚的常道在支撐。在不自覺的狀態中，人人卻都自然而然地有所表現，這就叫做「百姓日用而不知」、「習焉而不察」。但文化必須自覺地實踐，安身立命更是每一個人從生到死，隨時隨地都要表現的生活方式。中華民族既不能為外來的文化宗教所化，就必然地要來承續光大自己的文化大統。而作為一個知識分子，更必須立時激發文化意識，使文化心靈豁然醒覺，進而順應時宜，調整表現的方式，使內聖成德之教的真理，能在現時代充分地落實踐行。

除了內聖成德之教，還有外王事功一面。這一面不是「承續」的問題，而必須有新的「開創」。所謂「現代化」，也正是從外王事功這一面說。其中含有兩個問題，一是政治形態的問題，一是知識之學的問題，是即當代中國文化問題中的第二綱和第三綱。

第二個綱領，是完成民主政體的建國大業

以前講外王，主要就是「仁政、王道」。聖王在位，推行仁政王道，當然很好。但事實上哪來那麼多的聖王呢？皇帝權力那麼大，你單單講「民為貴，君為輕」是沒有用的。儒家主張天下為公，但事實上，三代以下數千年來都是天下為家，天下為私。儒家認為只有賢者可以為君，所以主張禪讓，但他做了皇帝，就是不肯讓位，你怎麼辦呢？於是儒家又主張革命，但湯武革命的結果，還是世襲家天下。秦漢以來更是打天下，以武力奪取政權，益

發不合乎儒家的道理了。

中國傳統政治中的宰相制度，是很好的，但那只是治權的行使。至於政權的轉移，卻始終沒有一個法制化的軌道。安排政權的體制，這個體制就是民主政治的架構。民主政治這一種政體，可以消解中國傳統政治的三大困局：一個是改朝換代、治亂相循的問題，一個是君位繼承、宮廷鬥爭的問題，一個是宰相地位、受制於君的問題。再歸結一下，就是「政權轉移」和「治權運用」的問題。只要實行民主憲政，無論是政權的轉移或是治權的運用，都有「憲法」作為依據。憲法就是一個體制，是一個政治運行的軌道。

民主政治，不只是保障人權而已。而且是實現各種價值的基礎。而以往所謂「民為本、民為貴」的觀念，以及人性的發揚，人品的尊重，人格的完成，和人道精神的維護，都必須在民主體制的政治形態之中，才更能獲得充分的發展和實現。所以，站在儒家或中國文化的立場，必然肯定民主政體。中國必須完成民主建國的大業，才有客觀的憑藉（不只是主觀的意願）來實現〈禮運大同篇〉的理想，如此乃能超越西方的民主政治，為後世建立新型範。

第三個綱領，是開出知識之學，發展科學技術

中國文化心靈的表現形態，偏重「德性」一面，而「知性」一面則未能充分彰顯。所以自古以來中國雖有很多科技發明，也表現了很高的科學心智，但卻沒有發展出知識性的科學傳統來。因此，我們必須自覺地調整文化心靈的表現形態，使中華民族不只是靠聰明來發明科技，而必須依據知識理論來發展科技。在第一階段，我們當然要學習西方的科學知識和技術；但我們不能永遠停留在「學習西方」的階段，而必須自本自根從自己的文化心靈和文化土壤裡面產生科學。這樣，我們才能由「迎頭趕上」，進而「並駕齊驅」，再進到「領先超前」。

然則，以儒家為主流的中國文化，可不可能產生科學呢？我們認為，答案是肯定的。中國傳統的學問雖然是順著「道德心」而發展，但在中國的學術思想中也同樣有講論「認知心」的端緒，像荀子和朱子所講的心，就是認知心（不是道德心）。而朱子「即物窮理」的格物論，也透露主智主義的傾向；只要作一步轉化，就可以成為「從中國文化心靈中開出知識之學」的現成的線索。[6]至於正宗儒家所講的道德心（良知）當然也肯定知識的價值，只因為中國的老社會是一個自給自足、和諧安定的農業社會，對於知識技術的需要並不迫切，而中國人的聰明又足以解決農業社會器械方面的問題，所以欠缺充分的機緣以開出知識性的學問傳統。

但今天的客觀情勢不同了。良知心體在現時代的具體感應中，自然會感受到科學技術對當代中國的迫切需要。所以作為「德性主體」的良知，必將自覺地轉而為「知性主體」，以主客對列的格局，展現認知的活動以成就知識。這只是文化心靈「表現形態」的調整轉換的問題，在思想理念上絕無困難。至於落實到現實的層面，當然必須經過一段長時間的努力，而知識分子尤其應該先做三件事：(1)要自覺地培養「純知識」的興趣；(2)要確立「重視學理而不計較實用」的求知態度；(3)要學習「主客對列」的思考方式。這樣，就可以從文化心靈中透顯知性主體，開出知識之學，以建立純知識的學理。有了學理作根據，就可以提供「開物成務」的具體知識和實用技術，以滿足「利民之用，厚民之生」的要求。[7]

二、孔子智慧對二十一世紀的正面影響

（一）智慧方向三大端

孔子「以人為本，以生命為中心」而顯發的智慧方向，可以約為三大端：

第一、天人合一（本天道以立人道，立人德以合天德）

依儒家哲學的義理，天道與人道，天德與人德，是相互回應的。所謂

6 參蔡仁厚《儒家心性之學論要》（臺北：文津版），頁 123-127，論荀朱思想之時代意義一節。

7 按：「開物成務」語見《周易‧繫辭傳上》，「正德、利用、厚生」語見《尚書‧大禹謨》。

「天人合一」，就是從這裡說。而「天道性命相貫通，也正是儒家哲學最基本的義理骨幹。生生之仁，不息之誠，無私之公，乃是天道人道、天德人德共同的內涵。基於這一系義理而展開實踐，自可使人生與宇宙相通、道德與宗教相通，以獲致生命心靈的大貞定與大安頓。因此，從根本處、原則處來看，儒家哲學所顯發的精神方向和文化理想，實在最為平正通達，也最為高明深遠，而可以適合於全人類來共同努力，求其實現。

第二、仁智雙彰（以仁為體，以智為用）

仁，可以通內外。智、足以周萬物（周，謂周遍、遍及）。無論就個人之成德或文化之功能而言，「仁智雙彰」的模型，都是最優越的。

首先，由仁的感潤通化，而成已、成人、成物，這是從「體」上顯發出來的最為普遍的善意，它可感通於人類，通化於萬物，而達於「民胞、物與」的境界。其次，由智的明覺朗照，而知人明理，而開物成務，而利用厚生，這都是「智周於物」而顯示的大用。而且，由於以仁為體、為本，智之「用」也可以導入道德的規範，以完成價值性的要求。所以，儒家仁智雙彰的哲學模型，也是人類哲學所可以共同採取的。至少可以提供其他哲學系統作為觀摩反省的借鏡。

第三、心知之用（與物無對，上達以合天德；與物為對，下開以成知識）

心，可以分為「道德心」、「認知心」來加以講述，也可以總合為「心知」這個觀念來作說明。人類的心知，可以「上達」，也可以「下開」。心知的上達之路，是通過良知明覺以成就聖德，以臻於天人合德的境界。在上達這方面，心知的表現是「與物無對」，是消融了主客對待，而與天地萬物為一體的。而心知的下開之路，則是通過良知的「自我坎陷」轉而為認知心，使心知之明「與物為對」，而形成主客對列之局；以主觀面的「能知」，來認知客觀面的「所知」，如此則可以成就科學知識。這下開一面，便是今天中國文化必須面對而且必須完成的時代使命。

就哲學的本性而言，既沒有古今之異，也沒有新舊之分，應該是超越時代的。中國傳統哲學中的許多基本概念，都具有獨立自足的意義，而且是無可取代的（如儒家的仁恕、時中，道家的無、佛教的空等等）。只要運用現代的語言加以詮釋，就可以豁醒它的意涵，繼續顯發它的效用。

（二）基本旨趣八句話

一九八六年八月，我應邀赴日本東京出席東方思想前瞻年會，在會上我曾揭示儒家思想的基本旨趣，約為八句話以見其概：[8]

1. 人性本善的「道德動源」。
2. 天人合德的「超越企向」。
3. 孝弟仁愛的「倫理思想」。
4. 情理交融的「生活規範」。
5. 生於憂患、死於安樂的「人生智慧」。
6. 因革損益、日新又新的「歷史原則」。
7. 修齊治平、以民為本的「政治哲學」。
8. 內聖外王、天下為公的「文化理想」。

這裡所指說的，並不是幾個通泛的觀念，而是在中國的歷史上，在傳統的社會裡，有過長時間的實踐徵驗，有過全面性的功能表現，證明這八句話所含的道理，確實可以作為「人類生活的基本原理」和「人類文化的共同基礎」。不但二十一世紀可以有效，今後一千年、二千年，也將可以顯發它的意義和表現它的功能。

第一句肯定人有本善之性，自然也就能擴充為善的言行。此一道德動源之開發，正足以使康德所講的自律道德當下落實。第二句，天人合德，可以使人從塵凡中振拔而上達天德，以提升人類生命之意義。第三句，孝弟仁愛乃是人類之常性，不容間斷。第四句，情理交融的生活，才算是人的生活常態，也才足以顯立生活的規範。第五句，指出憂患意識可以使人通徹生死的道理，進而顯發人生的智慧。第六句，指出人類歷史的演進，必須因襲好

---

8 參蔡仁厚《儒家思想的現代意義》，頁 165-180〈儒家思想對人類前景所能提供的貢獻〉。

的、革除不好的，減損多餘的、增益不足的；如此乃能日新其德，開發新生命。第七句，指出政治不應限於權力之爭逐，而應該以民為本，以順成修己治人的目標。第八句，指出文化之理想，在於推己及人，內外交修，以達致世界大同，天下為公。

（三）群己、仁恕與安和

西方文化處理群與己的關係，主要是從權利上著眼，所謂「群己權界」，正是要明確劃分權利義務的界限，以建立群己關係的規範。而在儒家，則是順「推己及人、推己及物」的思路來想。是即所謂仁恕之道。儒家「以仁為體，以恕為用」。仁的基本特性是感通潤物，而恕則是由內向外感通的通道。

孔子答子貢，曾以「己所不欲，勿施於人」來闡釋恕道。[9]答仲弓問仁，亦同樣有「己所不欲，勿施於人」之言。[10]而答子貢問仁之時，又曰：「夫仁者，己欲立而立人，己欲達而達人。能近取譬，可謂仁之方也矣。」[11]據此可知，恕道的要義乃是「推己」：將己心之仁，向外推擴以及於人、及於物，以達到「人己相通，物我相通」之境。

西方有所謂「己所欲，施於人」之金律。有人以為，這個金律比孔子「己所不欲，勿施於人」的恕道更好，更能顯示積極救世的精神。其實，這是一知半解的說法。第一、他不明白孔子所講的恕道，除了消極義的「己所不欲，勿施於人」，還另有積極義的「己立立人，己達達人」。第二、他不了解金律之所謂「己所欲，施於人」，很容易為人類帶來極大的災害。

譬如西方宗教所表現的「狂熱」，便正是「以自己之所欲」而「強施於他人」；就其初心而言，雖然是一番好意（希望他人也能得上帝之恩寵而贖罪得救），而結果卻無可避免地干涉了他人的信仰自由。同時，基督徒又判

9　《論語・衛靈公》：「子貢問：有一言而可以終身行之者乎？子曰：其恕乎！己所不欲，勿施於人。」

10　語見《論語・顏淵》。

11　語見《論語・雍也》。

別人之所信為異端，而加以貶視，加以排斥，於是乃有酷烈地迫害異教徒之慘事。如今，宗教迫害之事雖已革除，但近世以來，西方人挾其強勢的軍事政治經濟力量，直接間接對東方（尤其是中國）強迫推銷西方的生活理念與生活方式，其背後的精神，也仍然是「己所欲，施於人」。這正是「強人從己」、「強人所難」。嚴重地違背了儒家的「恕道」。

由此可知，世界安和的實現，不能靠西方的金律而獲得，而必須有待於儒家恕道精神的充分發揚。今天的人類，仍然生活在一個「相礙相斥」，而不能「相通相安」的國際情境之中。如果人類能夠學習儒家「將他心比己心，以己心度他心」的恕道精神，在「尊重他人」（己所不欲，勿施於人）的基礎上，進而「關懷他人」（己欲立而立人，己欲達而達人），隨時隨事都能設身處地為他人想一想；如此，則世界的紛擾衝突將可大為減少，而人類也才有希望真正和平相處，相安相生，而進於大同之域。

（四）回歸理性以得時中

通觀人類歷史之禍害，皆因違逆理性而造成。人類本有理性，但又常因感性生命之各種欲求（飽暖之欲、男女之欲、權力之欲……）與各種利益（私己之利、族群之利、名利、財利、權利……），而激起生命中非理性的衝動爭逐，於是人類世界總是接二連三地發生大大小小的戰爭，而戰爭的慘烈，與僻執非理性的程度成正比。所謂「非理性的僻執」有的顯而易見，有的積非成是，反而不易分辨。譬如種族衝突而引發的戰爭，以及因宗教信仰不同而引發的戰爭，雙方人馬都視之為聖戰，堅持執著，寸步不讓。結果是強者勝，弱者敗，勝者掠奪屠殺，敗者慘遭毀滅。而此中又含藏一種英雄主義與英雄崇拜來文飾人類的殘暴，這當然也是非理性的。

上述之事，在中國歷史上也同樣發生過。但作為中國文化主流的儒家，早有世界大同、天下為公的思想，而在「尊王、攘夷」的號召之下，又有「興滅國、繼絕世」[12]的教言和作為。不但二帝三王，就是春秋五霸之首的

---

12 語見《論語・堯曰》。

齊桓公，也能信從管仲的輔佐，而「不以兵車」，[13]遂行公道。同時，種族界限也能由血統而推進到以文明與野蠻為分野，所以說「諸侯用夷禮，則夷狄之；夷狄進於中國，則中國之。」[14]這樣的文化精神，當然是受了孔子智慧的啟導。但簡淺地說，這也不過是人類理性精神平和正常的表現而已。儒聖之道，「極高明而道中庸」，[15]這正是理性的本色，無有恢詭譎怪，無有精妙奇特，無有幽邈玄微，一切歸於平，歸於和，歸於正，歸於常。只此便是大道平平，履道坦坦。豈不佳好！

再者，孔子是時中大聖，所以在世界各大文化系統之中，唯獨儒家聖賢，能真正免於教條主義，而「唯理是從，義之與比」。[16]西方之學，喜好張己之說，標榜主義，故常帶來「觀念之災害」。唯獨儒聖以「當位、安立」為心，宇宙萬物，人間百姓，皆使之各當其位，各得其所，各適其性，各遂其生。而且因襲其當因者，革除其當革者，減損其當損者，增益其當益者。因「時、地、人、事」之宜，各當其可，以得其中。《禮記‧禮器篇》有云：「禮，時為大」。禮是一切典制規範之總稱。一切事物，皆使之合乎時宜，則聖之時者（孔子）的智慧，豈特有益於二十一世紀，縱是二百一十世紀，也仍然是這個時中大道。道的表現，雖然有時顯，有時隱，但大道本身，永無斷滅，萬古常新，豈不庥哉！

臨了，筆者願本誠心，鄭重致意：人間社會之事，千千萬；應事接物之理，歸於一。理一而分殊。故人類世界之福祉，非一二人所能造就；必須東西南北之人，異地而同心，分工而合作，乃能如意遂願。

---

13 《論語‧憲問》：「桓公九合諸侯，不以兵車，管仲之力也。如其仁，如其仁。」

14 按：此乃唐代韓愈之語，表示儒家「夷夏之辨」，並非只以血統為準。諸夏之諸侯如果不守禮義之道而採行夷狄禮俗，則視之為夷狄，不與同中國。而夷狄之邦能嚮往文明，採行中國之禮義，則視同國人，絕無種族偏見。

15 語見《中庸》第二十七章。

16 語見《論語‧里仁》。

牟宗三先生鑄造學術新詞之意涵述解

弁　言

二年前，第四屆當代新儒學國際會議在臺北召開，我曾在開幕式上，以牟宗三先生為主線，順就他的重要著作，約為五點，來說明當代新儒家的學術成就：

1. 闡明三教：儒釋道三教義理系統之表述
2. 開立三統：文化生命途徑之疏導
3. 暢通慧命：抉發中國哲學所蘊含的問題
4. 融攝西學：康德三大批判之譯註與消化
5. 疏導新路：中西哲學會通的道路

這五點說明，句句都是落實之言，無有虛矜，無有誇飾。[1]我曾經提揭「仁智雙彰、天人合德、因革損益、據理造勢」四義，以指出儒家義理在人類世界中所含具的普遍而永恆的價值。同時又就「倫理的實踐、政治的開新、經濟的發展、學術的推進」四目，以申述儒家對現實社會所可昭顯的時代意義與適應功能。[2]而我昔年所綜結的儒家思想基本旨趣八大端，[3]也可以證實儒家學術足以作為「人類生活的基本原理」和「人類文化的共同基

---

[1] 參蔡仁厚《孔子的生命境界》（臺北：臺灣學生書局，1998 年），頁 181-196。

[2] 參蔡仁厚《儒學的常與變》（臺北：東大圖書公司，1990 年），頁 23-41。

[3] 同上，頁 46。八大端：(1)「人性本善」的道德動源。(2)「天人合德」的超越企向。(3)「孝弟仁愛」的倫理思想。(4)「情理交融」的生活規範。(5)「生於憂患、死於安樂」的人生智慧。(6)「因革損益、日新又新」的歷史原則。(7)「修齊治平，以民為本」的政治哲學。(8)「內聖外王，天下為公」的文化理想。

礎」，而儒家精神與中國的現代化也是相順相通，而並非是相逆相隔。

不過，義理上雖然具足，功能上仍不免會有所限制。從「質」上看，儒家的道理，內聖外王、修己治人、成己成物、天人內外，可謂無所偏失。此之謂「義理上的具足」。但從「量」上看，則許許多多理所當然的事，卻常有遷延而未能實行，或行之而不夠圓滿。此之謂「功能上的侷限」。這種情形，不只儒家如此，一切文化系統，莫不皆然。當然，「知識之學」與「民主政治」之未能開出，確是傳統儒家的大欠缺。但以往沒有的，今後可以有；傳統儒家的不足，當代新儒家自當通觀並顧，匡補闕遺。但文化之事，是整體的，全面的；實務層上的工作，分門別類，非常複雜，需要各種專門的知識，也需要各種專業的人才。儒家學者只要能夠在「文化的反省、觀念的疏通、思想的架構、理想的開顯、價值的取向、實踐的進路」這些理念層上盡心盡力，便可算是克盡職分，功在文化。

數十年來，大家都很關心中國文化復興的問題，但各人之所說，多半只是零散的意見，欠缺通盤的從根的大反省。若有之，則從新儒家始。本文將就牟宗三先生半世紀來所鑄造的學術新詞，擇要的加以述解，藉以證見牟先生對哲學慧命的疏通與開發。

一、「綜和的盡理」與「綜和的盡氣」之精神，以及「分解的盡理」之精神[4]

牟先生認為，歷史是一個民族的實踐過程，而精神表現的型態及其原理，在各民族之間的出現，不但有先後與偏向的不同，而且出現的方式也有「綜和的」與「分解的」之差異。中國文化表現「綜和的盡理」與「綜和的盡氣」之精神；西方文化則表現「分解的盡理」之精神。

1. 綜和的盡理之精神，是指「由盡心盡性而直貫到盡倫盡制」，「由個

4　牟宗三《歷史哲學》（臺北：臺灣學生書局，1974 年重版），第三部第二、三兩章。

人的內在實踐工夫而直貫到外王禮制」的精神。其表現於人格者，則為聖賢與聖君賢相。

2. 綜和的盡氣之精神，是指一種「能超越一切物氣之僵固，打破一切物質的對礙，以表顯其一往揮灑的生命之風姿」的精神。其表現於人格者，是天才，是打天下的帝王。

3. 分解的盡理的精神，有兩個特徵：第一是推置對象而外在化之，以形成主客之對列。第二是使用概念，抽象地概念地思考對象。這種精神表現於文化，可有三方面的成就：一是神人相距的離教型的宗教，二是以概念分解對象和規定對象的科學，三是通過階級集團向外爭取人權而逐漸形成的民主政治。

由綜和的盡理的精神，表現「道德的主體之自由」，使人成為「道德的存在」或「宗教的存在」（如聖賢君子、忠孝節義；或宗教教主、高僧聖徒。）由綜和的盡氣之精神，表現「藝術性的主體自由」，而使人成為「藝術性的存在」（此取廣義。凡是盡才、盡情、盡氣的天才、英雄、豪傑、才士、高人隱逸之流，皆屬此類；不止於詩人、畫家、音樂家而已。）而分解的盡理的精神，則表現「思想的主體自由」以及「政治的主體自由」；前者使人成為「理智的存在」（所謂我思故我在，如思想家，科學家等。）後者使人成為「政治的存在」。（人作為權利義務的主體，便是政治的存在，也即「公民」這個觀念所表述者。）

大較而論，中國充分地發展了道德的、藝術性的主體的自由，西方充分地發展了思想的、政治的主體自由。黑格爾說中國只有合理的自由，而沒有「主體的自由」，其實意是指「政治的主體自由」而言，（黑氏不知主體自由的表現有各種不同的型態，所以顢頇的說出那種武斷式的話。）而凱塞林在他的哲學家旅行日記裡，說中國人智慧甚高，而思想則乏味。此中關鍵，正是由於「思想主體」（知性主體）未能充分透出以獨立發展之故。所以中國人作價值判斷時很清楚、很簡切。但思辯性不顯，缺乏理趣，不易引人入勝。

牟宗三先生創用這三個詞語，是為講歷史文化。五四時代的知識分子認為科學民主是西方的。中國既要科學民主，就必須拋棄傳統，全盤西化。如此一來，中國的文化生命打成兩截，舊的和新的，傳統的和現代的，被擺在直接衝突對立的位置上，有如水火之不相容。然而文化可以這樣講嗎？可以這樣理解嗎？中國五千年的傳統文化竟然一無是處嗎？……必不然矣。但誰又能通盤省察而且說出這「必不然」的所以然之故呢？首先是牟先生。

中國傳統文化未能發展出科學民主，基本關鍵只在「思想（知性）的主體自由」與「政治的主體自由」未能充分透顯起用。如能從文化生命中轉出「分解的盡理之精神」，自然就可以樹立「知性主體」以開出「邏輯、數學、科學」。在政治方面，人人皆須自覺地成為「政治的存在」（成為公民，成為權利義務的主體），從往古那種只順治道方面想的思路，而轉為從政道方面來想，通過個體之自覺以開出近代意義的「國家、政治、法律」，這才是建國立國的綱骨所在。

中國的文化生命，向上透的境界雖然很高，但唯有補足「知性」與「政道」這中間架構性的東西，乃真能向下撐開以獲得堅固穩實的自立之基。

二、理性的運用表現與理性的架構表現[5]

進一步，牟先生又創用二句詞語，來對顯中西文化生命的特色。中國文化生命的特色是「理性的運用表現」，而運用表現正是「綜和的盡理之精神」下的方式。西方是「理性的架構表現」，而架構表現又正是「分解的盡理之精神」下的方式。如此比配一下，可以使意思更為顯豁。

理性的運用表現是生活、是智慧，也是德性。才、情、性、理，融通而為一。若關聯著文化問題來說，則可從三方面來理解所謂理性的運用表現。

首先，從人格方面來說，聖賢人格的感召便是理性的運用表現。論語載子貢曰：「夫子之得邦家者，所謂立之斯立，導之斯行，綏之斯來，動之斯

5 參牟宗三《政道與治道》（臺北：臺灣學生書局，1980年重版），第三章。

和。」以及孟子所謂「君子所過者化，所存者神」。[6]這樣的人格感召力，最能顯示理性之運用表現的意義。聖德之化，莫之為而為，莫之然而然，即使聖人自己也不知其所以然，其所以然只是他的聖德之化（聖而不可知之之謂神，神即化也）。在此，不需要神通，不需要奇蹟，也不需要媒介、橋樑。它「所存者神」，故能「所過者化」。這完全是理性的功能作用之自然流露，不需藉助任何的架構來表現。這種境界，以及達到這種境界的學問與功夫，正是中國文化生命的領導觀念。

其次，從政治方面說，儒家德化的治道也是理性的運用表現。由於中國傳統政治「有治道而無政道」（見下節），政權的運行沒有法制化之軌道，所以便設法來德化代表政權的皇帝（特別重視太子的教育也由此而來），結果發展出一套德化的治道。這是「以治道之極來濟政道之窮」。然而，要求政治家做聖賢是極為不易的，即使君相果真是聖賢，也只能成就德教之善，而很難恰當而普遍地解決權利義務諸問題。由此可知，人間社會需要一套架構來實現和保障各種客觀的公共的價值。而理性的運用表現在聖賢人格方面雖很妥當，很順直，但在政治方面並不恰當，而且會使得道德理性在政治權力圈中感受委屈。

再次，從知識方面說，道德心靈之「智」收攝於仁而成為良知，或成為道心之觀照，這是智的直覺型態，而非知性型態。道心的觀照，不經由經驗，也不經由邏輯數學，當然不能成就科學知識。中國以往講學是以德性為主，故心之智用收攝於德性而轉為德慧。德慧的表現必然是運用表現，故不能由之而成就科學知識。

理性的運用表現，不能出現邏輯數學科學，不能出現近代意義的國家政治法律。換句話說，中國文化之所以未能出現科學民主，是因為缺了「理性的架構表現」。而科學民主正是理性架構表現的成果。因此，中國人的眼光不能只注目於那外在的科學成果與民主活動，而應該回頭省察民族文化心靈表現的型態。所以，當前中國文化的問題，仍在於「如何從運用表現轉出架

---

6 子貢語，見《論語・子張》，孟子語，見《孟子・盡心上》。

構表現」？[7]

理性的運用表現由德性發，是屬於內聖的事。內聖必通外王，但古人講外王是直接由內聖推衍出來，如《大學》八條目的講法便是顯例。從誠意正心到治國平天下，只是直線通出去。如是，外王只成了內聖的作用，而且外王只限於治國平天下。可是，今天的科學民主也應該是外王的內容（可以滿足「開物成務」和「利用厚生」的要求），而從內聖的運用表現中卻不能直接推出科學民主，這就是問題的所在。

但「外王是由內聖通出去」，這句話並不錯。於此，牟先生乃特為指出：通有「直通」與「曲通」。直通是古人的講法，曲通（中庸所謂致曲）是今天關聯著科學與民主政治的講法。在曲通中含有一層轉折。我們說，內聖的德性與科學民主相關（雖不是直接的關係），但我們又發現科學民主有其獨立的特性。這既獨立又相關，便正是理性的運用表現與理性的架構表現二者之間的情形。這如何而可能？

凡是直通都是順承的，曲通則必須有「轉折的突變」。簡而言之，道德意義的德性，在其運用的表現中雖不含科學民主，但科學代表知識真理，而民主政治也能表現正義公道，這是道德理性不能不承認、不能不肯定、不能不要求的。所以內聖的德性不但不反對科學民主，而且一定意欲科學與民主。所以，只要在此作一步反省自覺（逆覺）便自然可以順就科學民主的特殊架構，而自我調適，由直通直貫轉為曲通曲貫。觀念思想上的糾結化解了，文化生命的表現自然順適調暢。而由「理性的運用表現」轉出「理性的架構表現」，便也順理成章而成為「應有之義」。

附識：牟先生又有「理性的內容表現」與「理性的外延表現」一組詞語。前者成就內容真理（道德宗教之真理），後者成就外延真理（科學真理）。而理性的運用表現自屬內容表現，理性之架構表現自屬外延表現。兩者詞語異而意指同。順此，又有所謂「內容意義的民主」（如民為本、民為貴、好惡與民同、憂樂與民同……）與「外延意義的民主」（如行政、立

---

7 參閱同註 5，頁 55-62。

法、司法三權之分立制衡），凡此，皆可會通而解，並無滯執。

三、有治道而無政道

政治權有治權與政權之別。就中國傳統政治來看，治權由宰相系統掌理，而宰相制度正是中國傳統中足以傲世的一套體制。這表示，傳統政治對於治權的運作，不但有一套道理，而且有一套法制化的軌道，此之謂「治道」。而政權的轉移雖然也有傳統的方式，譬如禪讓、繼世、革命、打天下等等，皆是。但這些方式還夠不上稱之為「法制化的軌道」。因為禪讓靠天子之德，雖屬嘉美之事，但卻不是制度。繼世雖是制度，但那是家天下的制度，不合「天下為公」的原則。所以，儒家又贊成革命（針對家天下之不合理而發）。革命是順天應人的正義之舉，但那是一種非常手段，不是制度。至於秦漢以後的打天下，是靠武力解決，更不是制度。由此可知，中國傳統政治對於政權的移轉，始終欠缺一套法制化的軌道。牟先生判中國傳統政治「有治道而無政道」，[8]真是一針見血的解析，諦當無比。

由於沒有「政道」，所以形成中國傳統政治的三大困局：

1. 朝代更替，治亂相循。
2. 君位繼承，骨肉相殘。
3. 宰相地位，受制於君。

這三大困局的形成，可以有各種不同的解析和說明，但真正的核心癥結，總在「政道」之不立。而民主政治最大的貢獻，就在於它可以把傳統政治的三大困局，一舉而加以消解。

五四時代的人，認為中國要科學民主，就得徹底地拋棄傳統而全盤西化。其實，中國文化和儒家學術，對於民主科學並非「相逆的衝突」，而應該是「相順的發展」。只需自覺地調整民族文化心靈的表現型態，便可以由德性主體開顯知性之用（在主客對列的格局中進行認知活動），如此，便自

---

8 同註5，第一章。

然可以發展出科學。同理，如果我們能疏導出傳統政治的癥結，也自然可以由理念上的「民本、民貴」「選賢與能」而推進到體制上的「民主政治」。[9]

四、「良知」何以要「自我坎陷」

良知坎陷的問題，是民國三十六年牟先生在《王陽明致良知教》一長文之「致知疑難」章，[10]討論到良知與知識的關係，因而提出「良知自我之坎陷」這個命題。這是在陽明良知學的系統中來討論如何成就知識所作的義理疏導。我在《王陽明哲學》書中也有所申述，[11]而六年前在第二屆當代新儒學會議宣讀論文〈所謂開出說與坎陷說〉，也曾就「德行主體開顯知性之用」提出綜括的解說。[12]現在，只簡單說明三點意思：

1. 良知肯定知識的價值，但良知是道德心，道德心要求「與天地萬物為一體」，因此，心與物不相對列，沒有主客相對的關係，不能進行認知活動，因而良知本身不能直接成就知識。

2. 良知要求知識，而又不能直接成就知識，所以要轉為認知心（認知心是與物相對的，可以在主客對列的格局中進行認知活動以成就知識）。由於良知是道德心，是絕對體；而認知心則與物形成主客對列，是相對的地位。良知為了要成就知識，而自覺地作一步自我坎陷，轉而為認知心。這一步轉化是從絕對（無對）轉為相對，降了一層，所以謂之「坎陷」。坎陷，不是一般所謂的坎落、陷溺，而是一種有積極意義的層位轉換，其目的是為了成

---

[9] 按筆者，在《孔孟荀哲學》（臺北：臺灣學生書局，1984 年），頁 316-326，曾對政權轉移的軌道問題有所討論。可參看。

[10] 按《王陽明致良知教》，1954 年在臺北出版。後來《心體與性體》出版，牟先生自己覺得致良知教書中所說，還有欠妥之處。故 1979 年《從陸象山到劉蕺山》出版之時，其中王陽明一章乃重新改寫，不再取用致良知教小冊，唯「致知疑難」一章仍保留附錄於新書第三章〈王陽明章〉第一節之後（頁 245-265），請參看。

[11] 參蔡仁厚《王陽明哲學》（臺北：三民書局，1974 年），第四章〈良知與知識〉，頁 58-76。

[12] 蔡仁厚《中國哲學的反省與新生》（臺北：正中書局，1994 年），頁 57-61。

就知識。

3. 至於說，用「坎陷」二個字到底好不好，大家可以斟酌，只要是有意義的說明，我都可以尊重。但對「良知自我之坎陷」這一句話，也請大家虛心善會，不要誤解。這是在良知（道德心）系統中的說法，不可隨意浮氾出去。如果順荀子和朱子的系統，自可另有講法。我在討論荀朱心性思想的時代意義時，也曾有明確的說明。[13]可以參閱。

五、「即存有即活動」與「只存有而不活動」

這是牟先生判分宋明理學義理系統之不同時，所創用的一組詞語。儒學發展到北宋，程明道提出「天理」二字，來概括先秦以來指說本體的種種名（如天、帝、天命、天道、乾元、太極、誠體、神體、仁體、性體、心體、寂感真幾、於穆不已之體等等）。如此而言的「理」（天理）：

1. 靜態地為本體論的實有；

2. 動態地為宇宙論的生化之理；

3. 同時它亦即道德創造的創造實體。

因此，從周濂溪、張橫渠到程明道所體悟的本體，它當然是理，但不只是理而已，同時也是心，也是神，是寂而能感，即寂即感的。

因為它是「理」，所以是形上實有，由此說「存有義」。因為它也含有「心義、神義、寂感義」，所以能顯發活動性，能妙運氣化生生不息，由此說「活動義」。

如果再加以簡化，也可以說：儒家所講的「本體」，既是「心」，也是「性」，也是「理」，也是「道」。當孟子說出「盡其心者知其性也，知其性則知天矣」[14]的時候，即已表示「心、性、天」通而為一。所以程明道便直接說：「只心便是天，盡心便知性，知性便知天。當處便認取，更不可外

---

13 蔡仁厚《儒家心性之學論要》（臺北：文津出版社，1990 年），頁 123-127。

14 見《孟子．盡心上》首章。

求。」[15]「心」便是「天」，這個「天」字實等同於「理」字。因此，依明道的思路，他當然可以贊同後來陸象山所說的「心即理」。而一般所謂程朱言「性即理」，陸王言「心即理」，話雖不錯，但卻說得欠分曉、欠明白。因為在陸王（大程子亦然），「性即理」與「心即理」是同時承認的。但在小程子（伊川）和朱子的系統裡，卻無法承認「心即理」。據此可知，同樣是「性理」這個觀念，卻有「全義的性理」和「偏義的性理」之不同。

甲、性理的全義：性即是理（理與心、神、寂感通而為一）；理，是創生原理，能妙運氣化之生生，所以是「即存有即活動」的。（按：兩「即」字，猶今語所謂「同時是」，意即它同時是形上存有，亦同時即是創生活動的動源。）

乙、性理的偏義：性只是理（而心、神、寂感，則從性體脫落下來而歸屬於氣）；(1)從宇宙論而言，理與氣相對為二，神與理亦為二。(2)從道德實踐而言，心與性相對為二，心與理亦為二。因此，「理」只成本體論的靜態實有，卻不能妙運生生以起創生作用，所以是「只存有而不活動」的。

朱子順承伊川的思路，完成「心性情三分」、「理氣二分」的格局。認定性即理，而且性只是理，而心與情則屬於氣，心是氣之精爽、氣之靈處，而情是氣之發、氣之變。在朱子的系統中，心性理的實義如下：

1. 「心」是實然的心氣之心，不是實體性的道德的本心。

2. 「性」是與心相對為二的性，不是本心即性、心性是一的性。

據此可知，朱子所講的「性即理」「性只是理」的性理，實只是性理的「偏義」。他體悟的性理本體，既然是「只存有而不活動」，因而他的工夫系統不但與陸王不同，也與「周、張、大程」不同，而且與「孔孟乃至中庸易傳」也有所不同。這個不同，即是牟先生所謂「橫攝系統」與「縱貫系統」的不同。（說見下節）

---

15 《二程遺書》（臺北：中華版）二先生語上。

六、「逆覺」與「順取」，「縱貫」與「橫攝」（自律與他律）

縱貫系統、橫攝系統，是牟先生《心體與性體》書中之用語。自律道德、他律道德，則是西哲康德所講說。

依牟先生對宋明儒學所做的分判，認為程伊川和朱子同屬橫攝系統，二人所謂格物窮理，是以「心知之明」去認知（攝取）「事物之理」，因而形成主客相對，這是平面的（橫的），所以謂之「橫攝」（在心與物橫列相對的格局下進行認知攝取）。既然心知之明是順著格物的方式，而認知理、攝取理，因而也稱其工夫進路為「順取的路」（順心知之明以認知攝取事物之理）。

在「縱貫系統」中（孔孟以下，中庸、易傳，北宋前三家周、張、大程，陸、王，以及五峰、蕺山，皆屬縱貫系統），無論客觀地說的宇宙生化，或主觀地說的道德創造，全都是這「即存有即活動」的形上實體（道體、性體、仁體、心體通而為一的天理本體）之立體直貫。換言之，全都是「天理本體」這個創造的動源，本末通貫地妙運之、創造之、成就之。在此，沒有平面的主客相對（意即沒有心物相對的認知活動），而是立體的直貫創生（凡創生、創造，必是縱的、直貫的，如天地之創生萬物，父母之生育兒女），道德實體之創造道德價值，皆是上下縱貫，而非平面對列，所以謂之「縱貫」。凡縱貫系統，其工夫必不是「順取的路」，而是「逆覺的路」（逆，反也。反求諸己而覺識之、體證之，是為逆覺體證。）

凡逆覺體證，必然要從先天心體（與性為一的道德心）開工夫。而道德心性自主自律、自發命令、自定方向，故為「自律道德」（孟子言「仁義內在」，仁義之理內在於心，此乃典型的自律道德）。而心與理為二的格物順取的路，則為「他律道德」（以理在心外，而理又「只存有」而「不活動」故也）。

在儒家的大系統裡，既有自律道德的系統（如孔、孟、中庸、易傳、周、張、大程，五峰、陸、王、蕺山等），又有他律道德的系統（如荀子、伊川、朱子），縱橫兼備，故能成其大。但必須「以縱統橫」（以自律統他律），不可「以橫代縱」（以他律取代自律）。明乎此，即可相觀相摩，配合得宜。

七、一心開二門，兩層存有論

依康德，人所知的只是現象，而不是物自身。現象是感觸直覺的對象，物自身則是智的直覺之對象，而智的直覺只屬於上帝所有。康德又說，上帝只創造物自身，而不創造現象。康德此一點示，當然有一種洞見在內。牟先生以為，在西方傳統的限制中，能有如此洞見，已屬非常卓越。洞見之發，是他個人靈光之閃爍，而一旦發出來，它就成為一個「客觀的義理問題」。牟先生根據中國的哲學傳統，肯定「人雖有限而可無限」「人可有智的直覺」。由中國哲學傳統與康德哲學之會合，而激出一個浪花，以見出中國哲學傳統之意義與價值，以及康德哲學之不足，因而寫成《現象與物自身》[16]藉以陳述其完整而通透之系統。

牟先生順依中國哲學傳統之智慧，先由人之道德意識，顯露「自由無限心」，由此說「智的直覺」。自由無限心是道德的實體，由此而開出「道德界」；它又是形上的實體，由此而開「存在界」。

1. 先由自由無限心開存在界，而成立一個「本體界的存有論」（無執的存有論）。在此，是以儒家之正盈教，會通佛老之偏盈與西方之離教，建立上達天德之路，以成聖成佛成真人。

2. 再由自由無限心（知體明覺）之自我坎陷而開出「知性」（認知心），由「知性之執」（識心之執）而執成現象，而成立一個「現象界的存有論」。在此是以佛家「執」的觀念來融攝康德所說的現象界，並以康德之學（純理批判分解部）充實這個「執」，來突顯知性主體（識心、有限心），以開出科學知識。

---

16 牟宗三《現象與物自身》（臺北：臺灣學生書局，1975 年）。

牟先生指出，現象與物自身，只是一物之兩面，衹是兩種不同的表現而已。人之行動，是現象，也可以是物自身。但康德一說到行動，就把行動歸屬到現象，而忘懷行動本身除了現象之身分，同時也有物自身之身分。康德說得太快，一下子就滑到現象界，因此，其哲學體系只能說是「一心開一門」，它只開感觸界的生滅門，而未能開出智思界的真如清淨門。

依於中國哲學的傳統（儒、道、佛），牟先生肯定人類心靈可以開出兩層存有論；又藉取佛教《大乘起信論》中「一心開二門」之架構，來綜括兩層存有論。它融攝儒道佛三教之精髓，打通中西哲學之隔閡，再以創闢性之詮釋，賦予「一心開二門」以新的意義與功能。此步工作，實已為中西哲學開顯一條交會融通的坦途。

牟先生一貫認為，通中西文化之郵，以使雙方相資相益，康德實為最佳之橋樑；故雖老年而猶鍥而不捨，以一人之力將康德三大批判全都漢譯出版，此乃二百年來世界第一人。先生自謂：此書之譯，功不下於玄奘、羅什之譯唯識與智度。超凡入聖，豈可量哉，豈可量哉！然真正仲尼臨終不免嘆口氣，人又豈可妄哉。豈可妄哉！

八、結語

以上雖已摘要地對牟先生鑄造學術新詞的意涵，做了簡要的述解，但就牟先生對哲學慧命的疏通與開發而言，以上的說明實在掛一漏萬，很不周延。歸總而言之：(1)重新開顯儒釋道三教的義理系統；(2)抉發中國哲學思想中所涵蘊的問題；(3)疏通中國哲學史開合發展的關節脈絡；(4)省察儒家外王事功方面之不足及其充實開擴之途徑；(5)全面比對中西文化精神表現之型態及其會通融攝之間架。凡此等等，牟先生都有超邁前修的表現。二十世紀的中國，降生這樣一位哲儒，來為華夏文化爭光增輝，既是天之所命，也是人之所成。說到這裡，我們又回憶起牟先生八十壽宴上的話。

他說：從大學讀書以來，六十年中只做一件事情，是即：「反省中國的文化生命，以重開中國哲學之途徑。」他重新疏導儒家、道家與佛教的思想，以蘇活三教的哲學智慧。同時譯註康德的三大批判，並撰寫專書以消化融攝康德，為中西哲學之會通開啟最佳的途徑。他八十一歲時出版舊稿《五十自述》（撰寫於任教東海之時），在序文中有這樣幾句話：

> 學術生命之暢通，象徵文化生命之順適；
> 文化生命之順適，象徵民族生命之健旺。
> 民族生命之健旺，象徵民族魔難之化解。

又云：無施不報，無往不復，世事寧有偶發者乎？吾今忽忽不覺已八十矣。近三十年來之發展，即是此自述中實感之發皇。聖人云：「學不厭，教不倦」。學思實感寧有已時耶？

蔡仁厚謹識

牟宗三先生之學思，在他《五十自述》之自序文中，有極為精簡而明確之說明，茲將該序全文附錄於此，以便讀者。

牟宗三先生《五十自述》序

此書為吾五十時之自述。當時意趣消沉，感觸良多，並以此感印證許多真理，故願記之以識不忘。書中後四章曾發表於各雜誌，唯首二章則未曾發表。諸同學皆願將此全文集於一起付印，以便讀者之通覽。此或可為一學思生命之發展之一實例也。

五十而後，吾之生命集中於往學之表述，如是，遂有詮表中國各期思想之專著之寫成。如《才性與玄理》乃寫魏晉期者也，《佛性與般若》乃寫隋唐佛教者也，《心體與性體》乃寫宋明期者也。同時譯注康德之第一第二兩批判以資對照，並著《現象與物自身》以及《圓善論》以明對於康德前兩批判之消化。今後將擬寫〈真美善之分別說與合一說〉以明對於康德第三批判之消化。

學術生命之暢通象徵文化生命之順適，文化生命之順適象徵民族生命之健旺，民族生命之健旺象徵民族魔難之化解。無施不報，無往不復，世事寧有偶發者乎？

吾今忽忽不覺已八十矣。近三十年來之發展即是此自述中實感之發皇。聖人云：「學不厭，教不倦」，學思實感寧有已時耶？

民國七十七年十二月
牟宗三　序於臺北青田街

從儒家「以禮爲體，以法爲用」說到「儒家之禮與憲政」

這次當代儒學國際學術會議的主題，是「儒學的全球化與在地化」。去年第一屆會議時，我的講詞是「儒家人文教與儒學在地化」。今年，我就順應會議主題的第一子題「儒學與憲政」，略述所知與所感。而題目則訂為：從儒家「以禮為體，以法為用」說到「儒家之禮與憲政」。茲分為四個段落說下去。

一、對儒家「以禮為體，以法為用」的省察

就中國傳統政治來看，春秋以前是禮治時期，從戰國到漢初，法治的思想佔優勢。而從漢武帝以下這兩千年，則大體上是禮與法的協調。十九世紀末葉以來，西方法律哲學的思想趨勢，是要求法律和道德相結合，也就是法律與道德的協調。據此而言，中國這兩千年禮法協調的政治模式，雖然受到君主專制這個政治形態的限制，而未能充分表現出圓滿的效果，但在基本方向上是合乎理性原則和進步原則的。

禮治的思想，事實上並不是和法治處於相對立的位置。平常一般學者把儒家的「禮治、德治、人治」，拿來和法家的「法治」相對立，雖然不是沒有原因，但從思想和歷史事實來考察，可以發現這種兩相對立的講法，並不妥當。

儒家用心的重點，當然是落在道德教化上，並不積極地提倡法刑的制裁。儒家當然也知道，要維持社會的治安和群體生活的秩序，不能沒有法刑

的制裁。三代之時，夏之刑律不可考，而商湯作官刑，則史有明文。周初刑法也載於《周官》，而《尚書》有呂刑之篇（周穆王命呂侯作）。可見法刑之用，自古有之。儒家主張賢者為政，認為「唯仁者宜居高位」。但儒家的人治並不排斥法治。孟子就主張，上必須有「道揆」，下必須有「法守」，而且還說：

> 徒善不足以為政，徒法不能以自行。（〈離婁上〉）

人有善心善德，如果沒善法，仍然不足以推行善政。反之，國家有了善法，如果沒有賢才來推行，善政也不能自顯功效。由此可見，儒家講人治、德治，不但不與法治相排斥，而且要求二者相互配合。在儒家看來，禮義之道是治國的綱領，而法刑則是禮義之道這個綱領之下的、推行公務的具體措施。禮的層位高，範圍較廣，而法的層位低，範圍也比較狹。二者的關係卻是相輔為用，相需而成的。

荀子說：

> 禮者，法之大分，類之綱紀也。（〈勸學篇〉）

大分、綱紀，皆有原理準繩之意。法是具體的法律條文，類是抽象的原理原則（所謂法理）。法與類都必須以禮為綱領、為準繩。如果將法與類作動詞看，禮也仍然是創制法律的最高原則，是推類明理的基本準繩。

依照上面的說明，我們可以說，儒家是「以禮為體，以法為用」。禮是體，是綱領，法之用不能脫離禮這個綱領。而近百年來法律哲學要求法律與道德結合的思想傾向，正透露一個消息，那就是儒家「以禮為體，以法為用」，在原則上是合乎時代之要求的。

二、儒家與憲政的關聯和融通

這一節，我想分為兩段進行說明。

第一段，是儒家在政治上的功能限制。儒家有很高的政治理想，有很理性的政治哲學，也創造了很詳密的政治制度，而且在歷史上也完成了廣大而久遠的政治功績。在近代的民主政治沒有出現之前，中國的傳統政治，也可以說是比較最合理的。但是它有三個困局一直無法解決。一是改朝換代，形成一治一亂的惡性循環。二是君位繼承，造成宮廷的骨肉相殘。三是宰相地位也一直受到君主的壓制。為什麼會這樣？如果對照於民主政治而從法的角度來看，我們認為那是由於在中國傳統政治中，欠缺兩步立法：

一步是限制君王權力的立法，

一步是規定人民權利義務的立法。

在這兩步立法沒有完成之前，儒家「以禮為體，以法為用」的格局，就只能限制在「治道」的範圍之內，而無法開出安排政權轉移的客觀法制化的「政道」。這是儒家禮治思想在傳統政治中所遭遇到的功能限制。這一個限制，以明末顧、黃、王三大儒的痛切反省，也未能加以突破。而在三大儒老死之後，西方世界卻漸漸開創出民主政治的政治形態。這一個政治形態，正好可以提供體制性的軌道，來消解傳統政治的三大困局。因此，從「民本、民貴」的思想，進到「民主」憲政的建國，在儒家乃是相順的發展，並無相逆的衝突。

第二段，是禮和法的交替與相輔相濟。在當前的社會裡，法律已經顯示「獨大」之勢，而禮教則已漸趨衰微。政治方面典章制度意義的禮，現已全面地向法律轉移，為法律所取代。譬如現代的憲法，其性質地位即相當於古代的禮。憲法是建國治國的最高原則，因此，今天只有法治，沒有禮治。

憲法是國家的根本大法，相當於禮的層次。但憲法只能取代禮在政治層面上的地位，卻無法取代禮的全部功能。禮，可以通於道德，也可通於宗教。而理道層面的禮，可以作為人的安身立命之道，這是今天的憲法所無能為力的。《孟子・離婁上》有云：「仁，人之安宅也；義，人之正路也。」

而禮則是入德之門。三者連在一起，「仁是安宅，禮是門，義是路」，這就是安身立命之道。

在傳統社會裡，由於風俗教化的薰陶，即使一個不識字的人，也懂得立身處世、待人接物的道理。譬如：

1. 他們能夠安分守己，對於富貴名利，不存非分之想，不作非分之求。
2. 他們能夠默默耕耘，埋頭苦幹，不怨天，不尤人，而心安理得。
3. 他們能夠體諒別人，寬恕別人，而且能夠發自內心地關懷別人，幫助別人。
4. 他們能夠感恩圖報，無論父母之恩，朋友之恩，都會牢牢記住，徐圖報答。
5. 他們敬天地，敬祖先，敬聖賢豪傑，敬忠臣孝子，同時也尊重讀書人。

這些品性，都是靠文化教養陶冶而成。他們只是一般的百姓，由於受過傳統社會中以「仁義禮」為基本內容的教化薰陶，便能普遍地具有單純的道德意識和清楚的價值觀念。他們從來不用理論作講說，而是在生活中以行為來表現。這種國民品性，不是法律所能造成的，而是禮樂教化陶養而成。

我們將如何使「禮」和「法」相輔相濟，以顯發出現代的功能，這是一個值得深思的問題。如果我們從社會整體的功能來看，則儒家「以禮為體，以法為用」，仍然是不可廢棄的原則。（若問西方民主法治何以只用法而不用禮？曰：不是不用禮，他們宗教的教化功能，就等於儒家的禮。）只要從立國的精神方向，社會的倫理風教，人生的理想目標，和人的安身立命之道等等方面，重新做一番深入的疏解和切合時宜的詮釋，儒家的思想，仍將可以在現代社會顯發出新的功能。

三、憲政中的政道與治道

「憲法」是禮憲與根本法之融合。它既保全了「禮憲」的精神，又是一切法的根源。

政道，是政權轉移的軌道。中國歷史上的政權轉移，只有方式（禪讓、世襲、革命、打天下），而沒有客觀法制化的軌道。所以說「只有治道而沒有政道」。現代中國走向民主化，可以通過公民投票，選出當前較為賢能的執政團隊（政黨）來居位執政。而治權的運作則在憲政的軌道中依法行事。在「政道」「治道」齊備的情形之下，儒家傳統政治中的三大困局，全都可以順當地迎刃而解。

其實，憲政的確立，也正是所謂「現代化」的問題。現代化，是一步全面性的價值實踐之完成。而民主憲政就是現代化的基盤。在此，我們或者可以說「憲政是體，現代化是用」。憲政這一個「體」，必須完整而穩實，不容夾雜特權。否則，便將破壞政權轉移的軌道（政道），同時也必影響治道的運作。如此一來，憲政被破壞了，不完整了，現代化也有了限制。於是，便宣稱：只有四個現代化，而不容許第五個政治現代化。這是很奇特的。欲得平正，必須回歸常理，回歸常道。

四、憲政的文化功能

儒家所講論的，是常理常道。恆常不變的真理，謂之常理。恆常不變的大道，謂之常道。儒家的基本用心，正在於維護常理常道。它大中至正，無所偏倚，也無過無不及。它徹頭徹尾，不立教條。這樣的常理常道，是全民所當持守的。不會因為「地域、種族、信仰……」之不同而生牴觸。所以這常理常道之守護，宜當載之憲法，全民認同。

這種基本的認同，並不妨礙種族風俗之維持，與宗教信仰之自由。所以，所謂全民認同，事實上不是強制性的接受，而只是軟性的不反對、不排斥。這就是儒家文化的性格，是孔子所謂「和而不同」（雖不同而能和）的精神融合。也可以說是人類文化會通的基本模式。值得世界人士平心認知。

現前的中國，是以兩岸和平的現狀在延續。我同意臺北聯合報今年四月五日社論所論述的意思。認為「在大屋頂中國下，中華民國是民主中國，中華人民共和國是社會主義中國。二者皆是一部分的中國，同屬『一個（大屋頂）中國』，亦即兩岸主權相互含蘊（治權互不隸屬），並共同合成一個中國。」在如此的認同下，要如何落實，以進行具體的努力？這是兩岸必須嚴肅（但不要偏執）面對，必須真心誠意，慎思深慮。其中有一個原則，即不可「以大吃小」，不可「以強凌弱」。要真正以同理心為依據，以平常心為態度，為全中華民族尋求康莊平坦的大道。

中國人素來只以孔子為聖人，為師表，而不是以孔子為神，尤其不以孔子為獨一真神。民間設立的孔子牌位，有「孔子神位」字樣，那也不過是「正人為神」、「聰明正直之謂神」的意思。而任何人死後，皆可安置神位，行禮祭拜。祭祀本屬宗教之事，而儒家定「祭祀」為禮，便正是「攝宗教於人文」（宗教人文化）的旨意所在。所以，祭拜孔子，絕非偶像崇拜，而是慎終追遠，見賢思齊。

因此，儒家有三祭：祭天地、祭祖先、祭聖賢。因為天地是宇宙生命之本始，祖先是族類生命之本始，聖賢是文化生命之本始。人對此三者，皆須報本返始以致其真誠，以永續慧命。如此而後，慧命之相續，也就變得明朗起來，而同時，也使人可以感受「安身立命」的真實性。

五、結語

中國的憲政運動，實際上也正是由儒者來推動。從康、梁之君主立憲，到孫中山之民主立憲，再來便是當代新儒家的制憲運動（如張君勱）。在文化反省、政教論述上，則可歸總地從內聖到外王之開展來進行省察與評述。有如唐君毅先生的《人文精神之重建》等書，對自由、民主、社會、政治、倫理、宗教，皆有全面性的論議。徐復觀先生更對現實面之民主政治，作了深切具體的論評。牟宗三先生在《歷史哲學》、《道德的理想主義》之外，還有一本專著《政道與治道》，為新外王的開顯而提出通盤的論述。其「三統並建」的主張，更為當代新儒家的文化使命作了統合性的疏導，並對全面實踐確立了努力的方向。

在新儒家眼裡，憲政是新外王實踐最基本的一環。不管他們是否參預當前政治的運作，但在理念上，憲政當然是新儒家特為關心的文化大事。至於何時能有成果，此時無法預測；而一貫的持續努力，則乃儒者永不停歇的志業。願與天下人共同奮鬥。

在此，再就「儒家三祭」說幾句話。在老社會裡，前人是以設置「天地君親師」牌位的方式，在民間普遍推行。辛亥革命之後，君沒有了，有人改為「天地國親師」，但「國」是政治性的組織形式，不好拿來作為祭拜行禮的對象。所以唐君毅先生提議改用「聖」字。「天地聖親師」的神位，兼含天地、祖先、聖賢。其中「聖」字指歷代聖賢，「親」字指歷代祖先，「師」字指各行業之先師以及各人自己之業師。或曰：師亦指萬世師表之孔子。這樣說，也無所扞格。我曾撰成一聯：「天生地養，盛德廣大；聖道師教，親恩緜長。」另有一文〈生命的本始：天地、祖先、聖賢〉（編入《孔子的生命境界》，臺灣學生書局出版，頁 35-38），請參閱。又唐先生還有一句話，他說：一般以崇拜獨一真神為最高，其實，舉「天地、祖先、聖賢」三大本始而一體頂禮崇拜，才更是宗教精神之充盈飽滿、擴大弘揚。唐先生的話，值得我們記取、實踐。

哲儒學思

牟宗三先生對「中國哲學史」的通解與表述

前 言

從民國初年以來，大學哲學系就有「中國哲學史」的課程，也不斷有《中國哲學史》的著作出版。但始終沒有一部像樣的哲學史，能夠恰當相應地表述中國哲學。更沒有一部哲學史，能把中國哲學思想演進發展的腳步，提出明確的說明。何以如此？因為學術界對數千年思想學術之真相實義，還沒有中肯的客觀了解；對於各階段的哲學問題，也未能作清楚的分析與解說。對於儒道佛三教的文獻教義也認知有限，甚至有誤；至於三教的教理宗趣，更難以作出恰當貼切的說明。在上述的情況之下，想要有一部像樣的中國哲學史，不但是奢望，而且是苛求。

我們講述自己民族發出來的思想，為什麼不回歸中國文化的大流，從它大開大合相續發展的大動脈上，來和古人的哲學慧命相通接、相映發？對西方，我們是旁觀者，是客的身分，而對中國自己，則是主人的身分。這時，個人的生命和民族文化的生命，理當是合拍合流的。我們自己講中國哲學史，絕不可以將它推置於外，而應該將聖哲的德慧引歸到自己的生命之中，以期與文化生命產生存在地呼應與感通。這樣才有可能把中國哲學的歷史講出來。

當代新儒家的老、中、青三代，都關切「中國哲學史」的研究與撰述。但第一代沒有人講哲學史。第二代唐、牟、徐三先生，也沒有人寫哲學史，但實質上卻都對中國哲學有過「史」的研究和講論。

唐君毅先生的《中國文化之精神價值》，引申中國哲學之智慧以論中國文化之「精神價值」。統之有宗，會之有元，是民國以來通論中國文化的最佳之作。之後，又有《人文精神之重建》、《中國人文精神之發展》，這是從客觀的社會文化之觀點，以通論當世所謂民主、自由、和平、悠久、科學、社會生活、社會道德，以及宗教精神等等之問題。至於直接講論中國哲學思想，則是他晚年的《中國哲學原論》。這可說是專題哲學史。徐復觀先生的《中國人性論史——先秦篇》，一方面是專題哲學史，一方面又和他的《兩漢思想史》同屬斷代思想史。通過唐徐二位先生的著作，可以使人對中國哲學史的認知更真切，理解更深入、更相應。而牟宗三先生的著作，則尤其能與中國哲學史直接對應，更能直探源頭，落實文獻。

以下，將分別說明牟先生對中國哲學史的通解與表述。

一、源流系別的問題

每一個文化系統，都有經典為本為源。中國文化的「源」是六經。六經以下的諸子百家，則是「流」。六經本屬整個中華民族，並不必然地單屬儒家。只因為墨家道家法家名家陰陽家等，都想自立一說，而不願意繼承文化大統；只有孔子自覺地承述六經，並給予六經以新的詮釋，新的引申，這才使得六經成為儒家的經典。從此以後，凡是講中國文化或中國哲學，孔子都是居於繼往開來的地位。班固說孔子「上承六藝（六經），下開九流」。前句說繼往，後句說開來。繼往而能達到圓滿的綜合，便是孟子所謂「集大成」；開來而能指點文化途徑和思想方向，也就無異於開發了中國文化的長江大河。

中國哲學史應該從那裡開始？有人從三皇五帝說起，有人（胡適）則斷自老子（老子以前的源頭一刀斬斷），這都不恰當。究實言之，中國文化思想的樞紐在孔子。孔子以前的經典是「源」，孔子以後的諸子百家是「流」。秦漢以下，有儒家的經學、道家的玄學以及佛教東來的傳衍發展，這也仍然是中國哲學的「流」。至於宋明理學，則是「返求六經」而開顯出來的新儒學。

一般稱伏羲、神農、黃帝為三皇，太史公作《史記》，斷自黃帝，那是寫通史。《中庸》說孔子「祖述堯舜，憲章文武」，很明顯地是以二帝三王（堯舜、禹湯文武）為文化慧命的本源。下至春秋戰國，諸子百家興起，於是人各一說，莫得其宗。孔子整理古文獻，賦予新意義；既承先，又啟後，因而成為中國文化的新的核心。

以上的敘述很簡單，但「源、流」既判，其思想系別自然朗現。在先秦，自以儒道墨法為大宗，但只有儒家順六經而建立常理常道以為綱紀。墨家道家法家，皆不足與儒家爭衡。

二、文化生命的開合發展

（一）第一度的開合（從先秦到兩漢）

孔子以後，諸子百家人各一說，莫衷一是。這是中華民族文化生命第一度的「開」（學術思想的開）。從好處說，是百花齊放，多姿多采。但學術思想的光輝燦爛，卻無補於戰國政教之衰亂。這表示民族文化生命不夠順暢健康，所以才會破裂而歧出。孟子荀子以及當時一批儒家之徒的努力，便是針對這種破裂歧出的情形，挺身出來護持內聖外王之道，以期文化生命由開轉「合」。秦以武力統一天下，而無安天下之道。到了漢代「除強秦之苛暴，流大漢之愷悌」（班固語），復古更化，通經致用，以學術指導政治，以政治指導經濟，才完成了文化生命第一度的「合」。

不過，漢代的合，並不圓滿。「內聖」一面，只落在倫常教化（所謂三綱五常）的層次，而德慧生命未能充分透顯：(1)經生之學，只重文獻，不重德性生命之自覺。(2)對人性無善解，只落在氣性才性方面看人性。(3)以聖人為「天縱」，不可學而至。此與孔孟踐仁成聖、人皆可以為堯舜之意不相合。「外王」一面，雖有五德終始之禪讓說，但其結局卻歸於王莽之乖僻荒誕，乃反激成東漢光武的天子集權，而形成君主專制之政治形態。從此，天下為私（從政權方面說），二千年而不變。

（二）第二度的開合（從魏晉到宋明）

漢代的士人政治與察舉制度，雖代表治權一面的開放，但因外戚宦官弄權，到東漢中葉，政治每況愈下，於是有所謂「清議」。下及魏晉，政治上的清議又轉為學術思想上的「清談」，而形成儒學衰而玄學盛的新局面。中華民族的文化生命，又歧出去了。名士清談之美的欣趣，轉出了智悟的境界，結果是道家的玄智玄學得到弘揚，而同時也把佛教般若學的思想接引進來。從此，佛教思想正式進入中國的文化心靈。中華民族的文化生命因為異質文化的加入而大開了。

這個開，是宗教信仰和人生方向的開，而且一開就開了六百年。就中華民族的內心來說，是不甘於受化於佛教的。所以一方面護持政教與家庭倫常，一方面譯習佛經，期能吸收和消化佛教。到隋唐之時，終於開出天台、華嚴、禪三宗，使佛教在中國大放異采。而中華民族能消化一個外來的大教（文化系統），也正表示「文化生命浩瀚深厚，文化心靈明敏高超」。一個心智力量不衰的民族，必然有它光明的前途。所以在隋唐佛教的盛世過去之後，儒家學術的復興，便成為歷史運會自然要迫至的一步。

宋明儒者重新挺顯孔子，使民族文化生命返本歸位，而完成第二度的合。儒者講學，一面上達天德，一面下開人文，以成就家國天下全面的價值。這樣的道，當然比佛老更充實，更圓滿。這「於穆不已、純亦不已」的天人通而為一的浩浩大道，是通過「仁心德慧」而彰顯。這是先秦儒家本有的弘規。北宋諸儒由《中庸》《易傳》之講天道誠體，回歸於《論語》《孟子》之講仁與心性，再到陸王之心學、良知之學。此正表示儒家形上智慧的復活，和道德意識文化意識的重新發揚。

同時，宋明儒又以民間講學的方式，掀起了一個影響久遠的文化思想運動，而造成中國哲學史上的光輝時代。但宋明的成就和貢獻，畢竟偏重在內聖一面。外王事功方面則缺少積極的講論和表現。此即牟先生所謂「內聖強而外王弱」。所以宋明所代表的「合」，仍然不夠完整。而明末顧、黃、王三大儒自覺地要求由內聖開外王事功，這是很中肯的。

（三）晚明以來第三度的大開

顧、黃、王三大儒所代表的「由內聖開外王」，是儒家本身的開，是從宋明儒學的「合」之中，而引申出來的「開」。這本是一個很恰當相應的文化發展之方向。可惜滿清入主，民族生命受挫折，文化生命受歪曲，三大儒所代表的思想方向無法申展。外王開不成，又遭受文字獄，於是學術風氣走向考據。考據本身自有一定的價值，事實上也沒有人反對考據。但考據成為一代學風，學術為考據所拘限，便不免會造成文化心靈之閉塞和文化生命之委頓。而風氣所至，讀書人的頭腦日漸僵化，甚至連用思想的能力也喪失了。這就是形成近百年來中國悲劇的根本原因。

所幸三五賢哲奮其孤懷閎識，護持道脈一線於不墜。而當代新儒家的學者們，更在國勢艱困、文運否塞之時，本於他們對「國家民族、歷史文化、時代學術」的感受，動心忍性地從頭疏導民族文化生命的本性、發展、及其缺點，以及今日所當走的道路。面對國族的遭遇和未來的遠景，牟先生明確地指出儒家第三期的文化使命，主要是集中在三個中心點上：

1. 道統的肯定：民族文化之統的承續與光大。
2. 政統的繼續：順民本民貴的思想而發展，落實於民主政治，以完成政統的繼續。
3. 學統的開出：由文化生命中轉出「知性主體」，以融攝希臘傳統，開顯科學知識的獨立性。

第一點是內聖之實踐，第二、三兩點，是繼晚明三大儒而推進一步，以期徹底開出新外王。

三、名家與荀子（中國文化「重智」的一面）

通常都說，以儒家為主的中國文化，是「重德」的文化，對於這方面，一般都有所瞭解。但「重智」一面則言者寥寥。牟先生把名家與荀子連在一起，其旨正在指述中國文化發展中「重智」的一面。同時並指出先秦時期的名家，通過墨辯而到荀子，乃屬一系相承的邏輯心靈之發展。但自後未見繼起之相續，實為可惜。

《名家與荀子》一書，首先陳述惠施之名理，並據《莊子・天下篇》「歷物之意」八事，加以詳細之疏解與衡定。又將辯者之徒的怪說二十一事，依馮氏「合同異」與「離堅白」之分組而再作精確之考察與分判。

公孫龍之名理屬於「離堅白」。「堅」與「白」乃二個獨立之概念，各有其獨立性，亦可相離而自存自有。書中關於《公孫龍子》各篇之疏解，皆甚精到。

至於荀子之學，歷來鮮有解人。荀子尊名崇數，實具邏輯心靈，其精神亦是積極建構之精神。此書疏解荀子之學，指出其思路與西方重智系統相接近，此亦正是牟先生「疏通文化命脈而期有一大融攝」之一例。

四、才性人品與玄學系統

平時常聽到「魏晉人品」的話，覺得名士風流俊雅，飄逸超群，比起那些古板的道學先生似乎更可親近。但歐陽修有一句很強悍的話，說「魏晉無人品」。有頃，又曰：「唯一陶淵明而已」。首先，我們要知道，歐陽修是北宋人，宋代儒學復興，在儒者看來，聖賢君子才是人品，名士則乃「天地之逸氣，人間之棄才」（牟先生語）。逸氣雖可欣賞，而棄才不成人品。（雖有才性之美，卻無德性之善。）

儒家言性，是從正面說德性，而氣性、才性屬於消極面。氣性有所偏，有所雜，故須加以變化。才性也屬氣性，不過才性之美有可欣賞處，所以「才性人品」也在人品中佔一席地。（但只有表現，而無所成就。）

魏晉玄理是徹底的玄學。其前一階段論「才性」，順才性品鑒可以開出人格上的「美學原理」與「藝術境界」，也可開出「心智領域」與「智悟之境界」，但卻開不出「德性領域」與「道德宗教上的境界」。

牟先生指出，中國之道統在儒家；科學之統在羲和之官（羲氏和和氏皆舜廷掌天文曆算之官）；而哲學之統則當上溯名家道家而繼之以魏晉之名理。而其《才性與玄理》，可說是講述魏晉玄學的經典之作。

魏晉名理可分二系：一是「才性名理系」，劉劭與論才性「同、異、合、離」之傅嘏、李豐、鍾會、王廣，皆屬之。二是「玄學名理系」，此系人物，稱為「名士」，以談《易》與《老》《莊》為主。其言為清言清談，其智為玄智玄思，故其理為玄理，其學為玄學。依時間之先後，可分為(1)正始名士，以王弼、何晏、荀粲為代表，皆談老、易。(2)竹林名士，以阮籍、嵇康為主，從老易轉莊學。(3)中朝名士（晉惠帝時），以向秀、郭象、樂廣、王衍為主，莊學最盛。

魏晉人(1)在美趣上很不俗，一方面開出純文學論，創造美文、書畫、音樂等之藝術。一方面善名理，能持論，以老莊之玄理，接引佛教之般若學。(2)在德性上則顯得庸俗無賴（有聰明而無真心肝，有美感而無道德感），因而形成「自然與名教」、「自由與道德」之矛盾。（按：此矛盾非道家所能消解，必須開出德性領域，乃能構成「德性、美趣、智悟」三度向之立體統一。）

五、對佛教的吸收、傳衍與消化

牟先生之《佛性與般若》，以中國哲學史之立場，疏解佛教傳入中國以後之發展，並從義理上審識比對，認為天台宗可以代表最後之消化。依天台之判教而回頭看諸經論，乃確然見出其中實有不同的分際與關節。順其判釋的眉目，而了解傳入中國以後的義理發展，將其中既不相同而又互相關聯的關節展示出來，是即此書之旨趣所在。

「般若」與「佛性」二觀念是全書的綱領。般若是共法，行於一切大小乘。所謂「蕩相遣執」乃是一「融通淘汰」的精神。般若能使一切法皆歸實相，但事實上卻無有積極之建立，所以沒有系統相。

系統之不同，繫於佛性與悲願。中國吸收佛教是從般若學開始，另外一面是唯識學。依傳入中土之序，地論師與攝論師可統名曰：前期唯識學；後來玄奘重譯《攝大乘論》，力復原來之舊，是即一般所稱之唯識宗，可名曰：後期唯識學。後期唯識學是阿賴耶系統，前期唯識學則是如來藏系統。

華嚴宗是承廣義的唯識學中之真常心系，而建立的「性起」系統。（性起之性，指「如來藏自性清淨心」而說。）天台宗是承般若實相學而進一步，通過「如來藏恆沙佛法佛性」一觀念，依據法華經開權顯實，而建立「性具」系統。（性具之性，是就「一念無明法性心」而說。）另外，還有禪宗的「性生」系統。生，是含具義、成就義，生萬法即是含具萬法（不是創生萬法）。故性起、性具、性生，皆不得說為「本體論的生起論」。

牟先生自早歲即薰習佛法，但六十歲以前，從未撰文專論佛學。及此書（指《佛性與般若》）之出，可謂石破天驚，精闢絕倫。乃平生得意之作。此後，凡講南北朝隋唐階段之中國哲學史者，皆可據此書而得其脈絡條貫。

六、理學三系之分判

牟先生疏導宋明階段的儒家學術，實在煞費工夫。他寫《心體與性體》，歷時八年而成。他曾說過，這部書耗費他一半的生命力。

首先，《宋元學案》中最重要的三個學案（程明道、程伊川、朱子）都編得不好，無法顯示三家的義理綱維。看《二程遺書》與《朱子語類》、《朱子文集》，也不易看出其中的思理眉目。於是，牟先生採取最實在的做法，先擺開文獻材料，找出其中的線索，勾出各家的眉目，比對互照，不存成見，反覆再三，乃漸漸見出其中義理的必然歸趣。

北宋諸儒，上承儒家本有之義，以開展他們的義理思想。其步步開展的理路，是由《中庸》《易傳》之講天道誠體，回歸到《論語》《孟子》之講仁與心性，最後才落於《大學》講格物窮理。而其義理系統之開展，實際上是繫於對「道體、性體」之體悟。

北宋前三家（周、張、大程）所體悟的道體、性體，以至於仁體、心體，皆(1)靜態地為本體論的「實有」，(2)動態地為宇宙論的「生化原理」，同時亦即(3)道德創造的「創造實體」；它是理，亦是心，亦是神（道體之生化功能，神妙不可測），所以是「即存有即活動」者。（兩即字，猶今語之「同時是」，同時是存有的，亦同時是活動的。活動乃指道體妙運氣化而生生不息。）

明道既卒，伊川有二十二年獨立講學之時間，他將道體、性體皆體會為「只是理」，既然只是理，它便不是心，不是神，亦不能在此說寂感。道體之「神」義與「寂然不動，感而遂通」義既已脫落，則道體便成為「只存有」而「不活動」的理。言道體是如此，言性體亦然。伊川又將孟子「本心即性」析而為心、性、情三分，性只是形上之理，心與情則屬於實然的形下之氣。理上不能說活動，活動義落在氣（心、情）上說，於是性體亦成為「只存有而不活動」。由於對道體性體的體會有偏差，乃形成義理之轉向。

但此一轉向，在伊川並不自覺，二程門人亦未嘗順伊川之轉向而趨。而南宋初期之胡五峯，則乃上承北宋前三家之理路而發展，開出「以心著性，盡心成性」之義理間架。到此時為止，伊川之轉向還只是一條伏線。

到朱子出來，因其心態同於伊川，四十歲以後乃自覺地順成伊川之轉向，而另開一系之義理。接著陸象山直承孟子出而與朱子相抗。於是朱子（心、性為二）、象山（心、性是一）加上胡五峯之湖湘學（以心著性），乃形成三系之義理。下及明代，王陽明呼應象山，劉蕺山呼應五峯，宋明理學之義理系統，乃全部透出而完成。

茲列理學系別之分判如下：

北宋前三家（周、張、大程）為一組，不分系。（三人只有義理之開展，而無系統之分化。）

1. 伊川朱子系（心性為二）：性是理，為形而上；心屬氣，為形而下。只言性即理，不言心即理。
2. 象山陽明系（心性是一）：性是理，心亦是理，故「性即理」與「心即理」皆可言之。

3. 五峯蕺山系（以心著性）：性為自性原則，心為形著原則。天命之性，必須通過心覺而形著出來，以具體起用。

宋明六百年的學術，在牟先生書出之前，其中的思想脈絡、義理分際、系統分合等等，似乎沒有人曾經通盤地講清楚。因此，這一段的哲學史亦因而無法作相應的講述。四五年前，我應約為《哲學與文化》363 期「宋明理學專題」寫過一篇〈宋明理學分系問題論衡〉，後收入拙撰《新儒家與新世紀》（學生出版）頁 145-162。另有〈理學分系外一章〉，發表於《鵝湖月刊》375 期，皆可供參閱。

七、結論：六點綜述

據以上各節所述，可知：

1. 中國文化生命大開大合的演進發展，是藉由牟先生的分判而顯示。我寫《中國哲學史》，分為五卷：

   (1)先秦時期：中國文化原初形態之百花齊放。

   (2)兩漢魏晉：儒學轉形而趨衰與道家玄理之再現。

   (3)南北朝隋唐：佛教介入──異質文化之吸收與消化。

   (4)宋明時期：儒家心性之學的新開展。

   (5)近三百年：文化生命之歪曲、沖激與新生。

   這種五階段的分期法，與文化生命大開大合之進程，實相呼應。

2. 中國文化是重仁的系統，但卻並不反智。中國哲學「重智」一面的傳統（由羲和之官，而名家與墨辯，再到荀子正名篇），是經由牟先生之疏導而顯示出來。

3. 魏晉玄學的系別，向來隨意而分，實無理據。牟先生指出，無論談才性或是講玄學，皆屬於名理，故分判為「才性名理系」與「玄學名理系」。有人分為玄學派與名理派，非是。因為「玄學派」所談論者亦是屬於名理，故以「玄學」與「名理」對列，乃是不合義理的不當分判。

4. 佛教東來，佛弟子的講論，大體以經義教理為主，其著述亦以弘揚本宗為主旨。而他們所寫的佛教史，亦重在說明佛教傳衍發展之史跡。他們用心的重點，自當予以尊重。但我們寫南北朝隋唐階段的哲學史，雖然講的也是佛教，但卻是站在中華民族吸收佛教和消化佛教的立場，來講述這一段的中國哲學史。這樣的態度前所未見；但對中華民族而言，這卻是天經地義，必當如此的。牟先生的《佛性與般若》，便正是採取這個態度。
5. 中華民族能夠吸收並消化佛教，表示文化生命與文化心靈未嘗衰竭，所以終能有宋明理學之昌盛。我曾指出，十一世紀到十六世紀，整個人類文化都只是平平而過，發不出光采。只有宋明理學能夠放光，能為人類文化顯發理性的光輝。而且其義理思想的演進發展，思理很清楚，脈絡很分明，一步步都是義理之必然與當然。然而，如果沒有牟先生費八年心血撰成《心體與性體》，宋明六百年心性之學的表述，恐怕依然是停在無法豁然明通的狀態。
6. 大明既亡，顧、黃、王三大儒「由內聖轉外王」的思路無法落實。乾嘉之後，學術風氣轉為考據，西方強勢文明又一波一波沖激過來，不但滿清政權抵擋不住，而士大夫與學界亦顯得頭腦遲鈍，失去思考力。面對內憂外患，既不知問題之癥結，更不知如何因應。這是中國文化失去慧光的世紀，實在無足稱述。

我的《中國哲學史》，只以四章的篇幅，對近三百年的思想作概述。而第四章反省與開新，主要是申述牟先生的新三統，而新三統的主旨，其實亦即內聖外王之新的詮解與實踐。中國文化第三度的「大合」，正有待於新三統的實踐完成，以及中西哲學的融攝會通。相關問題之疏導，與義理分際之衡定，在牟先生《中國哲學的特質》、《中國哲學十九講》、《中西哲學之會通十四講》以及《四因說演講錄》等書中，皆有深入中肯之闡發。

牟宗三先生解讀「宋明理學」的重大貢獻

前言

宋明儒學有六百年的發展，他們重建儒聖道統，把思想的領導權從佛教手裡拿回來，重新挺顯孔子的地位。使民族文化生命返本歸位，而完成了中華文化第二度的「合」。（第一度的合，是西漢。）

他們最大的貢獻，是復活了先秦儒家的形上智慧。道家講玄理而顯發的「無」的智慧，以及佛教講空理而顯發的「空」的智慧，雖皆已達到玄深高妙的境地，但由玄智空智所開顯出來的「道」，畢竟不是儒聖「本天道為用」（張子語）的生生之大道。

儒家之學，一面上達天德，一面下開人文，以成就家國天下全面的價值。這樣的道，豈不比佛老更為充實，更為圓滿。

以上三小段的意思，平平而說，並無奇特。然而晚明三大儒之後，已久矣難索解人了。就算五四以來，受到西方文化思想的沖激，而有了若干新的反省，但新的知識分子，卻對儒家充滿偏見，充滿惡意。一般講歷史講文化思想的人，也無人看出十一至十六世紀全世界各大文化宗教系統，全都處於停滯的狀態，而不見絲毫發展。唯一能為人類作肖子，能為思想文化放射理性之光輝的，就只有東方中國的宋明理學了。

但宋明理學，解讀為難。一般的說法，不外是「濂洛關閩」「程朱陸王」、或者「性即理」、「心即理」，以及「即物窮理」、「致良知」……等等。但要對這些「詞語」的意涵講說明白，也並非容易。現且依據牟宗三先生的《心體與性體》四大冊的論述，分為九個節次，來說明他解讀宋明理學的重大貢獻。

一、北宋前三家（有義理之開展，無系統之分化）

北宋前三家（周濂溪、張橫渠、程明道），上承儒家經典（四書、五經）本有之義，以開展他們的義理思想，其步步開展的路數，是由《中庸》、《易傳》之講天道誠體，回歸到《論語》、《孟子》之講仁與心性，最後才落於《大學》講格物窮理。這個判定，顯示牟先生的大見識。唯有大見識方能見出義理思想的演進與開展。

周濂溪（1017-1073）「默契道妙」（草廬語），後人推為理學開山。他以《中庸》之誠體，合說《易傳》之乾元、乾道。這種合釋，可謂恰當相應，天衣無縫。依濂溪，乾道變化即是誠體流行。他依順《中庸》、《易傳》而妙悟道體，自然而然地就復活了先秦儒家的形上智慧。

但濂溪對孔孟之仁與心性，尚未正視。要到張橫渠（1020-1077）才在《中庸》、《易傳》之外，同時也正視孟子之心性。他並且首先標舉出「天道性命相貫通」的義理。其言曰：「天所性者通極於道，氣之昏明不足以蔽之；天所命者通極於性，遇之吉凶不足以戕之。」（見《正蒙・誠明篇》）前二句指出「性」與「道」相通，後二句指出「命」與「性」相通。這表示，通極於道的「性」，是以「理」言的性（理性、德性），通極於性的「命」，亦是以「理」言的命（理命、性命）。牟先生指出，這「天道性命相貫通」的意識，本是宋明儒者所共同的（亦是先秦儒家本所涵蘊）。但能如此自覺地精要地說出來，橫渠是第一人。

橫渠對孔子之仁，亦已體悟不差。（參拙撰《宋明理學・北宋篇》學生版，P.196-204）但其言散在各處，即使關中弟子也難以警悟契會，故橫渠卒後，呂與叔特赴洛陽東見二程先生。其所錄程明道之答問仁，有當機之指點性，其警策性亦大，故與叔聞之，深有契悟。他所記下的短文，就是有名的理學文獻《識仁篇》。

由周、張到程明道，代表北宋理學第一階段的圓成。由客觀面的天道性命到主觀面的仁與心性，皆有了恰當相應的體悟與表述。三人所完成的，是從《中庸易傳》回歸《論語孟子》的義理開展。

二、《二程遺書》之分類重編——衡定二程異同之關節

北宋二程指程明道（1032-1085）與程伊川（1033-1107）。二人是親兄弟，又同時講學，一同授徒。他們留下的言教文字，稱為《二程遺書》。書中的語錄，除第十一至十四卷為明道語，第十五至二十五卷為伊川語，其前十卷則標為「二先生語」，大都未經認定是誰所說。而後世講論程朱之學，實以朱子為主，而所謂「子程子」，通常都指小程子，幾乎不見大程子的綱領。這是以一程概括二程，而大程子在「程朱性理學」中，變成隱而不顯了。

牟先生指出，《宋元學案》三個重要的學案（大程、小程、朱子）都編得不好，不足以顯示各家之義理綱領與思想架構。他詳檢遺書，費極大之心力與繁複之手續，重新選輯為「明道語錄」、「伊川語錄」，各為八篇。

明道語錄：	天道篇	天理篇	辨佛篇	一本篇
	生之謂性篇	識仁篇	定性篇	聖賢氣象篇
伊川語錄：	理氣篇	性情篇	氣稟篇	才性篇
	論心篇	中和篇	居敬集義篇	格物窮理篇

這兩個「八篇」的類編，並非隨意而為，而是(1)以二程兄弟性格之不同為「起點」，(2)以明道早期弟子劉質夫所記明道語錄（即遺書第十一至十四卷）四卷為「標準」，(3)再以遺書前十卷二先生語中少數註明者為「軌約」。如此即可獲得「鑑別明道智慧」之線索。（參《心體與性體》第二冊明道章之引言。拙撰《宋明理學北宋篇》第八章 P.225- 226，有簡要之綜述，亦可參看。）

至於朱子，文獻特多，《心體與性體》第三冊專講朱子學，而書中引錄的文獻，如能依序編輯，亦無異於是一部「朱子選集」了。

三、伊川義理之轉向與朱子之承續

二程講學時，主動的靈魂在明道。明道卒後，伊川有二十二年獨立講學之時間，他的生命氣質、心態性向，自然顯發出來，而形成義理之轉向。牟先生說，此一轉向，在伊川是不自覺的，而二程門人亦無人覺察。一直要到朱子（1130-1200）四十歲時，才決定要走伊川的路。經過朱子廣泛之講論與弘揚，充分貫徹伊川之思路，而開出一個大系統：「繼別為宗」（見下一節）。影響所及，使得明道的綱脈自然隱沒。後人也只稱賞大程子慧悟明徹、義理圓熟、造詣高深、人品和粹，而卻講不出大程子之「學」。這是儒學史上一件非常殊異的大事。（在此，顯示牟先生講明「大程子、小程子、朱子」三家之學，實在是功莫大焉。）

伊川把道體性體，皆體會為「只是理」。既然只是理，就表示它（道體、性體）不是心，不是神（神妙不可測），亦不能就道體性體說寂感。道體的「心」義、「神」義與「寂然不動、感而遂通」義既已脫落，則道體乃成為「只存有」而「不活動」（不能妙運氣化生生）的理，而本體宇宙論的創生義，亦因之泯失而不可見。講道體是如此，講性體亦然。伊川又將孟子「本心即性」離析為「心性情三分」。「性」只是理，是形而上的；「心」與「情」則屬於氣，是形而下的。（後來朱子即承此而說「心」是氣之靈，「情」是氣之變。）理（性）上既不能說活動，活動義便落在氣（心、情）上說。於是，性體亦成為「只存有」而「不活動」。

依伊川，道體、性體以外的「心體」、「仁體」（惻隱）、「誠體」、「神體」，皆不是理，而只是氣的活動、氣的表現。於是乎，道德實踐的活動中心，乃完全落到由後天的凝聚之敬心說涵養，由「心知之明」說致知格物。這就是伊川兩句名言「涵養須用敬，進學則在致知」。（遺書第十八）

後來朱子極成伊川之義，而明道所體悟的「道體」（含易體、性體、心體、仁體、誠敬之體）之實義，乃漸漸淡漠隱去而不顯。但在今日看來，二程兄弟正好代表康德說的「自律道德」與「他律道德」兩路，這也是哲學史上的佳話了。

四、朱子之定位：橫攝系統、他律道德、繼別為宗

朱子順承伊川的思路，完成「心性情三分」、「理氣二分」的格局。在朱子系統中，心性理的實義如下：

1. 「心」是實然的心氣之心，不是實體性的道德本心。

2. 「性」是與心相對為二的性，不是本心即理、心性是一的性。

據此可知，朱子所謂「性即理」、「性只是理」的性理，實只是「性理的偏義」。他體悟的性理本體，既然「只存有而不活動」，（朱子有言：理無造作，無計度，無情意。）因而他的工夫系統不但與「陸王」不同，也與「周、張、大程」不同，而且與「孔孟乃至中庸、易傳」也有所不同。這個不同，即是牟先生所謂「橫攝系統」與「縱貫系統」的不同。

依牟先生，伊川和朱子同屬橫攝系統，二人所謂格物窮理，是以「心知之明」，去認知（攝取）「事物之理」，因而形成主客相對，這是平面的（橫的），所以謂之「橫攝」。

在縱貫系統中（孔孟以下，中庸、易傳，北宋前三家周、張、大程、陸王，以及五峯蕺山，皆屬縱貫系統），無論客觀地說的宇宙生化，或主觀地說的道德創造，都是「即存有即活動」的形上實體（天理本體）之縱貫創生。在此，沒有平面的主客相對的認知活動。凡屬縱貫系統，其工夫必不是「順取的路」（順心知之明以認知攝取事物之理）而是「逆覺的路」（逆、反也。反求諸己而覺識之、體證之，是謂逆覺體證）。

凡逆覺體證，必然要從先天心體（與性為一的道德心）開工夫。而道德心性自主自律、自發命令、自定方向，故為「自律道德」（孟子言仁義內在。仁義之理，內在於心，此乃典型的自律道德）。而心與理為二的格物順取的路，則為「他律道德」（理在心外，必須即物窮理，攝理歸心，而後氣之活動才有理則可以依循）。

數百年來，朱子一直被奉為官學正宗，他在經教（經典教育）文教（人文教化）上的成就與影響，可以說是孔子以後第一人。但在心性之學成德之教上，他和儒家大傳統的核心義理（略如上文所說）是有所差異的。所以牟

先生在《心體與性體》第一冊綜論部 P.54 便直接指出：

> 伊川是《禮記》所謂別子，朱子是繼別而為宗。

牟先生借喻宗法上的系別，引用到學術系統上來，他說伊川是「別子」，朱子是「繼別為宗」。周、張、大程順承先秦儒家之「論、孟、庸、易」，而成為內聖成德之教的正宗大流。而小程子的義理轉向，使性理成為「偏義的性理」。必須「理與心、神、寂感通而為一」，方是「全義的性理」。（請參看拙著《新儒家的精神方向》學生版 P.167-181〈性理的全義與偏義〉一文。）伊川對儒學正宗大流的義理綱領有所偏離，所以他的分位，可以借喻為宗法上的「別子」。（事實上，明道為兄，居嫡長子之位。而伊川為弟，正是別子。牟先生這個講法，也恰好是逢巧而成書。）

朱子疏解北宋諸儒之書，為周子《太極圖說》《通書》作解義，為張子《西銘》、《正蒙》作解義，並編輯《二程遺書》。他本欲順承二程之路，但明道《識仁篇》的思路，他湊泊不上，所以編《近思錄》時，便棄《識仁篇》而不予選錄。對於伊川的「仁性愛情」之說，則盛加讚揚。這表示朱子四十歲以後，已經正式「捨明道而從伊川」了。連帶的，他師門三代（楊龜山、羅豫章、李延平）一脈相承的「靜坐以觀中」的逆覺體證之路，亦自然予以放棄。因此，朱子是越過「楊、羅、李三家」而直承伊川。他繼承伊川之路而貫徹之，終於完成一個大系統，這正是繼別子而完成一個大的宗系，豈不是「繼別為宗」嗎？（這個判教，恰如其分。不增不減，無過無不及。）

不過，如果直接使用「別子為宗」，而又對「繼別為宗」無所說明，則不免有欠明確。（「別子」自身不能「為宗」，必須「繼別」而後「為宗」成為一個宗系。）「繼別為宗」者，乃是「百世不遷」之「大宗」。大宗具有永恆之意義，故對朱子並無貶損之意，只是在義理系統上作分判、作如此之安排而已。何況從人文教化上看，朱子的偉大，實已超過所有的理學家。所以我們可以用二句話說朱子：

朱子是儒家他律道德系統的集大成者。

朱子是儒家人文教化功能的大實踐家。

【附識】

這些年來，一般論文中常用「別子為宗」，似欠謹嚴。我從 1982 年檀島朱子大會以來，常常指出應該說「繼別為宗」。但牟先生自己為什麼也用「別子為宗」？我推想，那是因為「繼別為宗」這四個字，聽起來比較「文」，不易聽得明白。而「別子為宗」則很直接，說起來很順口，聽起來又很清楚，所以大家也就自然習熟而用之了。其實稍加考究，便知「別子為宗」四個字，只是對「繼別為宗」而淺白地說，意思並非謹嚴。拙選《哲學史與儒學論評》學生版 P.351-359〈繼別為宗與別子為宗〉一文，可以參閱。

五、洛學南傳之線索與胡五峯之地位

二程門下，有二大弟子，一是謝上蔡（1050-1103），一是楊龜山（1053-1135）。南宋初期的洛學，主要就是通過此二人而傳下來。二程門人論學，大體都順明道的綱領走。上蔡以覺訓仁，龜山就惻隱說仁，以「萬物與我為一」說仁體，固然明顯地本於明道，就是論及致知格物窮理，亦不取伊川「能所對立」之方式，沒有「以知認所知」的認知之意義。龜山言「中」，主張驗之於喜怒哀樂未發之際。這是靜復以見體，亦即逆覺體證的工夫。此仍然是明道義，而與伊川論中和之意不同。胡安國（1074-1138）曾說，龜山之見在《中庸》，並指說這是「自明道先生所授」。可見程門高弟實是遵循「以明道之義理綱維為主的二程學」而發展。

不但謝楊二人如此，即使專師伊川的尹和靖，亦只守一個居敬集義工夫，而並未順著伊川所開發的泛格物論以為「學的」。要到朱子出來，捨明道而極成伊川之學，才落在《大學》講即物窮理，而終於轉成另一個系統。但亦因此而顯出其中的問題性，所以先有湖湘學者之致辯，後有陸象山之相抗。

南宋初期的理學，分二支而結集於李延平（1093-1163）與胡五峯（1105-1162）。二人皆精到中肯，而能開出確定的工夫入路。

李延平主靜坐以觀喜怒哀樂未發前之大本氣象，是「超越的逆覺體證」。這是靜復以見體，是慎獨工夫所必涵者。

胡五峯就良心發現處，直下體證而肯認之以為體。這是順孟子「求放心」與明道「識仁體」而來，這是「內在的逆覺體證」。

靜坐以與現實生活隔離一下，此隔，即是超越；不隔離現實生活而「當下即是」，此便是內在。超越的體證，與內在的體證，同是逆覺工夫，亦可以說是逆覺的兩種形態。

在南宋理學分系之前，一方面有延平、五峯同時開出逆覺體證的兩種形態（皆屬縱貫系統）；一方面又有朱子繼承伊川而開出即物窮理的橫攝系統。由此可知，儒家內聖成德之教，不但內涵充沛，而其義路亦能不偏不倚，坦坦康平。

南宋理學，由於朱子（1130-1200）之強力與陸象山（1139-1192）之挺拔，鵝湖會講之後，天下後世人皆為「朱陸異同」所吸引，而湖湘之學乃隱沒數百年而鮮為人知。直到牟先生正式講論宋明理學，看出「程朱」「陸王」二系之分，實有不盡。而胡五峯《知言》一書，乃消化北宋儒學的精要之作。雖未必如呂祖謙所云「知言勝似正蒙」，但就思想之精微扼要而言，亦確有《正蒙》所不及之處。

六、宋明理學三大系

歷來對宋明理學的分系，事實上是籠統的。像「濂、洛、關、閩」之說，只是人與地域之分別，無關義理系統。「程朱」與「陸王」二系之判又有不盡（對周、張、大程與五峯、蕺山無適當之安排）。宋明儒者的學問既是心性之學，那末就「心」與「性」之關係而言，理應順「心性是一」、「心性為二」、「以心著性」而分為三系。（請參閱拙著《新儒家與新世紀》學生版。P.145-162〈宋明理學分系問題論衡〉。）

1. 本心即性，心性是一。心與性是同質同層的關係。心性本體含具道德的理則（仁義之理，內在於心），因此，性固然是理，心亦是理。「性即理」與「心即理」，同時承認。此便是直承孟子的象山學（明代王陽明亦屬之）。
2. 性是理，心屬氣（氣之靈、氣之精爽），心性為二。心與性是異質異層的關係。故只能說「性即理」，不能說「心即理」。此便是朱子學（上承程伊川）。平常所謂「程朱居敬窮理」，主要即指伊川與朱子，而並不涉及明道的義理，明道被隱沒了。
3. 以心著性。「性」是客觀性原則，自性原則；「心」是主觀性原則，形著原則。潛隱自存之性，必須通過心之覺用而形著之（彰顯、彰著之）。性，由隱而顯而呈現起用，乃是心所形著。此一義理間架，是即胡五峯消化北宋理學而開立的湖湘之學。由於心之形著對儒學有本質上的必然性、重要性，因此，時隔四五百年之後，猶有明末劉蕺山（1578-1645）呼應此一理路，是為五峯蕺山系。

宋明理學，是心性之學，牟先生從心性之關係，判宋明理學為三系，這是切合於學術之真相的。一般所謂「濂洛關閩」的說法，是元明以來的官學系統所確定。他們依循道統來說話，認為「周、程、張、朱」是儒聖道統的繼承者，上通二帝三王與孔子孟子而一脈相承。順著這個線索講下來，朱子被稱為「集北宋理學之大成」的人，因而也成為官學系統的權威者。而陸王則被排於正統（道統）以外。其實「濂洛關閩」之說，與宋明理學義理系統之分判並不對應。後來，「濂洛關閩」又漸漸簡化為「程朱」（伊川、朱子），一般而言，程朱講「性即理」，陸王講「心即理」，因而便稱程朱之學為「理學」，陸王之學為「心學」。但陸王的「心學」，同樣亦是「理學」。而且陸王雖著重講「心即理」、「良知即天理」，但也同時承認「性即理」。依陸王，「心、性、理」三者是相等同的。本心即性，性即理，心亦即理。而伊川朱子則只承認「性即理」，並且指明「性只是理」，而心則屬於氣，故不承認「心即理」。

從以上簡要的說明，可知宋明理學內部思想綱脈與義理系別，千百年來的種種講法，仍覺未盡其蘊，幸有牟先生全面的疏導與衡定，使學界對宋明理學的解讀，能夠眉目清楚，而綱張目舉。他在學術上的貢獻，令人深深感念。

七、良知自我之坎陷——疏通良知與知識

王陽明（1474-1528）解《大學》之「致知」為「致良知」。這是一個顛覆傳統的講法。在他「致良知」的系統中，已經看不到「認知」的活動了，因而也自然消解了「如何成就知識」的問題。但從文化上說，尤其涉及到儒家如何發展出科學知識？這個問題便無法迴避了。

牟先生在《王陽明致良知教》書中，提出「良知自我之坎陷」，這是良知面對中國文化發展中的知識問題，而自覺地作一步自我調整（坎陷）。所謂坎陷，是指良知本心自覺地從德性主體的分位，轉而為知性主體的認知心。德性主體是絕對體（與物無對），知性主體（與物為對）則是主客對列，心物相對。從絕對到相對，降了一個層次，故謂之「坎陷」。

良知何以要自我坎陷？當然是為了發展知識。這是由德性主體開顯知性之用，也是就王學立場，為中國文化發展知識（科學）的問題，作出義理的疏導與詮釋。這是非常恰當的講法。（請參閱拙著《中國哲學的反省與新生》正中版 P.47-66〈所謂開出說與坎陷說〉，有關民主科學出現的「內因」與「外緣」之討論。）

如果順朱子系統作思考，則根本無所謂「良知坎陷」的問題。從朱子來看文化中的知識問題，只須就「即物窮理」而做出新的詮釋和疏導，即可。（拙著《哲學史與儒學論評》學生版，P.181-183「即物窮理的時代意義」一節，可參閱。）

八、王龍溪與江右王門（聶雙江、羅念菴）之論辯

王陽明門下，有二個私淑弟子，都很有名。一個是聶雙江（1487-

1563），一個是羅念菴（1504-1564）。

江右王門中的親炙弟子（如鄒東廓、歐陽南野、陳明水），大體皆守護師說而無所逾越。既然以陽明先生為準，自然就顯不出各自的特色。而聶羅二人則以私淑之故，對陽明之思路又不十分熟悉。（如不信有「見在良知」，也不信「獨知」、「知善知惡」之知為真良知。）於是在隔閡中各持己見，反而凸顯出特別的論調。

二人如果各循體驗自得之見而獨立講論，也可視為一家之言。但因列於王門，自然講論王學，遂不免依附甚且針對王學而發聲，此則涉及良知學的基本宗趣與義理脈絡，而王門中人自然會出而護法，此護法的代表人就是王龍溪。

在今日看來，龍溪之論辯，有本有原，有根有據。而聶羅二人，卻顯出對良知學之理解有差而滋生疑誤。並不是黃梨洲所謂「越中流弊錯出，挾師說以杜學者之口，而江右獨能破之。陽明之道，賴以不墜」云云。

王龍溪（1498-1582）作〈致知議略〉，聶雙江即對此「議略」起疑，故有龍溪之答，因而輯成《致知議辯》。文見《王龍溪語錄》（臺北，廣文書局版）。此辯凡九難九答，牟先生認為此乃王門極為重要之論辯，故特對此九難九答，逐一加以分疏。（見《陸象山到劉蕺山》學生版，第四章，P.315-395。）讀之可以了解龍溪之造詣，亦可了解雙江異議之不相應，並可確定陽明學之本色。

牟先生指出王門義理綱維之疏導，今日尚須重做。1974 年他給我的信中，說到「周海門（1547-1629）有九諦九解之辯，亦係辯王龍溪「四無」之說者。此文亦值得疏解，吾不欲再作，棣可作之」。並教以疏解之時，必須於雙方立言之層面，表白清楚，方能盡疏通之實。我寫成〈王門天泉「四無」宗旨之論辯〉一文，先發表於《鵝湖月刊》，後編入《新儒家的精神方向》一書，學生版，P.239-276。可供參閱。

九、結語（九大端）

依上文各節所述，可知牟先生解讀宋明理學的重大貢獻，有下列各點：

1. 講明北宋前三家之義理開展。
2. 對《二程遺書》分類重編，使二程義理，各如其分，煥然復明於世。
3. 衡定程伊川之義理轉向（將道體、性體體會為「只存有而不活動」。故伊川（亦函朱子）之性理學所講論的乃是偏義的性理（性只是理））。
4. 疏導洛學南傳之線索，分二支開出「逆覺體證」工夫之兩種形態（超越的與內在的）。
5. 指出朱子雖為北宋諸儒之文獻解義，但朱子系統所完成的，乃是繼承伊川一人之思路而開出的大系統（橫攝系統、他律道德、繼別為宗）。而朱子在文教上的成就和影響，無人能及，乃孔子以後第一人。
6. 確定理學之分系始於南宋，一為「心性為二」之朱子系，二為「心性是一」之象山系，三為「以心著性」之五峯系。五峯之學雖一傳而衰，但他消化北宋前三家而開出「湖湘學統」，在儒家內聖成德之教中實有其本質之重要性。因此，雖時隔四五百年，明末劉蕺山猶然盛發「以心著性」之義理。而經由牟先生之解讀，使朱陸以外的「以心著性」（盡心以成性）之義理重光於世，可謂功莫大焉。
7. 象山之學，完全順承孟子，牟先生判象山學為「一心之朗現、一心之申展、一心之遍潤」此言最為恰當。依象山「心即理」之義，一心之朗現、申展、遍潤，亦即性理之朗現、申展、遍潤。仁義內在，當下即是。易簡則天下之理得矣。信然。
8. 從王陽明致良知教中，提出「良知自我之坎陷」，以釐清「良知」與「知識」之關係，同時也為以儒家為主的中國文化如何發展出科學知識，疏導出一條理路，在此亦證明了從儒家發展科學，乃是相順之發展，並無相逆之衝突。（從民本、民貴到民主，亦然。）

9. 王學是理學的高峰。平常所謂王學末流之弊，乃是「人病」，而非「法病」。王龍溪的造詣，固不愧為陽明之嫡傳。而聶羅二人對陽明良知學之諦義奧旨，則欠缺相應的了解，又依附良知學而講論，故顯得扞格而不順適，總歸地說，「歸寂」之旨與「致良知教」，分則兩利，合則兩害，拙撰《王學流衍》（人民出版社）第三章第三節，曾引述牟先生之意，對聶羅二人有綜合之論評，尚請參閱。

【作者附識】

本文是「綜括概說」，不同於一般研究論文。凡所徵引，皆隨文說明或註記，故不再另作附註，特此說明。

牟宗三先生對西方哲學的消化與創新

首先，我想就今天的講題說幾句話。我的學術專業是中國哲學，不是西方哲學，今天卻來講牟先生對西方哲學的消化與創新，好像不太合適。然則，我又為什麼會答應來演講呢？第一、我和高柏園教授是很久的朋友，如果我不來，他會不快樂、不開心。第二、這次會議有韓國、日本的學者來參加，我也去過韓國四次，日本三次，大家都是東亞的鄉親，再見見面總是一件愉快的事。第三、我為「牟先生」寫「學思年譜」，寫「國史擬傳」，不能說我對牟先生消化西方哲學這件事一無所知，至少也該瞭解一點眉目和線索。事實上，今天我也只能順著線索脈絡說個大概。

下面，我們將分成幾個段落，來提出說明。

一、一個引子：牟先生的「夫子自道」

八十歲壽宴時，牟先生講了一番話，他說：

> 自大學讀書以來，六十年中只做一件事，是即「反省中華民族的文化精神，以重開中國哲學的途徑。」

在北京大學讀預科時，牟先生就已打定主意要念哲學。他是一個窮學生買不起書，便勤跑圖書館。通常都是早晨帶上一壺清水，二個饅頭，便進去了，直到黃昏才出來。北大還頒給他一份獎狀，表揚他是在圖書館借書最多的學生。他常常反省：「中華民族的文化生命何以不能順適條暢？中西哲學有何異同？中國哲學的特質是什麼？應該如何開拓中國哲學的前途？」凡此等等，都是他所關心的問題，久而久之，他亦分別得到了解答。

八十六歲那年，牟先生住進臺大醫院，我和王邦雄教授以及金貞姬、霍晉明兩位，一同去看他。他剛剛用完午餐，見我們來，便向他孫女鴻貞小姐要紙筆，在筆記本上寫下一段話。（當時他的聽覺還好，但開口說話，發音不太清楚。）寫時手有點抖，寫得很辛苦。他寫道：

> 你們這一代都有成，我很高興。
>
> 我這一生無少年運，無青年運，無中年運，只有一點老年運。無中年運，不能飛黃騰達，事業成功。教一輩子書，不能買一安身地，只寫了一些書，卻是有成，古今無兩。
>
> 你們要努力，把中西學術主流講明，融和起來。我作的融和，康德尚作不到。

那一天，是牟先生逝世前的一百一十一天的午後，寫這段話時，隱隱約約感覺到老先生在作最後的交代了。我和邦雄當天就要搭乘飛機，赴香港出席第三屆「當代新儒家國際會議」。我趕緊把筆記本上的話抄下來。其中說到他一生著作「古今無兩」。這句話聽起來好像是大話，其實是說得如理如實，恰如其分。是老人家在自然平和的心境下，隨口道出。我細細斟酌過，覺得這句話並沒有言之太過的情形。在此，我願意簡單地說明一下。

第一、以正正式式的專門著作（《才性與玄理》、《佛性與般若》、《心體與性體》）來表述「儒、釋、道」三教之義理系統，牟先生是獨一無二的典型。

第二、以三部書：《道德的理想主義》、《歷史哲學》、《政道與治道》來開顯外王新義，以解答中國文化中「政道」與「事功」之問題的，也不作第二人想。

第三、除了表述三教，也疏導名家的名理之學。晚年又以《中國哲學十九講》抉發中國歷代的哲學問題，以暢通中國哲學史演變發展的關節，這方面亦未見其比。

第四、以一人之力，全譯康德三大批判書的，牟先生是二百年來世界第一人。何況他又詳實地作註釋，有時候一條注文，便長達三千多字。

第五、中西哲學的會通，一般學者也會發表一些意見，但從未有人作過通盤的思考和省察。牟先生則出版了《中西哲學會通十四講》以及《四因說演講錄》，最宜參考。

牟先生的全集，共三十三冊。分成八輯：第一輯，中國傳統哲學，計九種。第二輯，歷史與文化，計三種。第三輯，理則學，計三種。第四輯，西學譯註，計五種。第五輯，哲學系統之建立，計四種。第六輯，論著匯編，計六種。第七輯，講錄，計八種。第八輯，自傳與附錄，計四種。還有全集總敘、全集詳目，編為副冊。

二、中西哲學的對比

中國哲學的特質，在此不擬詳說。現只提出五點簡明的對比，以見出中西哲學之差異，從差異對較之中，即可顯示出雙方哲學之特質：

1. 西方文化「以物為本，以神為本」；中國文化「以人為本」。
2. 西方文化「首先正視自然」；中國文化「首先正視人」。
3. 西方文化「以知識為中心」；中國文化「以生命為中心」。
4. 西方文化「重客體性，重思辨」；中國文化「重主體性，重實踐」。
5. 西方文化「學與教分立」；中國文化「學與教合一」。

下面再提三點意思，作為對中國哲學的基本評判。

第一、中國哲學器識宏大，智慧甚高，而思辯力則比較弱。

第二、中國哲學重實踐過於重知識，其理論亦是以滿足實踐為依歸。

第三、中國哲學不重立說以顯己，而重文化慧命之傳承相續，以暢通文化生命之大流。

哲學思想是文化思想顯發出來的「智慧」，不是任何人可得而私。所以自古以來，中國始終沒有「著作權、出版權」之觀念。人之為學，是要投身於文化生命之流，與古人智慧相應接、相映發，以期有得於心，顯之於行。

述作的目的，是要闡揚聖賢之道，以延續文化慧命，並非為了一己之名聲。因此，自立一說的欲求並不很強。中國哲學文獻之所以多散篇記語，而少有系統之專著，這應該是很根本的原因。

三、西方文化的重大成就

西方文化成就了「民主政治」、「科學知識」、也安排了「宗教信仰」。民主政治是中國需要的。我們有「民為本、民為貴、重民意、重民生」的思想，只要通過體制化而落實一步，便可以開出民主政治的架構，這是近百年來憲政運動的真正目的。但一般人認識不清，不瞭解民主是人類政治上一個共同的體制，是所有國家都需要的，誰先完成誰先獲得利益。中國傳統政治，從「仁政王道」到「宰相制度」、「科舉取士」（治權對士人開放）都是好的。但「改朝換代，治亂相循」、「君位繼承，骨肉相殘」、「宰相地位，受制於君」。這種歷史事實，顯示出傳統政治中有重大的缺憾未能解決。等到十八世紀西方建立了民主體制，在相對比較之下，中國傳統政治的缺點就顯出來了。牟先生總結地說，中國傳統政治「只有治道而沒有政道」。這真是一句極其中肯的話。當神州大地完成民主建國的大業，則傳統政治中「治亂相循，骨肉相殘，相權受制」的短缺，自然可以消解。三權制衡的體制建立之後，國政的運作，與公民的權利義務，皆在憲政軌道中得到安排與保障。所以從儒家民貴、民本的思想落實為民主體制的完成，乃是一步自自然然的「相順之發展」。這一路的思考和觀念的疏通，是一般政治學者還沒有達到的層次。（按：拙撰《中國哲學史》上冊孟子章第六節「政治思想之精義」，頁 167-176，可參閱。）

關於科學的發展，基本上是一個「文化心靈表現形態問題」。中華民族文化心靈的表現，是集中在德性主體（道德心性）上，而知性主體（認知心）則被德性主體所籠罩，一直沒有充分透顯出來獨立起用。也就是說，中華民族的文化心靈沒有積極地展現認知活動，沒有發展出「知識性的學問」。所以雖然也表現了高度的科學心智，中國歷代也有不少科技的發明，但一直沒有發展出以科學為主的知識之學，也沒有知識論這一套學問（只有道德實踐上的工夫論），所以科學出不來。但經過百餘年的文化沖激，我們已經深切地感受到：沒有科學就沒建設（政治、經濟、社會都要建設），也無法滿足我們老祖先「開物成務」（易傳語）和「利用厚生」（尚書語）的價值要求。經過牟先生一輩的徹底反省，提出「良知自我之坎陷」，轉德性心為認知心，以確認從中國文化和儒家學術來開顯知性主體，展開認知活動，則由中國文化開出科學，也是一步很自然的「相順之發展」。（本書第十二文講外王學，在「通向知識方面」一小段中，有扼要之說明，請參閱。）

至於宗教，乃是一種信仰，而宗教與宗教之間首先應該互相尊重、相互瞭解，再經過切磋觀摩而相資相益，到此，便可以「判教」了。依教義而平允地分判、安排，而使之各安其位，各遂其旨，這就是通過判教而達到的融通。若一開頭就講吸收、講消化，則難免格格不入，往往引發衝突牴觸。在人類歷史上，只有中華民族消融了印度來的佛教，而使佛家教義成為中國文化、中國哲學的一部分。這是極為難能可貴的。由於佛教在中國而能嚴守分寸，沒有喧賓奪主的野心（即使在興盛之時，仍然沒有「取儒家而代之」的動作）。所以能與儒道兩家相安無事。經過三武法難之後，便自然進到水乳交融之境。而西方宗教就比較特別。我們能否像吸收消化佛教一樣，來吸收西方宗教？其中是有一些本質性的差異，須待處理。我曾經論述宗教的會通問題，而引起周聯華牧師的注意，他撰寫六篇文章來回應我提出的六個焦點。在他六篇發表後，我也寫篇文章重申那六個焦點，認為宗教之會通需要真誠與時間來慢慢解決。如果解決不了，就表示其中有本質性的差異。如此，就可以感受到孔子所謂「和而不同」（雖不能同而能和）的道理，這才真正是全人類最大的福音。

除了民主、科學（都是文化上與「哲學」相關的大項），而哲學本身當然更是我們今天要說明的重點。

四、西方哲學三大支

牟先生認為，基本上西方哲學不過三支。柏拉圖代表一支，來布尼茲與羅素代表一支，康德代表一支。至於現代西方哲學那些起起伏伏、變化多端的系列思想，他都認為算不上是西方哲學的主流。

他指出，柏拉圖已消化於康德。來布尼茲形上學的一套也消化於康德。康德未及消化的來氏與羅素之邏輯分析這一套，則要由中國人自己來吸收消化。康德可以說是集西方哲學之大成的人。他的哲學是偉大靈魂的表現，亦是西方哲學的寶庫。因此，康德是最佳甚至唯一能通中西文化之郵的橋樑。

而羅素的邏輯分析所表現的精明技巧，實只是消極的釐清（羅素高足維根斯坦就說，哲學只是釐清的活動），而未有積極的建樹。他的《數學原理》也尚有一間未達，不能算是第一義的器識。因為邏輯分析只停在已經呈現的東西之「是什麼」上，而未能就此「是什麼」而進到「如何、為何」以探本溯源。這樣就不能見出先驗的原理。因此，牟先生認為，必須由邏輯分析所成立的平面的系統，進到由超越分解的架構思辯所成立的立體之系統，才算進入哲學之堂奧。康德所謂「批判的」，就是落在這裡來講說。

由此可知，牟先生三十歲左右寫成的《邏輯典範》和四十歲完成的《認識心之批判》都是在這個樞紐上對西方哲學所作的吸收和消化。

五、對康德的融攝與消化

（一）羅素與康德

牟先生判認康德的《純理批判》以及羅素與懷海德合著的《數學原理》，是西方近世學問中的兩大骨幹，也代表人類「智力」的最高成就。中國的學術傳統中沒有這一套，所以一時之間還產生不出這樣的偉構。牟先生本人，亦自嘆有所不及，但在哲學器識上則自覺並無多讓。正因為他器識弘通，所以能夠以究竟了義為依歸而扭轉其歧出。而康德的《純理批判》，則是西方哲學傳統發展出來的高峰，其工巧的架構思辯極為難能可貴，牟先生正視它的價值，彌補它的不足。而復活了康德批判哲學的價值。

二十多年之後，牟先生仍然鍥而不捨，對《認識心之批判》書中所說，又做了一步修正和推進，而先後完成《智的直覺與中國哲學》、《現象與物自身》二書，證成了康德自己未能證成的義理（即：「道德形上學」之完成）。

牟先生六十前後，重讀康德，而且先後翻譯了第一批判（純理批判）和第二批判（實踐理性批判）。在譯述的過程中，正視了康德的洞見之重大意義，亦見到「知性」之「存有論」的性格之不可廢，並依據中國的傳統，肯定：

「人雖有限而可無限」

「人可以有智的直覺」

由中國哲學傳統與康德哲學之會合而激出一個浪花，乃更能見出中國哲學傳統的意義和價值，以及其時代的使命與新生。並由此而看出康德之不足，於是而有《現象與物自身》完整通透的系統之陳述。而《智的直覺與中國哲學》則是此書之前奏。

（二）現象與物自身

《現象與物自身》的內容，是以康德「現象」與「物自身」的超越區分為中心，而以中國傳統哲學為說明這個問題的標準。康德說：

1. 人類所知的，是現象，不是物自身。

2. 現象是感觸直覺的對象，物自身則是智的直覺之對象。

3. 智的直覺屬於上帝所有。（人類沒有智的直覺）。

4. 上帝只創造物自身，而不創造現象。

康德如此的點示，當然有一種洞見在內。但我們不能由這輕描淡寫的點示，而了徹物自身的確義。因而「現象」與「物自身」之分，永遠不能明確穩定，而康德系統內部的各種主張，亦永遠在爭辯中，而不易使人信服。

在西方傳統的限制中，康德能夠有如此的洞見，已經很卓越了。洞見之發是個人靈光之閃爍，一旦發出來它就是一個客觀的義理問題，亦可說是聖哲生命的共契。

牟先生依於中國之哲學傳統，先由人的道德意識顯露「自由無限心」，由此而說「智的直覺」。自由無限心是道德的實體，由此開「道德界」；它又是形上的實體，由此開「存在界」。這存在界的存在，即是「物之在其自已」（物自身）之存在。「物之在其自己」，是一個有價值意味的概念，而不是事實概念；它就是物之本來面目，物之實相。

（三）兩層存有論

康德雖不承認人有智的直覺，但他的書中卻處處以「智的直覺」與「感觸直覺」對比而言，可見智的直覺有重大的意義和作用。只是由於西方傳統的限制（宗教判定人有「原罪」，哲學上又沒有「天命之謂性」的思想），所以雖以康德的智思也無法覺其可能。而如果人真的不能有智的直覺，不但全部中國哲學發生動搖，儒家的仁、心性；道家的道心、玄智；佛家的佛性、般若；皆將不能講述。就是康德本人所講的全部道德學亦將成為空話。

依牟先生之疏導，現象與物自身，只是一物之兩面，只是兩種不同的表現。人的行動，是現象，也可以是物自身。但康德一說到行動，就把行動歸於現象，忘懷行動本身，除了是現象的身分，同時也有物自身的身分。康德說得太快，一下子就滑到現象界，因此，他的哲學只能說「一心開一門」，他只開經驗界的生滅門，而未能開出智思界的真如清淨門。

而依據中國儒、釋、道三教的哲學傳統，則可以肯定人類心靈可以開出兩層存有論：

1. 本體界的存有論——無執的存有論
2. 現象界的存有論——執的存有論

又借取佛家《大乘起信論》：「一心開二門」之架構，來綜括兩層存有論。他融攝中土三教的精髓，打通中西哲學的隔閡，再以創闢性的詮釋，賦予「一心開二門」以新的意義和功能，此步工作，實已為中國哲學開顯一條交會融通的坦途。

（四）安頓「真、善、美」

人類的文化學術，大概不出「真、善、美」三大領域，而康德的三大批判，正是分別地講論真善美者。分別說的「真」，指科學知識說；分別說的「善」，指道德說；分別說的「美」，指自然之美與藝術說。三者皆有他的獨立性，而各自成一領域。此三者皆由人的特殊能力所凸顯。陸象山有所謂「平地起土堆」之說，而真善美三者，實都是經由人的特殊能力在平地上所起的土堆。

1. 「真」是人的感性知性以及知解理性所起的「現象界的知識」之土堆。
2. 「善」是由人的純粹意志所起的、依定然命令而行的「道德行為」之土堆。
3. 「美」是由人的妙慧之靜觀直感所起的無任何利害關心、也不依靠於任何概念的「對於氣化之光彩與美術作品之品鑑」之土堆。

至於真善美的「合一說」，並不是三者合在一起的合一，而是於同一事而「即真即善即美」的合一。（三「即」字，猶今語「同時是」之意。）這種「合一」的妙境非西哲智慧之所能及。簡要而言，真善美三者雖然各有其獨立性，然而導致「即真即善即美」的合一之境者，乃在於「善」方面的道德心，即實踐理性之心。

此即表示說，道德實踐的心，仍然是主導者，仍然是建體立極的綱維。（而儒家的義理，實乃比較合於康德哲學之要求者。）

（五）圓善之論述

將圓滿的善「德福一致」看做是一個問題，是來自西方，而正式提出解答則始自康德。但康德的解答是依於基督教的傳統而做成。即，由肯定一個人格神的上帝，再由上帝對於懲罰與酬報之平均分配，來保證宇宙之公道（德福一致）。但此解答不能算是圓滿而真實的解決。用佛教的詞語來說，康德的解答只是「別教」中的解決。而牟先生依於「圓教」的義理，以天台宗判教的智慧為準——首先疏通向秀、郭象註解《莊子》，而確立道家之圓教。其次疏通儒家發展到王學四有四無，再回歸程明道之一本論，與胡五峰之同體異用，而確立儒家之圓教。

圓教既立，用於圓用，則可獲得「圓善問題」之圓滿而真實的解決。

《圓善論》書中的講說，是牟先生經過學思工夫的長途跋涉，披荊斬棘，而依於義理的必然性而達到的。其中主要是經過《才性與玄理》、《佛性與般若》、《心體與性體》、《從陸象山到劉蕺山》各書對儒道佛的詮表，而用來與康德哲學作對比，才能夠達到這一步義理必然的消融。

在《圓善論》的自序中牟先生說到他雖不能像康德那樣「四無依傍，獨立運思，直就理性的建構性以抒發其批判哲學」，但他「誦讀古人已有的慧解，思索以通之」，由於數十年積學運思的學知工夫，也不期然而能達到「消融康德」的境地，而使康德「百尺竿頭，更進一步」。於此可知，經由「概念的分解、邏輯的建構」，與通過古人文獻「誦數以貫之，思索以通之」（荀子語）；這兩種「絕異」的途徑，實在也可以趨於一種「自然的諧和」。

綜觀牟先生對「儒、道、佛」三教智慧系統的詮表，對儒家「外王學」的充實開擴，對中國哲學史上諸多問題的省察，對中西文化會通之道的疏導，對西方哲學主流的核心著作之漢譯融攝，凡此等等，皆可看出他縱貫古今，融通中西的思想規模。這樣，才真正是「古今中外，內聖外王」的大統合。

六、小結

最後，再簡單地綜括一下，牟先生對西方哲學的吸納消化，一是邏輯，一是康德學。他譯註康德，是在他晚年來進行。這個時候，他的學思最成熟，理解最精準，而且他還另外撰著新書，來消化康德三大批判。他對中西哲學的會通，實已做出了典範。

有人說，康德認為人沒有智的直覺，而牟先生卻說人有智的直覺，怎麼可以這樣講康德呢？其實，牟先生並不是以「康德專家」的身分來介述康德，而是在會通中西哲學的立場上來討論康德系統中的問題。牟先生依據東方智慧傳統來衡量西方哲學的觀念，以期由會通而相資相益，這才真正是由「消化康德」而達到「提升康德」。唯有如此，才庶幾可以在思想上顯發「創新」的意義。牟先生在二十世紀做成的典範，有待於二十一世紀的人來接續努力。我深心期盼大家工夫落實，以便水到渠成。

牟宗三先生對儒家道統之開擴
——爲牟先生逝世二十周年而作

一、聖王之統的原型

「道統」一詞之出現比較晚，大概要到韓愈和朱子才明確地提揭出來。但事實上，在《論語》、《孟子》書中，都早已有了意指明顯的文獻。

《論語・堯曰篇》曰：

> 堯曰：「咨爾舜，天之曆數在爾躬。允執其中。四海困窮，天祿永終。」舜亦以命禹。

這段文獻，確定聖王之統是落實於「允執其中」。後來又演為十六個字：「人心惟危，道心惟微；惟精惟一，允執厥中。」並稱之為「十六字心傳」。[1]這個說法，也是順理成章的論定。

中道，是天下人共同行走的康莊大道。這樣的大道，不同宗教信仰，不同文化系統，不同民族血統的人，都可以信從，可以行走其上而攜手並進。所以中道的實踐，是沒有教條、沒有強制、沒有禁忌的「和而不同」（雖不同而能和）的自由開放的方式。在這裡，開顯了一個氣氛祥和的坦蕩蕩的生活天地。我們也可以說，這就是聖王之統的原型。

1　此十六字，見於《尚書・大禹謨》。這四句綜結，在文獻上雖然後出，而其句意卻是順承義理引申出來，應無可疑。

孔子繼往，亦開來，自二帝三王（堯、舜、禹、湯、文武）至周公而完成的「周文」，是順聖王的政教之跡而開出的生活規範。用現在的詞語來說，其主要的內容有二：

第一、是宗法的家長制：

其中含有王統（天子世系）、君統（諸侯世系）、大宗（百世不遷、永為宗家）、小宗（五世則遷，五服之外無親親）。政治上的宗法，隨朝代而消泯，家族倫理上的宗法，則長遠運行於社會民間，至今不泯。

第二、等級的民主制（治權的民主）：

封侯建國，分土而治。(1)公侯伯子男之等級，循「親親之殺，尊賢之等」而定，以世襲為原則。(2)卿、大夫、士之職位，則依「用人惟才」（賢者在位，能者在職）的原則，不得世襲。此中含有「治權之民主」，故春秋大義，必譏世卿。[2]

以上二點，是順政教之機制而制訂。此之謂「據事制範」，是順二帝三王而凝成的「道之本統」（聖王之政規）。

二、孔子對道之本統的再開發

聖王之統，通稱道統。孔子所繼承的即是這個聖王之統（也即道之本統。）但孔子又不只是繼承道統而已，他還有新的開發。

周公依據三代政教之跡，以制訂聖王之政規（修德愛民、推行仁政王道），這是「王者盡制」的一面。這一面以二帝三王為標準，所完成的是王者禮樂中的成人與人倫，是生活行為的形式規範。

到了孔子，乃反身上提而透顯形而上的仁義之心，給予周文以超越的解析與安立。即，超越「事」而從「理」上說。故曰：「人而不仁，如禮何？

---

2 按，世世為卿，違背用人惟才之公正原則。故孔子作《春秋》，特別對世世為卿之事，加以譏評。

人而不仁，如樂何？」[3]禮樂之事，立根於仁義之心。此之謂「攝事歸心」。亦可以說是「攝禮歸義，攝禮歸仁」[4]這是對「道之本統」的再開發。這一面是「聖者盡倫」（倫，理也），以孔子為標準，所完成的是成德之教中的成人與人倫。是生命德性的自我實踐。

孔子為儒家之開山。儒之為儒，必須由「聖者盡倫」的成德之教（仁教）來規定。如此乃能確定儒家之教義與儒者生命之方向。成德之教，必通內外、通上下。孔子說「己立而立人，己達而達人。」[5]由成己而成物，這是通內外。又說「下學而上達」[6]。上達天理，與天合德，這是通上下。通天人上下，通物我內外。這才是儒者生命智慧的大方向。故儒之為儒，不能（不宜）只從「王者盡制」的外部禮樂（禮教）來規定。更何況「禮教」的真正內涵是「禮」加上「樂」，所謂「禮別異，樂合同」[7]禮與樂的精神，雖然相反而實相成。故儒家實兼禮與樂以為教化之內涵，並不偏於禮教或偏於樂教。近人評責儒家「禮教殺人」，此乃偏取流弊中之特例以為說，甚不允當。

三、宋儒闢佛老的文化意義

一般都說宋儒「闢佛老」。但事實上，宋儒中也有不少人與佛老二氏結為方外之交。這裡有個意思必須講明：凡是宗教信仰，皆理當予以尊重；但各教之基本教義及其生命之方向，則不可不辨。

道家老氏是根生土長的。但老氏始終不能取代孔子。即使魏晉玄學大盛

---

3 見《論語・八佾篇》。

4 按，如果以「仁、義、禮」作為孔子的基本理論，則「忠恕、直、正名」乃可說是孔子的引申理論。由仁引申出「忠恕」，由義引申出「直」、由禮引申出「正名」。此意已見拙著《孔孟荀哲學》（臺北：臺灣學生書局）卷上第三章，頁 50-64，請參看。

5 見《論語・雍也篇》。

6 見《論語・憲問篇》。

7 見《荀子・樂論篇》。

之時，也只能說：道在老莊，聖必尊孔。佛教釋氏來自印度。而中華民族終於吸收了佛教，消化了佛教。一個民族能夠吸收而且消化一個外來的文化系統（一個大教），這在人類文化史上乃是獨一無二的特例，也是中華民族獨有的光榮。

從南北朝到隋唐，是佛教在中國大大光顯的時代，而當時的儒道二家則已消失其光輝。這對中國人來說，當然心有未甘。宋儒返本而通接了先秦儒家的慧命，把思想的領導權取回來。這就是宋儒闢佛老的文化意義。

在此可以看出，中國文化的道統在儒家。儒者有一個共同的特色，即：文化意識特別深厚，特別強烈。而佛老二氏的「無」的智慧和「空」的智慧，所開顯的人生之路，不同於儒聖「本天道為用」的生生之大道。因此不能積極地開出人文世界。而為中華民族擔綱作主的，終必歸於儒家。在此，可以證見「文化意識」之重要。

何謂文化意識？似乎很難具體說明。我們且先引述王船山的話：

> 有家而不忍家之毀，有國而不忍國之亡，有天下而不忍失其黎民，有黎民而恐亂亡，有子孫而恐莫保之。

船山的話，正是本於他深厚而強烈的文化意識而說出來。這是他靈魂深處發出來的聲音，也是最能引發我們共鳴的一種聲音。它基本上就是孔孟「不安不忍之心」的真實顯發。現在，我們可以這樣說：

> 不忍家國天下淪亡，不忍民族文化之統斷滅，而思有以保存之、延續之，光大之的仁心悲懷，是之謂文化意識。

四、文化意識之開擴

一個人的生命原則、生命方向、生命途徑，是否真正與民族文化生命和諧一致？他對儒家的學問能否到達相應的了解？這其中的關鍵，既不關乎聰明，也不關乎知識，而在於他的生命是否有隔閡？他的心靈是否別有所向？據此可知，「道統」非常重要。我們雖然不必時時在口頭上掛著「道統」二字，但「道統意識」絕不可少。因為這是我們安身立命的根基。傳統儒家「以天下為己任」的精神，以及它「由內聖通外王」的方式，我們應如何來接續？來開擴？這是一個深切的問題。

據今日看來，所謂經世致用，所謂外王事功，其實就是「現代化」的問題，也即「民主、科學」的問題。當代新儒家認為，傳統的外王必須有新的充實和開擴，必須把「民主、科學」看做是外王的內容，而且視之為外王的新實踐。但亦須知，科學技術的發展，民主政體的建國，不單是儒家學者的事，而是全中華民族的共同責任。大學裡的每一個科系，都應該分擔不同的使命。知識雖然分門別類，而「現代化」的目標則是共同的。在中華文化現代化的大旗幟下，民主政體建國的完成，科學技術的發展，正就是儒家外王實踐的真實成功。當代新儒家標舉的文化道路，是返本而開新，天地間不可能有無本之新。沒有本根，何來枝葉花菓？凡從外面拾掇而來的物事，都是和自己生命不相干的。不是根生土長的東西，絕不可能長久。西方的近代文明，以「民主、科學」為主綱。這是文化中間層的東西，西方先有了，我們也要有。以前沒有，現在決定要有。但這不能從別人手中拿過來，必須每個民族自己去成就。你成就它，它才是你自己的，才是從民族文化生命中開擴出來的新內容。否則，便只是「稗販」而已。稗販而來的東西，既不是自己生產的，也不是自己創造的。當然更說不上是文化開新了。

五、當代新儒家的文化使命：三統並建

在這新世紀（21 世紀）的開端，我們可以作一預言：確信儒家的智慧方向，可以成為人類文化思想的共識和主綱。何以故？簡而言之，是因為儒家有一個「時中」之道。

1. 時中的「中」，是不變的常道。大中至正，不偏不倚，而又無過無不及。這樣的道理，當然可以成為天下的大本、永恆的真理。

2. 時中的「時」，是應變的原則。《禮記》有言：「禮，時為大。」[8] 典章制度，生活規範，都是禮。禮以「時」為大，表示儒家之禮，並非一成不變，而可以應時而作，隨宜調整。

3. 時中之道雖是常道，但卻不是固定的。固定不變的中道，是死中，不是時中。只有順應時宜，日新又新，才能隨時變應以得時中。有了時中之道，便能守常以應變，萬古而常新。

新世紀的新儒學，仍將前有所承，後有所開。

首先，文化傳統中的「道統」（以儒家為代表的民族文化之統）必須延續光大。這是承先、繼往。

其次，以希臘傳統為代表的知識之學，是「學統」之所在。（今按：中國以往所說的學統，實指聖賢之學。聖賢之學應該歸於道統。所以牟先生主張，「學統」二字應指知識之學，可以讓與希臘傳統使用。）儒家除了光大道統之外，還須反求諸己以疏通慧命，由德性主體開顯知性之用，發展科學以自本自根地開出「學統」。

復次，政治方面也有所謂「政統」。「政統」一詞，乃牟先生所創用。這是就人類歷史上的政治形態而說。無論東方西方，都經歷了「貴族政治」、「君主專制政治」這兩種政治形態。而十八世紀以來，西方漸次建立「民主政治」的形態，中國也從辛亥革命開始而走到這一步。可惜到現在仍未全面成功。

「道統、學統、政統」，可以概括人類文化的主要內容。每一個民族都必須自我實踐。而儒家所講的「內聖外王」，恰好可以概括這「新三統」。「道統」屬於內聖成德之教，「學統」、「政統」則屬於外王事功。

因此，新世紀的儒家，也仍然要繼續貫徹，來完成下列三大綱的文化使命。

第一、光大內聖成德之教，以重開「生命的學問」——這是每一個人都必須正視的「安身立命」的問題。

---

8 見《禮記．禮器篇》。

第二、調整民族文化心靈的表現形態。即，由「萬物一體，與物無對」轉換為「與物為對，主客對列」的認知形態，以開出知識之學——這是儒家外王學要求「開物成務」、「利用厚生」所必須具備的知識條件和技術條件。

第三、開出法制化的正道，以完成民主建國的大業——這是中國和各個民族共同的要求和莊嚴的奮鬥。

這三統三綱領的文化使命，如果在 21 世紀仍然無法全面成功，那必是由於努力不夠，或努力的方式不夠完善，而絕不是綱領原則上出了什麼差池。因此，必須堅定信念，持續努力，以期達到圓滿的成功。古賢云：行者必至，為者必成。願共勉旃。

名賢風範

群經言治之九義
——讀《讀經示要》隨感錄

黃岡熊先生逝世之歲，曾撰一文以表敬悼之意（文已收入拙著《新儒家的精神方向》書中）。今當先生誕生百周年之辰，謹就讀經示要卷一綜論「群經言治」之九義，隨讀隨感隨錄，藉申仰敬之忱。

示要一書，共分三卷。第一卷說明經乃常道，順常道而言治化，乃歸結為群經言治之九義（見下文）。第二卷言治經之態度，並衡定數千年學術源流得失，由之而循晚周之遺軌，闢當代之弘基，定將來之趨向。第三卷講述六經大義，以為發明內聖外王之道，莫妙於大易春秋；而詩書禮樂，皆與二經相羽翼。

先生有言，所貴乎通經者，在能明其道，擴其所未及發也。常道無往而不存，順常道而起治化，則群變萬端，畢竟不失貞常。先生憫世人日習於凶殘狡詐，強者吞弱，智者侵愚，殺機日熾，人類將有自毀之憂。而昏亂之群，復不思自立自存之道，且以其私圖，而自傷同氣，尤為可憫。今世列強，社會政治之改革，與機械之發明，可謂變動不居矣。然「知變而不知常」，人類無寧日也。於是，歸本六經，陳九義以明治化。

一曰，仁以為體

二曰，格物為用

聖人言治，必根於仁。本仁以立治體，則宏天地萬物一體之量，可以節物競之私，塞利害之門，建中和之極。行之一群而群固，行之一國而國治，行之天下而天下大同。先生以為，化民以仁，使之反識自性，則可興發民胞物與之懷，以各自發舒，而進於善。是故言治道者，必當以仁為體。

然孟子曰「徒善不足以為政」，人雖有民胞物與之懷，如若不明人事之得失利弊，仍將徒然興歎而已。故有仁以為治之體，又須有格物之學以為用。人知即物以窮理，則必隨在而探究人事之得失利弊。審於得失者，必知天下之勢不可偏重，而求執其中；明於利弊者，必知天下之利不可私專，而求協於公。知之既明，乃能處之得當。所謂本仁心以行仁政，而治之功乃可有成。

今按：先生言格物，取朱子義；言致知，取陽明義。據此以釋大學，先生之意未必是。然脫越大學之文義章句而就「利民用、厚民生」之治道而言，則所謂「仁以為體，格物為用」之旨，實乃不易之論。

三曰，誠恕均平為經

四曰，隨時更化為權

先生以為，就六經而言為治之大經，不外誠、恕、均平三大端。(1)不誠則猜詐，以猜險騙詐為治，有虛言而無誠信者，行之國內則自亡，行之國際，則禍他國而亦自斃其國者也。(2)不恕則行私。私其國而侵他國，私其族而侵異族，殺伐之聲，盈於大宇。最下者，則於一國之內而私其身家爪牙，皮之不存，毛將焉附？此又可哀之甚者也。(3)不均平，則弱者魚肉，而強者壟斷，橫肆侵剝。最下，則一國之內，官紀敗壞，以億兆脂膏，貪污中飽。不平之禍，極於國破家亡而後已。前世衰亡，靡不如此。周官言治之要，不外均平二字。論語言不患寡而患不均，大學以理財歸之平天下。國家與人民之利益，必斟酌以得其平，一國與他國之利益，亦必斟酌以得其平。

故治道以均平為極則。唯均平必由於恕道，恕道必出於誠。不誠則不能推己以行恕，不恕則不能推均平之治於天下。故誠、恕、均平，同為經綸天下之大經。

唯道有經有權。經以立大常，權以應事變。先生認定，天地萬物，唯有新新，都無故故。蓋人事萬端，動而愈出，實無故之可守。大易立隨卦與鼎革二卦，正明隨時、革故、取新之義。禮記禮器曰，禮、時為大。主隨時更化，不失其權也。權之義為衡，而其用則在應變。隨事變而權衡本末輕重先後緩急，以得時措之宜，其目的正在求常道之隨時實現。故權實本於經而來。經須通權，權不離經，理固然也。故人群事變雖屢有遷易，而誠恕均平之大經則歷萬變而不可易。可知隨時更化之權，正所以實行誠恕均平之經者也。

五曰，利用厚生，本之正德
六曰，道政齊刑，歸之禮讓

近世列強之治，實以功利為本。先生以為，吾先哲經義，何嘗不注重於此；然有根本不同者，則利用厚生，必以正德為本也。周官一經，於民生物用，計慮周詳，可謂大無不包，細無不入；然其敷教以立治本，則在以鄉三物教萬民。鄉三物者，六德六行六藝是也。六藝皆實用之學，其在今日相當於科學知識。然經以六德六行居六藝之先，則仍以正德為本也。會通經之通旨，亦無往不是歸本德治，所以立人極而臻上理者，誠無逾於此。六經所示，太和雍洽之治，唯是德化所致。人類如不長期自甘墮落，經訓豈容忽視！若唯以利用厚生為本，則率億兆之眾，共趨功利之途，而競富強之效，使國人嗜欲之殉，樂殺尚鬥以為能，則生人之理絕矣。雖然，經訓昭明，不曾謂「利用厚生」非急務，但必以「正德」為本。

至於「道之以政，齊之以刑」之所謂政刑，即今專尚法治者是。法治極隆時，其民於養欲給求，粗得自遂，頗有歡躍之象。然耽情嗜欲之中，其蓄騙詐、挾機械、蘊煩悶者，醜惡萬端；而免於法網者，但苟脫耳。故欲救法治之弊，必隆禮讓之風。禮以讓為主。讓之為德，出於性真。於己之外，而知有人，故能通物我為一體，超乎個體分限之形而合群以營互助生活，以大遂全體之生成。故讓以伸人，實亦無異於伸己；抑私以全公，公之中正有私己在也。今世民主之國，執政者所持之政策如不見信於國人，則潔身而退；兩黨之主張不同，而在野者盡力贊襄執政之敵黨，以共成國家之治。此正有合於禮讓之義。所憾者，其理性僅行於國內，而於異族他國則不免肆行爭奪侵略，此其所以猶為夷狄也。

夫禮讓之治，「據德而不回，由義以建利，敦信以守度，正名以幹事，盡己以體物」。此其為治，豈不高矣美矣。隆禮讓之風，以救法治之弊，固非空言也。先生指出，「道之以德，齊之以體」之德禮，本非與政刑為對立，以德禮為本，則政刑皆本於德禮之義以運用之，其精神作用自與專尚政刑者不同。周官一書，正以禮治之精神，而參用法治之組織。周官之政為多元主義，不取獨裁。其言學校與社會教育，以含養德性與增進知能並重。其言地方組織與各種職業之聯繫，皆足為今後言法度者斟酌參採。其計畫周遍，無有荒懈。故方正學王陽明皆深見及此，而慨然以為王道可行也。

七曰，始乎以人治人

八曰，極於萬物各得其所

以人治人，意即因人之自性所固有者而導之，使其自知自覺，所謂「導之以德」是也。唯德雖民性所固有，若不「齊之以禮」，則無以觸其善幾以成其德行。故禮者，因乎人性所固有之德，而稱其情以為之儀則。性本固有，而情則緣形感物而生。自性而言，物我同為一體；自情而言，則有人己厚薄之差。然性終為情之帥，而能救情之所不及。所謂老吾老以及人之老，正是性德所以救情之不及處。故治道必歸於性情。韓詩外傳言聖人善度人之情，己惡飢寒焉，則知天下之欲衣食也。己惡勞苦焉，則知天下之欲安佚也。己惡衰乏焉，則知天下之欲富足也。聖人唯本乎人之性，以稱其情而為儀文度制，使其適情而不至於淫，乃全其本直之性而無忝所生。凡所以經綸大業、敷暢至治者，皆為導養斯人性情之貞。故其異於法治者，非謂無政刑也。政刑法意，一本性情之正，而要歸於率性而陶情，此則所以與法治根本殊途也。今所謂文明之國，尚鬥而獎欲，則性被戕賊，而情失其貞，不成乎人之情，則情亦被戕賊矣。生民何辜，罹此慘毒，將萬劫而不復，不亦悲乎！

禮本乎性情之序，樂出於性情之和，故禮樂之原，一而已矣。知道即知性，知性則知所以陶情。故禮以節民心（節制民之邪心逸志），樂以和民聲（和民之氣使無近於暴戾），政以行之（政為禮之具，由民共行之），刑以防之（刑是禮之輔，所以防民之不肖），禮樂刑政，四達而不悖，則王道備矣。樂記言禮樂而探本於性。知性則有以理情而好惡得平，好惡平則強毋脅弱，眾無暴寡，智無詐愚，勇無侵怯，疾病與老幼孤獨皆有所養，如是，則天下之大，人類之眾，無有一夫不獲其所矣。而中庸曰，萬物並育而不相害，道並行而不相悖。可知適性得所，通乎萬物，又不只限於人類而已。故治道始乎以人治人，而極於萬物各得其所。

九曰，終之以群龍無首

群經言治之第九義，為群龍無首。先生以為，至治之隆，無種界，無國界，人各自由，人皆平等，無有操政本以臨於眾人之上者，故曰無首。蓋人類依性分而起群龍無首之終極理想，故能精進不已，改造無息。至於何時得償所願，非所計也。而大同之初期，自不能無政府，不能無執政。易乾之彖曰，首出庶物，萬國咸寧。蓋聖人領袖群倫，而萬國和同也。且世界雖至乎大同，而人類之智愚、強弱、眾寡、勇怯，亦仍有差別而無可言齊。故家庭關係與私有制必當改善，而亦不容棄絕。而儒家由親親而擴充為仁民愛物，此其根本大義，固不容變革。然則，所謂「人各自由，人皆平等」者，人人各得分願（人於其本分上所可自遂或應當遂者，是名分願），彼無所抑於此，此無所抑於彼，是謂人皆平等。人人各以己所欲以度他所欲，自遂而無損他，是謂人各自由。如是則為至治矣。（然此事談何容易，必全人類共勉於道德，而後可能耳。）

詩曰，高山仰止，景行行止。雖不能至，心嚮往之。人各自由，人皆平等，正為人心之所嚮往，亦即人生最高之願欲。先生指出，願欲乃依性分而有（願欲，與世之所謂欲望不同）。故願欲者，至公至明也。論語曰，我欲仁斯仁至矣。孟子曰，可欲之謂善。此兩欲字，即願欲一詞之所本。大易終於未濟。未濟，人道之窮也。春秋以獲麟終。獲麟，嘆道窮也。嗚呼！窮矣，而有無窮者存。無窮者，願欲也。當其窮，而有無窮之願欲。故能窮則變，變則通，通則久也。智小凡夫，處窮困而絕願欲（願欲依性分而有，絕願欲則無異絕生機），豈不悲哉！易道終於未濟，此群龍無首之盛休至美，所以常存於吾人之願欲而不容自已也夫。

※　　　※　　　※　　　※

以上九義，仁實為元。仁即是道體。以其在人而言，則謂之性，亦名本心，亦名為仁（以其生生不已，備萬理，含萬德，藏萬化，故謂之仁）。大學所謂明德，亦仁之別名也。誠、恕、均平、道德、禮讓、中和、乃至萬善，皆仁也。仁之隨事發見，而有種種名目。如本仁以接物處事，則不捨忠信，而謂之誠。本仁以待人，則能以己度人，而謂之恕。本仁以理財立政，則務求兩利；毋私一人以害全群，毋利一國以害世界，是謂均平。識得仁體以誠敬存之，自念慮之微至於一切事為之著，莫不循當然之則而實行之，有得於心而絕無虛妄，此之謂道德。餘如格物通變，仁之用也。制禮作樂，是仁術也。政刑之施與夫一切利用厚生之計，若皆原於道德禮讓之意以為之，則亦莫非仁術也。以人治人者，人之性莫不同故。莫不同者，同此仁體也。治道必極於萬物得所，而蘄向群龍無首之盛者，則亦仁體自然不容已之幾也。（幾者，仁體生發之願欲也。）

先生謂，六經浩博，其歸則仁。論語言己立立人，己達達人，一仁而已矣。中庸言成己成物，言盡己性以盡物性，一仁而已矣。孟子謂夫道一而已矣，一者仁也。隱之為天德，顯之為王道，一仁而已。大易明萬化之宗，而建乾元。虞氏易傳曰，乾為仁。此古義之僅存者，至可寶貴。春秋之元，即易之乾元，其義一也。（易言乾元統天，春秋以元統天，即易義）。三禮蔽以一言，曰毋不敬。證以論語仲弓問仁，夫子答以如見大賓，如承大祭，則以敬言仁，本禮教也。詩三百，蔽以一言曰思無邪。思無邪者，仁也。尚書託始堯舜，而論語稱堯曰，唯天為大，唯堯則之。明天以仁生物，堯能則天之仁也。贊舜曰，有天下而不與焉。顯舜有仁讓之德也。則書以仁為治化之本可知。世儒治論語，知孔門之學在求仁，而不知六經一貫之旨，皆在是也。

先生又謂，天下之理，窮至其極，則萬化所資始者見矣。百家之學，會歸其宗，則萬理之畢通者得矣。學不至於仁，終是俗學。所謂得一察以自好，不覩天地之純全也。治不至於仁，終是苟道。蓋以增長貪癡，斃人亦將自斃者也。嗚呼，經學者，仁學也。其言治，仁術也。經學之在中國，真所謂日月經天，江河行地，其明訓大義，數千年來浸漬於吾國人者，至深且遠。凡所以「治身心，立人紀，建化本，張國維」者，何一不原於經？經乃常道，常道其可廢乎！

先生又謂，經學由實踐而默識本原，體神化不測之妙於人倫日用之間，乃哲學最高之境。西學必歸宿於是，乃無支離之病。若以道眼觀之，西學未免支離。唯以知識而論，西學辨析物理，正以不憚支離而後精耳。中西之學，當互濟，而不可偏廢。若夫西人之治，獎欲尚鬥；長此不變，人道其絕。非講明經學，何以挽物競之橫流哉！今之後生，稍涉世智，則鄙棄六籍，量小而貴時行，識卑而闇於大道也。世亂敉平，人思進善，其將復於常道，何疑乎！

謹按：先生序示要有云：「念罔極而哀悽，痛生人之迷亂。空山夜雨，悲來輒不可抑；斗室晨風，興至恆有所悟。上天以斯文屬余，遭時屯難，余忍無述！」又於書末曰：「國人昏偷無恥，吾寧抱遺經以獨立於危峰蒼柏之間，聖靈其默佑一線之延歟！」讀其書而領其義，循其義而想其人德，感其精誠，乃知生命自有真，學問自有本，而人道自有歸也。

唐君毅先生的生平與學術

唐先生逝世，到今日已經七七四十九天了。去年秋天，唐先生服用中藥的情況還很好，所以香港新亞方面發起為唐先生七十大慶編印一本祝壽論文集，約我寫稿。寒假期間我開始動筆，寫了一篇〈中國近千年來學脈的分合與流衍〉，一月底完稿，二月一日寄往香港，不料第二天唐先生便與世長辭。第三天報紙的消息很簡短，我沒有看到，到了下午，臺大師大有幾位同學來到我家，告知這個不幸的消息。次日晚上收到鵝湖的限時信，說要為唐先生逝世出紀念專號，希望我寫篇文章。就在過年那三天中，寫成一篇介紹唐先生著作的紀念文字，已在鵝湖三月號發表。

三月七日，我應約參加了臺北「書評書目」雜誌社紀念唐先生的座談會，我也講到唐先生的著作。三月十一日，唐先生的靈柩，由唐夫人和女公子，還有新亞早期的學生，護送來臺安葬。十二日在臺大法學院禮堂開追悼會，我和友人周羣振先生合送一副輓聯，辭云：「蜀江蔚哲思，悲智宏發，重振人文爭世運；嶺海流教澤，德慧孔昭，更弘聖學卜天心。」十三日發引觀音山行安葬禮。這三天的儀式我都參加了。唐先生的長眠之地，俯瞰淡水河，面對七星山，視界開廓，有山有水，形勢景觀都很好。在那裏可以看到華岡，使我們覺得唐先生離我們很近。

那天在松山機場迎靈，臺大哲學學社的社長，約我作一次紀念唐先生的演講，我說我臺北臺中來回上課，恐怕沒有時間，當時沒有說定。上週，本校哲學學社的同學又要我作一次演講，談談唐先生的生平與學術。對於這個題目，我並不是很合式的發言人。那末誰最合式呢？我想應該是唐先生的門人弟子。而最有資格講話的，則是唐先生生平最相知的朋友牟宗三先生。但牟先生還在香港，就是四月底回到臺大講學，我想他也未必願意來講這個題目。因為唐先生的逝世，牟先生非常傷痛。好在他有一篇哀悼文字在鵝湖發表，我們可以去看那篇文章。牟先生不講，唐先生的門人弟子也不能來講，所以我就答應了這一次的講演。

我認識唐先生雖已二十多年，但只有唐先生每次來臺灣時才有向他當面請益的機會。平常就只有通信和看他的文章，讀他的書。此外，我在牟先生那裏也聽到一些有關唐先生的性情和為人。下面就依據我個人所知道的，分為三點來講。第一是唐先生的家世、生平與師友，第二是唐先生著作的三個階段，第三是唐先生在文化學術上特出的表現和貢獻。

一、唐先生的家世、生平、與師友

唐先生是四川宜賓人，祖籍則是廣東五華的客家，自六世祖遷入四川，到唐先生父親這一代開始正式讀書。他父親廸風老先生，是清代最後一科的秀才，但從他的性情看，他是一位聖門狂者型的人物。廸風老先生是唯識學大師歐陽竟無的學生。但他初見歐陽大師第一句話便說：弟子不願學佛，願學儒。對一位佛學大師說這樣的話，便正是狂者性情的當下流露。廸風老先生首在四川各中學、大學教書，留存的著作有《孟子大義》。唐先生的母親陳太夫人是一位賢母，也是一位女詩人，有《思復堂遺詩》五卷。這兩部書，在前幾年都由唐先生印出來了。唐先生有一個弟弟，三個妹妹，都留在大陸。唐夫人謝方回女士，擅長琴書，學養也很深純。女公子安仁，在美國修習文學博士。唐先生的女婿王清瑞博士，是本省臺南人。

唐先生民國前四年戊申臘月生，換算陽曆則是西元一九〇九年春天。他在成都重慶讀小學中學。十七歲到北平讀大學，一度入中俄大學，後入北京大學，因而認識了梁漱溟先生，以後便對梁先生執弟子禮。唐先生在北平的時間不長，第二年便休學，又過了一年，十九歲，入南京中央大學哲學系。方東美先生，還有宗白華先生，都是唐先生在中大讀書時的老師。那時候，北京大學有二位先生也在中大作過短期講學，一位是佛教史專家湯用彤先生，一位就是熊十力先生。唐先生對熊先生也執弟子之禮。中大畢業之後，曾留校做過助教。後來回四川，在四川大學、華西大學教書。抗戰時期，一度在重慶教育部擔任編審。同時和周輔成先生創辦《理想與文化》雜誌。

那個時候，唐先生父親的老師歐陽竟無先生七十歲了。他忽然要唐先生進內學院，長期做他的弟子。唐先生不肯，歐陽大師大怒，怒稍息，又以悲惻蒼涼的聲音說道：七十年來，我在黃泉道上獨來獨往，只是想多有幾個路上同行的人。唐先生聽了這幾句話，大為感動，而俯身下拜，歐陽大師也下拜。但唐先生仍然沒有做歐陽大師的弟子。這是表示，接受一個生命上的老師是一件極其鄭重的事情。敬他的為人而不能契接他的學問和慧命，就不能輕易居弟子列。這是自重自尊，也是對於對方的一種尊重。從這件事我們可以看出唐先生那強毅真摯的性情。

後來，唐先生回到中央大學教書，抗戰勝利，又隨中大遷回南京。這段時間，他和牟先生同在中大哲學系。唐先生同輩的朋友當然很多，但在性情、學問、思想上能相知相契，而且能相資相益的，就是牟先生。當時，中大哲學系的系主任採取一年輪任的辦法，唐先生一年期滿，三十五年度就輪到牟先生擔任，因為顧及學生的課業，在課程上作了一個權宜性的調配，竟招致某資深教授的誤解，並因此而受到排擠。唐先生挺身而出為牟先生仗義抱不平，但沒有結果。於是唐先生決定與牟先生共進退，在三十六年秋天離開中大到無錫新創的江南大學做教務長，牟先生則同時接到金陵大學和江南大學兩校的聘書。在這件事上，唐先生為了「正是非」，為了對朋友作道義上的支持，不惜離開母校，實充分地表現了一種情義深重的古風。他以「性情」對「意氣」，為師友風義作了一次莊嚴的見證。在這裏，我再說一件事，四年前唐先生來臺大講學，臺北某大學一位研究生，想就熊先生的新唯識論做博士論文，唐先生和他談了幾句之後，就勸他不要寫這個題目。有一天我去看唐先生，唐先生提起這件事，他說：如果對儒家的學問和大乘佛學沒有真切的了解，就不能把握到新唯識論的理路；如果對熊先生的生命人格和哲學思想沒有相應的契會和敬意，就更無法了解新唯識論的地位和價值。如今只想用熊先生的書作材料，拿來隨意排比，做成自己的論文，唐先生加重語氣地說，這怎麼可以？唐先生這種尊師、尊學、尊道的真誠，正是今天學術界最欠缺的。現在一般知識分子，大體只停在「知識」的層次，還沒有進入「學問」的領域，所以不懂這個道理。雖然也都會說「尊師重道」，那只是人云亦云，口頭上說說而已。

三十八年，大陸淪陷，唐先生流亡到香港。為了延續民族文化的生命，弘揚文化理想，他和錢穆先生、張丕介先生等創辦了新亞書院。沒有錢，沒有校舍，借別人的教室晚上上課。他們動心忍性，表現了堅苦卓絕的精神，終於獲得國內外人士的欽佩，而且得到美國耶魯大學教育基金的捐助合作，才有了現在九龍農圃道的新亞校舍。在和耶魯大學合作前一年招進來的學生畢業之時，唐先生正在國外，特別寫了一封信給他們，大意是說，大家要記住耶魯大學給我們的捐助，我們也要立志，將來對耶魯乃至對美國作經濟上和文化學術上的還報。這封信當時發表在人生雜誌上，我和幾位朋友看了，非常感動。近百年來，中國一直受西方的侵略，使我們滿身是傷。但我們也一直受到西方文化學術上的好處，所以也滿身是債。滿身是傷，我們可以咬緊牙關撐下去；但滿身是債，是會使我們挺不起腰抬不起頭的。我們豈能永遠滿身是債？目前，我們也許沒有能力還報西方，可是，如果連還債的心願志氣都沒有，我們將有什麼臉面說自己是黃帝子孫，是有光榮悠久的文化傳統的中國人？所以，唐先生囑咐新亞學生的話，是每一個中國知識分子都應該永銘在心，不可忘懷的。

到了五十二年，香港成立中文大學，這是由新亞書院、崇基書院、聯合書院合起來的。在當時，新亞是否要參加中文大學，曾經引起內部的爭論。一般的教授希望參加以提高待遇，學生也希望參加，因為官立大學畢業，在香港易於找到工作。但參加進去，就要受到香港政府的控制，文化理想就不容易維持。唐先生為這件事非常痛苦。最後為了替學生現實的出路著想，終於忍痛參加。參加之後，唐先生又力爭中文大學要採聯合制，使三個書院的教學與行政能夠獨立，以維護各個書院特有的精神和風格。香港政府雖勉強答應了，但併吞統一三個書院的陰謀陽謀，一直在進行著。尤其對新亞，更是極盡挑剔刁難之能事。因為聯合書院的董事，多半是香港紳士，所謂高等華人，他們都聽香港政府的。崇基是教會學校，只要方便傳教，香港政府對於教學與行政上的措施主張，他們無所謂。只有新亞代表中國文化的理想和立場，所以處境最艱苦。而最可悲可歎的是，那些二毛子之流，居然在「中文」大學的校政會議上，不說中國話，不用中國文，而一律說英語、用英文，終於氣走了新亞校長錢穆先生。後來張丕介先生也為新亞的理想而憂傷成疾，而退休、而去世了。當時，徐復觀先生有一篇文章，他說新亞是靠錢穆先生的名望，唐君毅先生的理想，張丕介先生的頑強精神，而支持的。如今錢先生撤走了，張先生去世了，唐先生陷於孤軍奮鬪，更為吃力了。

後來牟先生由港大轉到新亞與唐先生共事，但也只能在精神上和唐先生合力，來支撐這一個文化理想。等到六十三年兩位先生同時退休以後，香港政府便露出了它那老帝國主義的面目，併吞統一了三個書院。新亞的董事們憤而辭職，但已經於事無補了。唐先生為了維持中國文化的理想，又和牟先生、徐先生等在新亞書院的老校舍重新恢復私立的新亞研究所，後來又得到我們教育部經費的資助，才能夠維持下來。六十四年唐先生來臺大講學，臺灣許多後進、學生圍繞著他，這恐怕是唐先生歷來講學最歡暢的一段時間。說到這裏，我們可以清清楚楚的了解一個事實，那就是：要講文化，必須要有自己的國土。離開國土是無法使文化的種子長成大樹、開花結果的。但也正因為這樣，對於唐先生在英國殖民地的香港，為中國文化理想所作的艱苦奮鬪，我們應該致以最崇高的敬意。

二、唐先生著作的三個階段

要談唐先生的學術，不能離開他的著作。我個人認為唐先生的著作可以分為三個階段。在階段之前，以及一二階段、二三階段之間，又各有一部過渡性的著作——我這裏所謂過渡，是表示學問思想的轉進發展，而絕不意謂它不重要。最後，還有一部總結性的書。

唐先生的第一部著作是《中西哲學思想比較論文集》。在這部書印行出版的時候，正是唐先生的思想有一進境之際。這部書雖然內容豐富，但唐先生覺得其中所論有不少是似是而非的，所以不願意把這部書當做自己出版的

第一部書。因此，我們也將此書看做是階段前的著作。

第一階段有三部書，那就是《人生之體驗》、《道德自我之建立》、《心物與人生》。這三書也本來有一個總名，叫做《人生之路》。後來分成三冊出版。前二部書，是唐先生順著他自己的性情，根據他向內而向上的要求，以開發人生的智慧，建立道德的自我，決定人生的方向。所以裏面講的話，都是肫懇真摯，而很能感動人、啟發人的。尤其《道德自我之建立》這部書所表現的那種超拔向上的道德的勁力，以及所流露的真誠惻怛的襟懷，更可以使我們接觸到唐先生純厚的道德心靈。第三部《心物與人生》，是以對話的論辯方式，從物質到生命，從生命到心靈，再到心之求真理，一層層，一步步，引導人透顯出人生文化的理想。但唐先生表示，這部書，只是一個橋梁，一個通道，而不是一個依止之所。因為唐先生的思想，還有更進一步的開擴和升進。

由第一階段這種主觀的道德生活的反省，進而注意到社會文化的重要，於是便看出各種社會文化的活動——如像家庭、教育、經濟、政治、科學、哲學、文學藝術、宗教信仰，乃至於軍事體育的活動，都有道德理性貫注運行於其中。換句話說，道德理性乃是一切社會文化的基礎。而現實中的各種社會文化活動，也都不自覺或超自覺地表現了一種道德的價值。所以整個人文世界都可以統攝於道德理性的主宰之下。這就是唐先生另一部書《文化意識與道德理性》的一個中心的觀念。這部書已經提出了一個文化哲學的系統。由這部理論的書作一個過渡的橋梁，再向前開擴發展，這就進入了第二階段的著作。

第二階段有四部書。第一部是《中國文化之精神價值》。書中引申中國哲學的智慧，來論述中國文化之「精神的價值」。一方面縱論中國文化的歷史發展，一方面橫論中國文化中的自然宇宙觀、心性觀、人生道德理想、宗教精神與形上信仰、文學藝術的精神、以及人間世界、人格世界、形上信仰的悠久世界，最後還討論中西文化融攝會通的問題。這是民國以來，通論中國文化的最佳著作。第二部是《人文精神之重建》，第三部是《中國人文精神之發展》。這二部書是從客觀的社會文化的觀點，來討論我們當前所遭遇的，有關民主、自由、科學、社會生活、社會道德，以及宗教精神、人類和平、世界悠久等等的問題。在這裏，唐先生顯示了他的通識，流露了他的仁心悲願，也貫注了他的人格精神。這幾部書都不是哲學專著，但它的價值和影響卻超過了哲學專著，而且也不是哲學專著所能代替的。它代表唐先生全幅生命性情的發皇，和思想領域的擴大升進，真已達於「沛然而發，莫之能禦」的境地。牟先生曾引莊子天下篇的話：「彼其充實不可以已……其於本也，弘大而闢，深閎而肆；其於宗也，可謂調適而上遂矣。」認為這幾句話，正可以作為《文化意識與道德理性》和這幾部書的寫照。同時還告訴青年朋友要細讀這幾部不朽的著作，以敦篤自己的性情，恢弘自己的志氣，提高自己的理想。另外，還有第四部《中華人文與當今世界》，這部書雖然三年前才印出來，但同樣也是闡揚中國人文精神，進而討論世界文化問題，所以在性質上可以看做是以上幾部書的引申和衍展。（在此階段還有一書，後面再說。）

由重建人文精神，以挽救中國乃至人類文化的命運，當然還是要重視文化的核心：哲學思想。唐先生那二大冊的《哲學概論》，就是兼顧中國、印度、西方三大系的哲學思想而寫成的書。由這一部書作一個過渡，再回頭重新疏導中國哲學思想發展的脈絡，這就進到第三階段的著作。

第三階段的著作，就是《中國哲學原論》中的導論篇、原性篇、原道篇、原教篇。唐先生指出，中國哲學自有它各方面的義理，也有它一套內在的問題，一方面它自己形成一個獨立自足的義理世界，一方面也可以旁通於世界的哲學。在這幾本大書裏，唐先生是通貫中國哲學演進發展的全部過程，來論(1)中國人性思想的發展。(2)中國「道」這個觀念的建立和發展，以及，(3)宋明儒學思想的發展。這種大規模的學術思想的疏導工作，只有二個人做出來了，一位是牟先生，一位就是唐先生。兩位先生的寫作方式和著重點，自然不盡相同。照我個人的了解，牟先生的書，以透顯義理的骨幹和思想的間架為主，比較著重於同中見其異，以使中國學問的義理綱維和思想系統，得以釐清而確定。這是一種講哲學系統和講哲學史的立場和態度。因為要弄清楚各個時代和各家各派思想的分合異同，以及其演變發展的關節，同中觀異是必要的。牟先生的《才性與玄理》、《佛性與般若》、《心體與性體》這三部書，就是以同中見其異的態度，來講明魏晉玄學、南北朝隋唐佛學、宋明儒學這三個階段的學術之真義。唐先生的書，則以通觀思想的承接與流衍為主，重在異中見其同，藉此以通暢文化慧命之相續，以顯示承先啟後的文化生命之大流。這是一種重視哲學思想之交光互映和相續流衍的立場。因為要昭顯幾千年來思想的交會融貫和文化慧命之相續不斷，就必須異中觀同。唐先生的中國哲學原論各篇，就是採取異中見其同的態度，來通貫地講述從先秦到清代的學術思想。這幾大冊書，是在唐先生最艱困的時期撰寫的。一方面在新亞為文化理想作苦鬪，一方面遭逢高堂陳太夫人之喪，接著又患眼疾而一目失明，在這樣「心力瘁傷」的情形之下，其心情或不免涉於惶急，所以這幾部大書寫得比較匆忙。但就唐先生自己而言，他是順著文化意識的張大而心不容已地寫下去。唐先生已經盡了他對文化對時代的使命，他可以無所憾了。

去年，唐先生出版了他最後的一部書《生命存在與心靈境界》。這是一部總結性的書，唐先生的思想立場，在書中已有了一個交代。這部書一方面在於解答形上學與知識論所引生的種種問題，一方面則依生命三向開出心靈九境：(1)初三境為萬物散殊境、依類成化境、功能序運境，三者重在客體，都是覺他境；(2)中三境為感覺互攝境、觀照凌虛境、道德實踐境，三者以主攝客，都是自覺境；(3)後三境為歸向一神的神教境、我法二空的佛教境、天德流行的儒教境，三者皆為超自覺境，超越主客之相對，是「以主為主」的絕對主體境。唐先生這種講法，事實上就是一種判教的工作。判教是最高的學問。當印度佛教傳到中國而大為興盛的時候，為了使大乘、小乘、各宗各派的教義和經論文獻有一個妥當的分判和安排，於是就有了判教。首先是隋代智者大師所作的天台判教，判為藏、通、別、圓四教。到唐高宗時，又有賢首大師的華嚴判教，判為小、始、終、頓、圓五教。但這只是佛教內部的判教。而今天我們所面對的，則是古今中外各種形態的文化、宗教和哲學思想交會激盪的局面，正需要一個新的判教，來別同異、定位序，以建立綜攝融通的基準和軌轍。

在當代中國哲學界，也有二位先生不約而同地做了比天台華嚴更深廣的判教工作。這就是唐先生和牟先生。在西方，沒有人有能力做這種事，因為他們不了解東方。中國人能做，這是很值得我們感奮而激勵的。唐先生是通觀文化心靈活動的全部內容而開列上面所說的九境，以分判文化中各種學說思想以及幾個大教的境界。這是一種廣度式的判教。而牟先生所作的，則採取較為精約而集中的方式。是就人類文化心靈最高表現的幾個大教來說話。牟先生常說，以前是儒釋道三教相摩盪，在今天，則要通過儒、佛、耶的摩盪，以開出人類文化的新途徑，才能夠消解馬列魔道，重開世界之光明。在《佛性與般若》書中，牟先生曾對天台華嚴的判教略作調整，以天台為準而兼採華嚴始教終教之意，列為藏教、通教、始別教、終別教、圓教。在《現象與物自身》書中，又開出一個「判教與融通」的路道，指出中國儒釋道三教都能顯發自由無限心，以消除主客、能所的對立，所以都是圓盈之教。儒為正盈，佛老為偏盈。而西方宗教則是離教。因為主體與客體相隔離，所以是「證所不證能、泯能而歸所」的離教。牟先生依於正盈圓教的智慧，以融攝康德，並會通偏盈，以建立各大系統綜攝統一的軌轍。關此，不擬多說。我有一篇文章介述牟先生近十年來的學思與著作，將在我們哲學系的系刊《華岡哲聲》發表。

以上我們概略地介紹了唐先生三個階段的著作，下面再講一講唐先生在文化學術上特出的表現和貢獻。

三、唐先生在文化學術上特出的表現和貢獻

唐先生在文化學術上的貢獻是多方面的。我們不準備具體的列舉地講，而是歸約為三點，作一個概括的說明。

第一、真切深微的人生體驗：對於人生的體驗，同時也就包含了對道德宗教的體驗。這是道德自我透顯出來以後，一方面反觀自己，一方面又照察人生全幅的內容和整個的過程，所以它是一種向內的反省和向上的提升。這裏所顯示的，不只是理想主義的情調，而是充分表現出理想主義的精神。由

於有人生正面理想的嚮往，所以也就必然地要轉過來照察出那些妨礙理想實現的、人生負面的各種艱難、痛苦、罪惡與悲劇，而要求自己隨時隨地警惕自覺，動心忍性，以斬斷那些人生途程上的葛藤，使人從這煩惱、痛苦、罪惡的深淵中超拔出來，以歸於人生的正道。這就是上面還沒有提到的《人生之體驗續篇》這部書的中心義旨。對於人生和道德宗教體驗之深微真切，在當前這個世界上，恐怕很少有人能和唐先生相比，唐先生所開發的人生的智慧、人生的理想、人生的方向，就好比一面人生的大鏡子，我們應該藉這面鏡子來時時照察自己，惕勵向上，以創造人生的意義和價值。

第二、深厚強烈的文化意識：這方面主要表現在第二階段的著作裏，也同時在他後半期的生命過程中，在他為中國文化理想所作的艱苦奮鬪中，有了具體而感人的證現。唐先生的立身處世、為學做人，以及他的道德意識、價值意識、民族意識、歷史意識，還有文化事業的意識，全部融會凝結在他深厚的文化意識中而昭顯出來。牟先生在哀悼唐先生的文章裏，以他和唐先生交往相處四十年的資格，表彰了唐先生的生命格範，說唐先生是「文化意識宇宙中的巨人」。文化意識宇宙，是由中國文化傳統而開出的宇宙，是由夏商周三代文質損益，再通過孔孟內聖外王成德之教而開闢出來的。像宋明理學大家以及晚明顧、黃、王三大儒，都是這文化意識宇宙中的巨人。而唐先生則是現時代這文化意識宇宙中的巨人。牟先生的話，非常恰當中肯，而且是極具「知人論世」之卓識的。唐先生的生命格範，由他相知最深的老友牟先生表彰出來，我想唐先生在天之靈，也可以得到深切的安慰了。

第三、周流融貫的會通精神：這種精神同時表現在第二第三兩個階段的著作裏。唐先生對於黑格爾的精神哲學，有特為精深而相應的了解和體會。但他對黑格爾並不作專家式的研究和講論，而是取其長而去其短，吸收黑氏講「精神發展」的智慧和理路。所以唐先生的著作，也顯示出層層推演，連環相生，而又瀰淪開合，交光互映的特色。抗戰時期，唐先生曾對牟先生說：你的思想是架構型的，我的思想是音樂型的。所謂架構型，其特徵在於建立思想觀念的骨幹，和義理系統的間架。音樂型的特徵，則在於思想觀念層層的發展，有如交響樂的旋律層層引出而齊奏和鳴。這也等於是說，牟先生的思想方式是康德式的，唐先生的思想方式則是黑格爾式的。由精神之層層發展，而引生縱橫交錯、周流融貫的思想之路道，這就是會通精神的顯示。唐先生又曾說到，他願意使自己的哲學思想，成為一條人人可以往來行走的橋梁或通路。有了唐先生這種寬平坦蕩的胸懷，而後乃能善視各種學術思想，而一一安排其位次序列，使之交融會通而相輔相成。在世界文化思想交流激盪的今天，這更是一種彌足珍貴的精神。

以上所說，只是略舉大端，要想進一步了解唐先生學術思想的具體內容，就必須去讀他的書，尤其是第二階段的著作。同時，我們也相信，唐先生的朋友、門人、後學，以及所有對文化學術有責任感的中國人，都會互勉共勵，分工合作，來維護光大民族文化的傳統，開發民族文化的新生命，以告慰唐先生在天之靈。

當代學術界的大豪傑：徐復觀先生

「豪傑」和「狂狷」一樣，是中國文化特有的人品名目。豪傑與聖賢相通，所以古賢有言：「有豪傑而不聖賢者，未有聖賢而不豪傑者」。儒家的聖賢人物，都是豪傑之士，都能顯發豪傑精神。而徐復觀先生，便正是當代中國學術界的大豪傑。

一、由權力中心走向學術王國

在徐先生八十年（1903-1982）的歲月裡，自始至終，都顯露他的豪傑氣性。

他從武昌第一師範畢業之後，在三千考生中以第一名考入武昌國學館，受到黃季剛氏的賞識。隨即他又經由中山之書進而接觸馬恩唯物之論。於是，他開始由傳統而走向時代新潮。

二十八歲赴日，先入明治大學，因潛心於河上肇之著作而拓展了思想的視野，但學費無以為繼而改入日本陸軍士官學校。次年，九一八事變，他因抗日而入獄，遭退學，於明年回上海，從此歷任軍職而投身抗日聖戰。

四十歲，奉派到延安任聯絡參謀，與中共高層多所接觸。次年（民國三十二年）回重慶，與兩位重要人物初次見面。一是晉見蔣委員長，從此開始參與樞密。二是拜謁熊十力先生，熊先生的印象是「這個人可以讀書」。這句話隱隱然為徐先生中晚年的學術生命開啟新機。

抗戰勝利，人人向權勢謀發展，徐先生卻以少將退役。次年，在南京主辦《學原月刊》，邀請持平守正的學者撰稿，希望通過學術之導正，以護持國族之文化命脈。繼而，感到國事日非，緩不濟急，又抱持「由救國民黨來救中國」之心願，於三十八年應蔣公之召，住溪口四十日，提出對國民黨之改造方針。是年六月，在香港創辦《民主評論》，高擎文化反共之大纛。而也因辦雜誌而與權力中心日漸疏遠，終於完全脫離現實政治。於五十之年而改弦易轍，任教於興大前身之臺中農學院。又二年，東海大學創辦，即應聘為中文系教授。從此，進入學術王國，大展鴻圖。

二、豪傑性情與豪傑境界之昇華

由以上的簡述，可知徐先生從早歲之才慧穎露，棄舊求新，而忠憤慷慨，獻身報國，都是走的直接投入的奮鬥之路。及抗戰勝利，國家未見興復光暢之象，而社會民心反而有散塌之勢。他滿懷憂患，以久歷軍政職事之身，憬悟學術思想之重要。而在香港創辦《民主評論》，尤大具意義。牟宗三先生曾說：

> 民四十至民五十，十餘年間是民主評論之時代。吾與唐君毅先生許多有關中國文化之文字皆在民主評論發表。去障去蔽，抗禦謗議，皆徐先生之力。那時新亞書院初成，極度艱難，亦多賴民主評論社之資助，此亦徐先生之力。

所謂「去障、去蔽，抗禦謗議」，以及資助新亞書院，激揚新亞精神，這都是徐先生豪傑性情之具體表現。而《民主評論》與《自由中國》二大刊物，從初期之相通相輔，而漸次引發許多恩恩怨怨，風風雨雨，其實都是少數人的偏激淺視所釀成。在雙方論辯的過程中，徐先生雖然筆鋒如刀，犀利辛辣。但他那始終一貫的思想立場，以及表裡如一的精誠熱力，最後終於獲得對手的信諒。可見正學正論終不泯滅，豪傑性情也自能與人相感相召，而通達於理性世界。

再者，他晚年在東海校園撻伐文化漢奸，雖然引發他「無慚尺布裹頭歸」的孤憤，但他在謝世詩中有句云：「莫計平生傷往事，江湖煙霧好相忘」。這時，他心境完全放平，所以特能顯現溫厚深醇之致，而希望那些如煙如霧的傷感平生的往事，隨風消釋，一起相忘。相忘，不只是私己的恕諒，而更是直接面對莊穆的國家民族、浩瀚的歷史文化，而進到道術層次上的相忘。此時，徐先生執持正義公理的豪傑性情，已昇華而為「聯屬天下民物而為一體」的宇宙情懷了。

三、文化脈動與學術器識

徐先生認為，道德、藝術、科學，是人類文化的三大支柱。中國文化具備了前二者，而以自然為對象的科學知識，則未能得到順利的發展。徐先生的《中國人性論史》是關於中國文化中「道德」這一支柱的基本疏解，而《中國藝術精神》則是對「藝術」這一支柱的深入探究。

徐先生本乎強烈的文化意識，透入文化命脈而發言，故能顯發明通深透的學術器識。譬如他指出中國的人性論有三個層次：第一個層次，是通過自覺反省和生活體驗的工夫，而開發出來的人性論，像孔子所講的仁，孟子所講的心性，老莊所講的虛、靜、明，以及後來宋明理學家的人性論，都屬於這個層次。第二個層次，是從思想概念上加以陳述的人性論，像漢儒所講的心善性惡、性善情惡、陽善陰惡、善惡混、性三品等等的說法，就是屬於這個層次的人性思想。第三個層次，是文字訓詁上的人性論，那只是字義解釋，根本和人的生命不相干，像清代乾嘉學派所講的就屬於這一層。徐先生認為，講人性的目的，是要肯認先天本有的道德心、道德性，以挺顯道德實踐的根據；進而自覺地顯發出來，以表現生活行為的意義，和創造道德文化的價值。而第二層次的人性論只是「非實踐、非存在」地講，是「與生命相隔」的一種講法；而第三層次的人性論，則根本沒有什麼意義。徐先生這種分別，簡要而清新，透脫而中肯，很不平凡。

至於中國文化中的藝術精神，若窮究到底，徐先生認為，最後只有孔子和莊子所開顯的兩個標程。而中國文化的藝術精神，主要是表現在繪畫和文學上。文學是儒道二家的心靈和後來佛教所共同活動的領域，而繪畫則可以說是莊子藝術精神的獨生子。徐先生對莊子的藝術精神有特為深刻相應的體會，他那以討論中國繪畫為主的《中國藝術精神》一書，不但是一部名著，而且是一部超邁古今的不朽之作。

四、鹽鐵論：一個深透研究的例證

徐先生對專家專題的研究，是多方面的。其中對董仲舒的研究，對《史記》的研究，都能顯示大見識、大功力，而達到卓越超常的成就。在此，我想另舉臺港海外不甚注意的《鹽鐵論》（官方與學界辯論國家財經政策的實錄）來印證徐先生在學術研究上的特識。

在大陸批孔揚秦的時候，四人幫認為《鹽鐵論》是儒法鬥爭的樣版。他們以桑弘羊代表法家，而誣責賢良文學代表地主富豪的利益，進而更厚誣孔子為地主階級的代言人。徐先生在香港看見這種報導，大為憤恨。乃依據《鹽鐵論》的原文進行深入的探究，發現桑弘羊只代表官僚利益和自己的權勢說話，那裡是什麼法家？而賢良文學卻能正視國家法度而為民請命，他們才是代表社會大眾說話的。因此，徐先生認為凡是附和四人幫的那些說法，全都是「是非的大顛倒」，都是喪失學術良心的敗種。

同時，從桑弘羊敢於貶視和曲解孔子看來，漢代的帝王也並不真正尊孔尊儒。尊孔尊儒乃是社會人心的反映，是那些真正感受到孔子救世精神的賢良文學之呼聲。所以，漢代的儒者乃是在權力的夾縫中，來伸張儒家之政治理想的。他們的奮鬥很艱苦，但也極其勇敢。

其實，二千年來的儒家，一直都是在君主專制的限制之下從事艱苦的奮鬥。即使在號稱儒學昌盛的宋明兩代，程伊川、朱子、王陽明，都遭受「偽學」之禁。因為真正的儒家思想，是「以人性為根基，以道義為血脈，以民為本，以民為貴」的，它根本不利於專制獨裁。而一個真正的儒者，必永遠站在正義公理的立場，針對專制權勢的泛濫而提出嚴正的批評。因此，那些向權勢靠攏的假儒、奴儒們，自然就千方百計要來打擊真儒家。

人，本是一個感通的生命，感應面越大，感觸度越強，則其人格精神也越顯偉大。徐先生的學術研究，都和往古賢哲以及時代社會，有生命的感通，有存在地呼應。所以，他的文字著述，不但真實無妄，而且熾熱炙人。

五、對歷史文化的大見識

徐先生對中國思想史的研究，從《中國思想史論集》到《兩漢思想史》三大冊，其成就之卓然傑出，學界早有公論。這裡不擬介述這幾部書的內容，而是綜述他對歷史文化的大見識。

第一、他對周秦漢三個朝代的政治社會之結構，作了謹嚴而深入之研究。譬如左派學人判認西周時期是奴隸社會，一般自由學者雖不認同，卻也未能糾其謬誤。徐先生指出，西周政治社會的主要成分有三：(1)宗法制度中的貴族；(2)住在都邑和城郊的「國人」（他們對政治措施常能顯示發言的力量）；(3)散居鄉野的農民（大致上是半自耕農的身分）。至於「奴隸」，不過是宗法貴族家中服役當差和侍奉生活的角色，根本說不上是階級，更不必說是奴隸社會了。對於左派的胡說，這是最有力的駁斥。

第二、徐先生認為從先秦到兩漢，是中國學術史上一個鉅大的演變，而此演變是積極有所成的。他首先指出，中國二千年來政治社會的格局，奠定於兩漢；而經學、史學、文學的骨幹，也是由兩漢樹立起來的。其次，漢代的學術生命，不在博士系統，而須從博士經生之學以外的那些思想家所顯示的「義利之辨」（含淑世用世關切民生疾苦之情懷，以及以學術與君權相抗爭之精神），才能看出漢代學術生命的血脈。復次，徐先生認為，宋明理學和漢代學術思想，義理宗趣雖然不同，但宋儒修己治人之基本用心和漢儒通經致用的精神是相通的。至於清代的乾嘉學派，雖高舉「漢學」旗幟，卻只在文字訓詁上用心，既不能持守民族大義，又不能判斷政治是非。無論精神面貌和氣象規模，都和漢儒天壤懸隔。

第三、是對「姓氏」的說明。據徐先生的研究，西周以前，「姓」是血統的象徵，「氏」則由賜土而來。姓一定而不易，氏遞出而無窮。氏統於姓（小宗統於大宗），氏為姓之分支，姓乃氏之宗主。戰國以後，姓與氏失去政治意義，二名一實，但順傳統之習慣，仍保留二個名稱，故太史公稱某人「姓某氏」，姓與氏並用，便正是歷史的實錄。

春秋以前，平民無姓。戰國以後，游士商賈漸漸自標姓氏，演變到西漢中晚期，天下百姓便都有姓氏了。有姓氏，就有宗族，故漢代的社會力量，實以平民宗族為凝聚的中心。從中國式的姓氏、宗族，到中國式的生活意義與生活形態，便是異族漢化的內容主線。胡人一旦改用漢人姓氏，言語文字及生活方式也隨之而改變，而華夷的界限自然歸於泯消。漢末魏晉以來，「姓氏」對異族漢化所發揮的功能和力量，可以和文化思想的力量相提並論。

此外，徐先生最先用「憂患意識」這個詞語來指點中國人文精神的根核。這四個字一提出來，就非常快速地得到普遍的認同，大家都認為這個詞語的確可以代表我們祖先在憂患之中「啟發智慧，砥礪道德，創造文化」的偉大精神。至於他用「為己之學」來通貫孔孟、程朱、陸王，這看似很平常的道理，而徐先生乃鄭重表示「此乃余最後體悟所到，惜得之太遲，出之太驟，今病恐將不起，以未能繼續闡述為恨」。可見其學術精誠，終身不衰。對於這樣一位嶙峋崢嶸、正大剛方，而又元氣淋漓的生命，是令人永遠仰念不置的。

新儒論衡

從繼往開來看當代新儒家的學術功績

一、弁言

本論文之性質，既非一般哲學觀念之分析與詮釋，也非特定經典文獻之研究與解讀，而是對歷史大流中的文化生命，作一番適時的省察和批判。

我們認為，從傳統到現代，不只是時間先後的推進，而更是文化的返本開新與慧命相續。所以必須通觀其全體，通貫其全程，乃能掌握文化生命的脈動。

本文論評當代新儒家的學術功績時，是以一九五八年元旦具名發表〈中國文化與世界〉宣言之四位學者（唐君毅、牟宗三、徐復觀、張君勱）為主要代表[1]。因為當代新儒家的思想引起海內外普遍的注意，主要就是從這篇宣言開始；而近三十年來國際學術界提到當代新儒家思想時，也大多以上述

[1] 按：此宣言發表於香港民主評論月刊，現已編入唐君毅《中國人文與當今世界》（臺北：臺灣學生書局）下冊，頁 865-929。全文分十二節：(1)我們發表此宣言之理由，(2)世界人士研究中國學術文化之三種動機與道路及其缺點，(3)中國歷史文化之精神生命之肯定，(4)中國哲學思想在中國文化中之地位及其與西方哲學之不同，(5)中國文化之倫理道德與宗教精神，(6)中國心性之學的意義，(7)中國歷史文化所以長久的理由，(8)中國文化之發展與科學，(9)中國文化之發展與民主建國，(10)我們對中國現代政治史之認識，(11)我們對於西方文化之期望及西方所應學習於東方之智慧者，(12)我們對世界學術思想之期望。

四人為主（尤其唐牟二氏）。為此，本文之論評以四位先生為主要代表（其他則隨文隨事而及之），雖非周延，但偏失也許不會太大。

本論文的撰寫，既已先作「提要」四千言寄送大會矣，故此全文之撰述，只須順此提要而補充事證與說明。在弁言中補寫兩小節，第二大段加一節以說明儒家未來發展的方向和途徑。而主幹第三大段分五點以論評當代新儒家的學術功績時，則分節標舉「提要」與「申述」，以顯示論述進行的段落順序及內容要點。這種撰寫的方式，似顯特殊，而亦頗為自然。

二、儒家學術的回顧及其未來之發展

（一）從孔孟荀到董仲舒

孔子是儒家開山。他順承古先聖王的傳統，而顯立內聖成德之教，為中華文化開發了長江大河，原泉滾滾，相續不斷。孔子以後，孟子順承孔子之仁而發揮，開出了心性之學的義理規模。荀子則順承孔子外王禮憲之緒，而彰顯禮義之統。

自後，歷經諸子之紛亂與秦火之浩劫而到漢代，乃有董仲舒之「復古更化」。這是一個政治與教化雙管齊下的文化大運動，其基本的精神方向，可以歸結為三點：第一、尊理性、尊禮義：這是針對黃老之術的不足而發。第二、任德教，不任刑罰：這是針對法家的苛毒而發。第三、以學術指導政治：此即所謂「通經致用」，是儒家精神。

但漢代儒學有二大缺點：一是漢光武確立君主專制的政治形態，使儒家賢者為君（天下為公、禪讓）的政治理念落空了。二是漢儒對孔子之仁與孟子之性善，欠缺相應的理解。他們只從「氣性、才性」看人性，認為聖人是天生的，不可學而至；此一觀點，嚴重違失了「人人皆可為堯舜」的儒家傳統。結果，在「人生的方向理想」和「生命的實踐途徑」上無法滿足世人的要求，終於使得儒學趨衰而造成魏晉時期道家思想之盛行。

（二）宋明心性之學的意義

魏晉玄學之「無」，接引佛家之「空」，而使佛教進入中國之文化心靈。中華民族傾注數百年之心力以吸收消化佛教，足徵其文化生命浩瀚深厚，文化心靈明敏高超。而在對外的消化工作完成之後，內部的文化生命當然要返本歸位。所以，隋唐佛教的鼎盛時期過去之後，北宋儒學的復興，便成為歷史發展中的必然。

宋明儒學復興的重大意義有二：第一、復活了先秦儒家的形上智慧：孔子講仁，孟子講心性，中庸易傳講天道誠體，都蘊含「天道性命相貫通」的義理。北宋諸儒由中庸易傳之講天道誠體，回歸於論語孟子之講仁與心性，再發展到陸象山之心學、王陽明之良知學，正是順承先秦之形上智慧而調適上遂，以達於圓融深透之境。第二、重新暢通了民族文化生命的大流：道家雖是中國根生土長的學派，但只算旁枝，不是主幹。佛家則來自印度，不是中華文化本身發出的智慧。到宋明理學出現，才完成二件大事：一是恢復道統，重新顯立孔子的地位，而從佛教手裡拿回思想的領導權。二是以民間講學的方式，掀起了持續六百年之久的文化思想活動，造成中國哲學史上極為光輝的時代。

但宋明儒學，畢竟「內聖強而外王弱」。這一步欠缺，其實也不能責備理學家，因為這是全民族的共同責任，是政治理念如何落實於體制，以及調整文化心靈表現形態（由德性主體開顯知性之用）的問題。

（三）明清之際的大崩塌與起死回生

明代太監弄權，政治太壞，終於招引滿清入關，明朝亡了。明末三大儒顧亭林、黃梨洲、王船山，心懷亡國亡天下之痛，深切反省民族文化生命的方向和途徑，而要求「由內聖開出外王事功」。這一步反省非常中肯（時至今日，當代新儒家所宣示的文化生命之走向，也仍然是承此而來）。

可惜滿清入主之後，大漢民族受到雙重的打擊，一是民族生命受挫折（漢族喪失天下），二是文化生命受歪曲（學術轉為考據）。在這種情形之下，顧、黃、王諸大儒的思想方向無法伸展，而導致儒學與文化生命的大崩塌。

幸而中華文化的根基畢竟廣大深厚，在接連而來的百年鉅變中，竟能歷劫不滅而終有起死回生的大轉變。此中關鍵有三：第一、顧、黃、王「由內聖開出外王事功」的思想方向，已逐漸成為民族共識；第二、西方文明的強勢沖激，迫使華族文化心靈步步甦醒；第三、當代新儒家的孤懷弘識及其精誠努力，已解開了中華文化的學術困局。

（四）儒學與中國文化之未來

當二十世紀的中國知識分子對自己的文化傳統灰心喪志、盲爽發狂之時，當代新儒家的學者在風雨飄搖中貞定心性，站穩腳跟，對數千年的文化傳統從事徹根徹底的反省（如果僅僅反省滿清三百年，則無法觸及文化心靈，上而反省宋明，也仍然不足以通觀學術與政教之全體；必須更上越漢唐而通貫三代，作全程之大反省，乃能縱貫百世之心，橫通天下之志）。他們的努力和成就，開放後的大陸學界也已加以注意，而進行了有計畫的研究和文獻的輯印。

歸總地說，當代新儒家提出文化生命之方向和途徑，不外以下三個綱領：

第一、光大內聖成德之教，重開「生命的學問」

這是所有中國人無可閃避、必須面對的「安身立命」的問題，所以叫做「生命的學問」。幾千年來，中國人主要是以儒家的道理來做人，來立身處世。如今時代雖不同了，但人仍然是「人」，還是有做人的問題，有安身立命的問題。儒家所講的常理常道，仍是人心之同然，是最能成就生活意義和生命價值的基本依據。因此，我們要永遠守住它、延續它、光大它。

第二、開出法制化的政道，完成民主政體的建國

這是近百年來，中華民族共同的要求，要求一個合乎理性的政治體制。一方面是要消解傳統政治中「朝代更替，治亂相循；君位繼承，骨肉相殘；宰相地位，受制於君」這三大困局，改從體制（不只用仁心）來保障人民和

社會的權益。另一方面則要充分實現傳統儒家「天下為公、選賢與能」的政治理想。為期達到這個目的，唯一的途徑就是完成民主政體的建國大業。

第三、調整文化心靈的表現形態，開出知識之學

這是中國文化充實開擴的一大重點。簡單一句話，就是科學的問題。五四時代的人，以為中國想要科學，就得否定傳統而「全盤西化」；現在我們確然曉知，中國如何發展科學，乃是文化心靈表現形態的問題。以往，中國文化重在「成德」，文化心靈的表現以德性為主綱；今後必須同時重視「成知識」，使文化心靈中的「知性主體」從「德性主體」的籠罩下透顯出來，以獨立起用（在主客對列的格局中進行認知活動），如此，就可以一步步開出知識之學[2]。

以上三件大事，都必須全體中國人持續不斷的奮鬥。無論你是什麼行業，什麼階層，什麼專家，什麼黨派，都應該以這三件大事作為共同奮鬥的大綱領。而且，大家必須開誠布公、分工合作，乃能群策群力，重開文化之光。

三、當代新儒家的努力及其學術功績

當代新儒家，並無任何組織，也無政經勢力做憑藉，只是屈指可數的學者、思想家，數十年間持續講學、著書、寫文章，因而顯出一個大體共同的「文化理想」和「思想立場」，而成為近半世紀來唯一真正屬於中華慧命的學術思潮。綜觀當代新儒家的學術功績，可以歸結為五點來作說明。

---

2 說明從中國文化心靈開出科學知識的三個步驟：第一步，必須自覺地調整中國文化心靈的表現形態，也就是說，為了成就知識，良知要轉換一下它的身分，從德性主體轉而為知性主體，使認知心從道德心的籠罩之下透顯出來獨立起用，以發揮認知的功能。第二步，中國文化心靈中的知性主體獨立透顯之後，必須進行三件事：(1)要自覺地培養「純知識」的興趣，(2)要確立「重視學理而不計較實用」的求知態度，(3)要學習「主客對列」的思考方式。如此，乃能顯發科學的心智，開出知識之學，以建立純知識的學理。第三步，依據學理，而提供出「開物成務」的具體知識以及各項建設的實用技術，以滿足「利民之用、厚民之生」的要求。

（一）闡揚內聖心性之學的義理

〔提要〕

二十世紀的中國知識界，瀰漫著反傳統、反儒家的風氣，「內聖成德」的學問幾乎一時歇響而成為絕學。當代新儒家的學者們，通過經典文獻的疏解，和思想觀念的詮釋，使得儒家內聖成德之教（從先秦到宋明）的義理綱領與中心要旨，全幅朗現。經過近半世紀來的持續努力，可以說已經達到客觀理解上的高峰。

而且，心性之學的疏通，又不僅限於儒家而已。道家和佛教的教義系統，也已獲致通盤的理解和相應的表述。對於「儒、道、佛」三教所開顯的智慧，以及三教所建立的安身立命之道，此時所能提供的講述，在很多方面都已「超邁前修」，只是一般庸眾俗士懵然無所知而已。

〔申述〕

儒家的內聖成德之教，有一貫的義理綱領和中心要旨。但因滿清三百年的斷隔，文化慧命與學問義法，都隨之隱沒而不彰，到五四時代，更出現反文化傳統的巨大聲勢。此時幸有梁漱溟氏出來，高舉中國文化的大旗，以鮮活清新之言，宣示孔子的人生智慧，重開「生命化孔子」的先聲。之後，又有熊十力氏以其弘深高卓之器識，光顯古今聖賢之慧命，暢通華族文化生命之大流。他指出：涵養心性不應以日損為務，而當日進於弘實。故其論仁，特重「生生、剛建、炤明、通暢」之德，以期「敦仁」而「日新」[3]。熊氏這種卓大深透的精神器識，可以視為當代新儒家的朝日初陽。

距今四十年前，一部通論中國文化的最佳作品出版了，是即唐君毅先生的《中國文化之精神價值》。而他晚年陸續出版的《中國哲學原論》之《原性篇》、《原道篇》、《原教篇》[4]，則是一廣量之大書，雖因卷帙之巨，看來只覺其渾淪一片，但讀者苟能耐心細看，亦可看出其義理觀念實前後照

---

[3] 參閱梁漱溟《東西文化及其哲學》，熊十力《新唯識論》、《讀經示要》各書，臺北：臺灣學生書局出版。

[4] 唐氏所著各書，現已編為《唐君毅全集》，臺北：臺灣學生書局出版。

應，而有一自然節次貫運其間。而牟宗三先生的《才性與玄理》、《佛性與般若》、《心體與性體》三部大著[5]，更分別表述了魏晉時期的「玄學」（代表道家的智慧），南北朝隋唐的「佛教」，宋明時期的「儒學（理學）」。

依筆者看來，這三部書對儒釋道三教義理的疏導，可以說已經達到客觀理解的高峰。而三書的解析，都是根據原典文獻、順承義理綱維、依循思想脈絡而來。他對三教義理所作的推闡、引申、批判，都是義所應有、理所必然，並沒有隨意而為增損，更沒有任意強加褒貶。因此，他對儒釋道的講論，只是在「舊學商量加邃密」之中，自然引發「新知培養」而更趨深厚沉穩而已。

近年來，時論常提及「終極關懷」，這正是安身立命的問題。安身立命必須歸於主體實踐，所以本體與工夫的問題不容輕忽。牟先生在《心體與性體》的序文中，自謂以八年的心血寫成這部書，只是莊生所謂「辯之以相示」而已，過此以往，則「期乎各人之默成」（為仁由己，各正性命）。因為實踐成德，必須效法「聖人懷之」，非筆舌所可宣也。

（二）開展儒家外王學的宏規

〔提要〕

儒家仁政王道的理念，以及君主政治中的宰相制度，實比同時代世界各國的政治更為優越。但近代西方的民主憲政體制完成之後，中國傳統政治的缺失便對顯出來。因此，當代新儒家認為傳統的外王學必須有新的充實和新的開擴。首先，在政治方面，「仁政王道」的規模必須開顯一步，使它從第二義的制度（治道）升進到第一義的制度（政道）之建立。也即使仁政王道的政治理想，能真正落實於客觀的法制，以完成民主政體的建國大業。這是第一點。其次，在事功的要求方面，華族的文化心靈，必須從「德性主體」

---

5 牟宗三《心體與性體》，臺北：正中書局出版。《才性與玄理》、《佛性與般若》與《從陸象山到劉蕺山》，皆由臺北：臺灣學生書局出版。

轉出「知性之用」，以發展出科學知識和實用技術，如此，乃能使「開物成務」和「利用厚生」的古訓，真正落實，以達致具體的效益。這是第二點。

這兩方面的充實開擴，即是儒家「新外王」的基本義旨。這種文化反省和學術器識，也是當代新儒家遠遠超越五四時代知識分子的所在。

〔申述〕

儒家「以內聖為本質，以外王表功能」。在十七八世紀以前，儒家主導的中國文化，其外王事功的表現，如與西方相較，大致上超前時多而落後時少。但近三百年來，中國是逐步落後了。所以，當代新儒家認為傳統儒家的外王學必須有新的充實和開擴，是即「民主」與「科學」兩大綱（儒家或中國文化之於民主與科學，並不是相逆的衝突，而應是相順的發展）。

張君勱氏曾說古代的中國只有吏治而無政治。因為宰相以下，都只是皇帝之吏，為皇家辦事而已。張氏的見解很有意義，但說得不夠妥實[6]。牟宗三先生則說為「中國只有治道而無政道」。這樣說就觸及問題的核心了。牟先生寫《歷史哲學》，其中的重點之一，就是疏導出中國文化所以不出現科學民主之故，以及如何順華族文化而轉出科學與民主。中國的文化生命向上透的境界雖然極高，但必須補足「知性」與「政道」這中間架構性的東西，方能向下撐開以獲得堅固穩實的自立之基。另一書《政道與治道》的中心問題有二：一是政道與治道的問題，而尤著重政道之如何轉出。二是事功的問題，亦即如何開出外王的道路。這兩個問題是中國文化生命中的癥結所在。二者相連而生，亦相連而解。牟先生又指出，外王一面的政道、事功、科學，亦必統攝於內聖心性之學，乃能得其本源，以保證文化價值之安立與文化理想之繼續開發[7]。

上述的意思，唐君毅先生亦有共識，他繼《中國文化之精神價值》之後，又有《人文精神之重建》與《中國人文精神之發展》兩部大著出版。這是從客觀的社會文化觀點，以通論「民主、自由、和平、悠久、科學、社會

---

6 按：此乃張君勱氏早年之說。後來他參與中華民國制憲而主導有成，固已表現了政治思想家之宏謨，與儒林政治家之器識。

7 牟宗三《歷史哲學》、《政道與治道》，臺北：臺灣學生書局出版。

生活、社會道德、以及宗教精神」等等之問題。另一書《文化意識與道德理性》，則提出「道德理性遍運於各種社會文化意識」作為綱領性的觀念，認為人類一切文化活動（有如家庭、教育、經濟、政治、科學、哲學、文學藝術、宗教信仰，乃至軍事、體育的活動），都有道德理性貫注運行於其中。晚年又輯印《中華人文與當今世界》上下冊，更顯示他綿穆浩瀚的文化意識和世界情懷。

至於徐復觀先生，則是一位熱力瀰漫、風骨嶙峋的人物。在當代新儒家中，他的「現實感特強」，他創辦《民主評論》雜誌，成為臺港海外文化反共的號角，也是護持自由民主、歷史文化、人文學術的重鎮。他以「抗議、批判」來體現科學的態度和民主的精神。而他那「學術與政治之間」的處境與自覺，也使他和現實政治一直關係割不斷，雖然他宣稱對政治深惡痛絕。

當代新儒家用心的重點，大體屬於文化層、思想層，至於現實層的工作（研究科學技術，投身民主政治），則須各學門之學者、各方面之專家、各階層的官員議員，乃至全體公民，人人各司其職，各盡其分，以分工合作，乃能漸著成效，漸次完成。

（三）抉發中國哲學思想中所涵蘊的問題

〔提要〕

自從本世紀中國正式使用「哲學」一詞以來，經歷「中國有沒有哲學」的疑惑，而進到「什麼是中國哲學」之考量。如今，我們已經可以明確地陳述中國哲學思想中所涵蘊的「哲學問題」，以及恰當評判中國文化在二千多年的義理開創中所引發的學術論辯。

有關這方面的問題，很多人文學者都曾貫注心血而各有貢獻，其中牟宗三先生的《中國哲學十九講》當居首功。而唐君毅先生的《中國哲學原論》與徐復觀先生的《兩漢思想史》，也卓有功績。

〔申述〕

中國有沒有哲學？什麼是中國哲學？中西哲學的特質是什麼？這三個問題曾困擾中國人長達半個多世紀。

如今，可以簡約地說出幾組意思。第一組是中西文化的對比：(1)西方文化「以物為本，以神為本」，中國文化「以人為本」。(2)西方文化首先「正視自然」，中國文化首先「正視人」。(3)西方文化「以知識為中心」，中國文化「以生命為中心」。(4)西方文化「重客體性、重思辯」，中國文化「重主體性、重實踐」。(5)西方文化「學與教分立」，中國文化「學與教合一」。第二組從「感性、知性、德性」三方面作省察：西方文化是知性文化，中國文化則比較重德，儒家便是順道德心靈之活動，來講論內聖成德之學。(1)對感性生命而言，它要求「化氣成性」，使「感性理性化」；(2)對知性生命而言，它要求「攝智歸仁」，使「知性價值化」。第三組是從生命的流通來看。儒家認為，人的德性生命可以自我提升，自我開擴，可以向各方面流通貫注，以完成多元的價值創造。首先，它可以通向人倫世界，開顯一個「天下一家」的社會觀；其次，它可以通向人文世界，開顯一個「精誠貫徹、慧命相續」的歷史文化觀；再次，它可以通向自然世界，開顯一個「天人和諧」的宇宙觀。第四組則看中國哲學的精神取向：(1)天人合一：本天道以立人道，立人德以合天德；(2)仁智雙彰：以仁為體，以智為用；(3)心知之用：與物無對，則上達以合天德；與物為對，則下開以成知識。

以上的說明，很簡略，但卻是中國人經過半個多世紀的學習和省思而後才說得出來。至於中國哲學思想中所涵蘊的問題，則是由各期思想的內在義理（如魏晉時期道家的玄理、隋唐時期佛教的空理、宋明時期儒家的性理）所啟發出來。明澈地理解了固有義理的性格，就自然可以順其所啟發的問題，而看出未來發展的軌轍。唐君毅先生的「原性篇、原道篇、原教篇」，在內容之量上相當豐富；而就哲學問題的綱格而綜述之，則牟先生「十九講」的講述，尤能顯示問題的脈絡與義路。這十九講的綜述，並非一時之興會，亦非偶發之議論，而乃關乎中國哲學之系統綱格與義理宗趣者；其所釐定的諸問題，亦對中國哲學之發展具有重大的啟發性。凡書中各講之所舉述，皆有所本（即本於他所著各書之義理）。他另有一篇講詞，更簡要地舉述了在中國文化發展中義理開創的十大諍辯[8]。所謂「義理開創的諍辯」，乃是從中國數千年的歷史發展中特別關注於思想方面來考察，實質上也正是屬於哲學問題的諍辯。

（四）打通「中國哲學史」開合發展的關節脈絡

〔提要〕

中國有數千年的哲學傳統，但在學脈斷隔之後，想要瞭解這個傳統已甚為不易，而用「哲學史」的形式來表述這個傳統，則尤為困難。因此，到目前為止，還未見一部真正好的《中國哲學史》。

一部好的中國哲學史，含有二個基本要求。第一、對於各家各派的哲學思想，必須有客觀相應的理解。第二、對各階段哲學思想開合演進的關節及其意義，必須有明確的辨識和衡定。如此，方能對中國哲學史作一完整而恰當的講述。而近數十年來，有關「魏晉玄學、南北朝隋唐佛學、宋明理學」的思想系統及其義理綱脈，都已有了清晰的講述和明確的分判。今後，一部像樣的、好的中國哲學史之寫成，已經是可能的了。

〔申述〕

「中國哲學史」的研究，是民國以後才有的事（在以往，並不採取這種方式講學問）。中國人講中國的哲學史，除了客觀的敘述，還有主觀的感受。個人的生命和民族的文化生命之間，有一條「精神的臍帶」，無論你喜不喜歡它，它總是把我們的生命和民族文化生命連在一起，總是把我們的心靈和民族文化心靈通在一起。因此，中國哲學史的講述，必須以民族文化生命這一條大流的航程為線索，必須落在文化生命「開合發展的大動脈上」來講述。

---

8 按：所謂中國文化發展中義理開創的十大諍辯，一是儒墨之諍辯，二是孟子對告子「生之謂性」的諍辯，三是魏晉玄學家之「會通孔老」，四是言意之辯，五是神滅不滅的問題，六是天台宗「山家、山外」關於圓教之諍辯，七是陳同甫與朱子爭漢唐，八是王龍溪與聶雙江的「致知議辯」，九是周海門與許敬菴「九諦九解」之辯，十是中華文化如何暢通的問題，分為四目：1.破共，2.辨耶，3.立本，4.現代化。

這樣，才能和中國的哲學慧命有存在的呼應，有真實的感通，因而也才能達到相應而不隔的瞭解。唯有相應而不隔的講述，才是真正客觀的講述，才真正能夠合乎「學問之公」和「義理之實」。

中國哲學思想有大開大合的過程。開，有破裂、歧出之意；在破裂中開出新端緒，在歧出中吸收新內容。合，有消化、融鑄之意；在消化中求量之充實，在融鑄中得質之純一。

由先秦到漢代，是中國文化第一度的開合。二帝三王是原始的諧和，孔子繼承之而賦予新意義。孔子以後，諸子百家興起，表示第一度的「開」。這是學術思想之開，乃對周文之疲弊而發。而孟子荀子之努力，是為護持內聖外王之道，以期由開轉合。經暴秦到漢代，儒者復古更化，通經致用，以學術指導政治，而完成第一度的「合」（唯此合不夠圓滿：內聖一面落於綱常教化，德慧不透；外王一面，形成君主專制，天下為私）。

由魏晉到宋明，是第二度的開合。漢代經教式的儒學趨衰，而魏晉玄學興起，這是第二度的「開」。這一步開還只是自本自根的初步之開（自然與名教之衝突）。接下來，玄學亦趨衰而佛教興盛，這是異質文化加進來之後，人生方向與宗教信仰之開。經南北朝隋唐而到宋明，儒學（理學）復興，才完成第二度的「合」（這步合也不夠完整：內聖強而外王弱）。

晚明以來，則是第三度的大開。晚明三大儒（顧、黃、王）由「合」中引出開，這是儒家本身之開，由內聖轉外王。但因滿清入主，民族生命受挫折，文化生命受歪曲，結果外王開不成，學風轉為考據，遂使華族文化心靈日漸閉塞。近百年來又受西方強勢文化之沖激，文化生命更形委頓。到目前為止，中國文化仍在大開之中。如何達到第三度的大合，就是當前的課題了。

對於數千年來這三度開合發展中的學術，當代新儒家作了全程的疏導。從「量」看，自是不夠周延；但從「質」上看，其義理綱領與思想脈絡，都有恰當相應的詮釋與分疏，而為中國哲學史的撰寫，提供了很大的利便。

（五）疏通中西哲學會通的道路

〔提要〕

中國文化和西方文化的異同及其會通，可以說是中國知識界的「世紀困惑」。討論這個問題的人很多，而恰當中肯的講法卻非常之少。唐先生曾原則地指出：中國文化過去的缺點，是在於「人文世界」未曾「分殊的撐開」；而西方文化的缺點，則因人文世界盡量撐開而淪於分裂（今日之所謂科際整合，即是對此而發）。因此，中國文化應該「由本以成末」，西方文化應該「由末以返本」。

牟先生則以持續十四講的時間，來討論「中西哲學之會通」。其中有一個中心的意思，是借用《大乘起信論》的「一心開二門」，作為中西雙方會通的哲學間架。「真如門」相當於康德的智思界，「生滅門」相當於康德的感觸界。中西哲學同樣都是二門，但各有輕重。中國長於開真如門，西方長於開生滅門，彼此正須互補以相會通。至於順此會通而來的種種問題，牟先生也已作了層層之比對與深透之疏解（參見十四講）；其最後的融通，則見於《圓善論》一書之講述，以及關於「真美善之分別說與合一說」之疏解[9]。

〔申述〕

中西哲學的會通，是一個大問題。牟先生指出，講這個題目，一要通學術性，二要通時代性。

關聯著時代而言，是奮鬥的方向問題。當前中國文化奮鬥的方向，就是要破解馬列主義的價值標準，馬恩列史的意識形態不瓦解，世界就很難有真實的和平，人類也很難有康莊的前途，當然也就不可能有中西哲學之會通

[9] 《中西哲學之會通十四講》，講於 1982 年，八年後其錄音稿由臺北：臺灣學生書局出版。《圓善論》1985 年，臺灣學生書局出版。至於「真善美之分別說與合一說」，本欲寫成一書，後來由於陸陸續續又把康德的第三批判《判斷力之批判》漢譯出版，於是不再寫書，而改寫一長文〈譯者關於審美判斷之超越原則之商榷〉（計 90 頁），置於書端，作為對此問題之綜結。

（譬如只承認階級性，不承認普遍的人性，如何講會通？）。可見講哲學會通，不能不通時代性，否則，生命就不能通透，不能有明確的理性的奮鬥方向。

至於學術性一面，第一步必須瞭解中西哲學及其傳統，第二步則是依於瞭解來考量中西哲學能否會通，在此必須同時明徹會通的根據和會通的限制。

照牟先生看，西方哲學的精華集中在三大傳統，一個是柏拉圖傳統，一個是萊布尼茲、羅素傳統，再一個是康德的傳統，西方哲學不能離開這三大骨幹。康德批判地消化了在他之前的西方哲學之傳統。通過康德，可以知道哲學的來龍去脈。所以牟先生認為康德是中西哲學會通的最佳橋梁。在《現象與物自身》書中，牟先生依據中國儒釋道的傳統，肯定「人雖有限而可無限」、「人有智的直覺」。由中國哲學傳統與康德哲學之會合，而激出一個浪花，乃更能見出中國哲學傳統之意義與價值，及其時代之使命與新生。哲學家依據各聖哲之智慧方向，疏通而為一，以成就兩層存有論（現象界的執的存有論、本體界的無執的存有論），並通而為一個整一的系統（哲學原型）。這就是「哲學家」最積極、亦是最高的使命[10]。

康德由經驗的實在論融攝知識範圍內一切實在論的思想，由超越的觀念論融攝一切關於智思界者的思想。由經驗的實在論開感觸界，由超越的觀念論開智思界。而中西哲學對此兩界之或輕或重、或消極或積極，便正是考量中西哲學會通的關鍵所在（經過會通，中西哲學都必須各自重新調整，以展現新貌）。

至於《現象與物自身》書中的未盡之義，則由《圓善論》來圓滿。蓋哲學系統之究極完成，必須講到圓教與圓善，乃真可說是成始而成終。如果哲學不只是純技術，而亦不同於科學，則哲學亦是「教」（足以啟發人之理性，並指導人通過實踐以純潔人的生命）。依康德，哲學系統之完成是靠兩

---

10 按：在《現象與物自身》（臺北：臺灣學生書局）最後一節，牟先生引述了康德純理批判之一段話，而又比康德更積極地舉述了「去決定哲學之所規定者」的路數（頁464-469），共有七端，可供參證。

層立法而完成，在兩層立法中，實踐理性（理性之實踐的使用）優越於思辯理性（理性之思辯的使用）。而實踐理性必指向圓滿的善。因此，圓滿的善乃是哲學系統之究極完成的標識。哲學系統之究極完成，必函圓善問題（德福一致）之解決；反之，圓善問題之解決，亦函哲學系統之究極完成。到這一步，便是哲學的終極宗趣了。

四、結論：超越與開擴

儒家學術，可分為三期：孔孟荀董是第一期，宋明儒學是第二期，現在是第三期[11]。第三期的儒學還沒有做出客觀具體的文化業績（此須全民實踐，分工合作，乃能成就文化之共業），但就當代新儒家的學術器識及其所開顯的義理規模而言，不但已然超越宋明，而且也使先秦原始儒家的精神方向，顯示出新的充實和新的開擴。

【附識】

上文三之(2)末句，說及在文化反省和學術器識上，當代新儒家遠遠超越五四時代的知識分子。在此結論中，又有「已然超越宋明」之言。這二句話，與筆者平常論學之意態似不相類。須當略作說明。

所謂「超越五四」，乃意謂：(1)對文化傳統（含儒釋道與諸子）的理解，比五四時代更能如理如實、恰當相應。(2)確認民主乃是一種政治體制，西方可施行，中國也可施行。(3)確認科學也非西方之物，而乃人類文化心靈中的知性主體進行認知活動所完成的成果。地無分東西南北，皆可產生科學。(4)確認儒家不可能反對民主與科學，由民本民貴到民主，由德性主體開顯知性之用，都是文化生命的內在要求（要求實現價值），只要

---

11 儒學三期的劃分，是牟宗三先生在民國三十七年（1948）草擬〈重振鵝湖書院緣起〉時所首先提出。緣起文中明確表示，儒學第三期的文化使命，應為「三統並建」：重開生命的學問以光大道統，完成民主政體建國以繼續政統，開出科學知識以建立學統。

「緣」齊備，便自然可以成事。而所謂「超越宋明」，主要指三個意思：(1)當代新儒家同時表述「儒、釋、道」三教的義理，不再持取闢佛老的態度。(2)當代新儒家，對儒學內部的義理系統，不再持門派之見，而能作客觀之解析與全面之表述。(3)當代新儒家承認在「道統」之外，還有「學統」（指知識之學），還有「政統」，主張三統並建。

民國八十三年（1994）四月

出席日本九州「東亞傳統文化國際會議」論文

當代儒家的學術貢獻及其文化功能之省察

一、一個回顧：當代新儒家的精神開展

二十世紀是中華民族最倒運的世紀，而也是中國文化起死回生、貞下起元的世紀。而其中最具核心意義的關鍵性之大事，就是當代新儒家的崛起。

如果從民族文化生命「潛移默運」的意思來看，我們可以說，辛亥革命的精神，正是明末「顧、黃、王」三大儒精神之繼續。可惜當時革命黨人學問工夫有所不足，思想觀念不夠透徹成熟，所以未能完成建國的工作。而五四救國運動的結局，又轉成全盤西化的思想走向。接下來，馬列共產的思想也乘虛而入，終於造成中國大陸的滔滔紅禍。幸而中華文化的根基畢竟廣大深厚，經歷了雪上加霜的「文革暴亂」，仍然能夠起死回生。這個轉機的關鍵有三：首先，是明末三大儒「由內聖開外王」的思想方向，已逐漸成為全民族的共識。其次，是西方文明與馬列思想的強勢沖激，固然使中國人喪失文化自信，但也同時刺激文化心靈而使之步步甦醒。再次，是當代新儒家的孤懷閎識及其持續貫徹的精誠努力，業已解開了中華文化的學術困局。

所謂解開學術思想的困局，主要指下面幾點意思：

一、是重新認取內聖成德之教的價值，使今天中國人的「終極關懷」有了著落，而可以不必託身命於外來的宗教（或偏狂的思想信仰）。

二、是看出儒家傳統外王學之不足，認為必須有二步新的充實和開

擴：

(1)一步是自覺地調整民族文化心靈的表現形態，由德性主體開顯知性之用，以發展出科學知識。

(2)另一步是從傳統的「治道」（治權運作的軌道）轉出法制化的「政道」（政權移轉的軌道），以完成民主憲政的建國大業。

這是一種大的認知和大的理解，表示當代新儒家的文化反省和學術器識，已遠遠地超越「五四」。五四時代的人，否定中國文化傳統的價值。當代新儒家則一面肯定文化傳統的價值，一面也省察傳統文化的不足。此其一。五四人認為要民主、要科學，就必須拋棄傳統，全盤西化。當代新儒家則已確知民主科學都是文化心靈創發的文化成果。西方能，中國也能。此其二。當代新儒家共同認定：儒家傳統與民主科學之間，決非相逆的衝突，而應是「相順的發展」。所以民主科學一定可以從中國的文化生命和文化土壤中生長出來。此其三。

新儒家何以能超越五四？歸總一句話，就是他們能保住「千古不磨」的「本心」，而且還能持續開顯「心」的功能作用，而啟導了一個真實的思想運動，是即當代的新儒學運動。這第三期的儒學，雖然還沒有做出全面性的文化業績（此本是民族之共業，本需要人人參與，全民實踐），但就精神器識與義理規模而言，則當代新儒家的努力，也已使得先秦儒家的精神方向（內聖外王、成己成物、正德利用厚生），顯示出新的理解和新的開擴。因而，在下舉三項意義上，又可以說，當代新儒家已然超越宋明儒者：

第一、當代新儒家同時表述「儒、釋、道」三教的義理，而不採取「闢佛老」的態度。這是一大進步。

第二、當代新儒家對於儒學內部的義理系統，不持門派之見。無論孟子系、荀子系、程朱系、陸王系，都能根據文獻與義理之實，提出客觀的解析和通盤的表述。這是更合乎先秦原始儒家精神的一步開拓。

第三、當代新儒家，承認在「道統」之外，還有「學統」（指希臘傳統的知識之學），還有「政統」（落實於法制化的民主政治），而主張「三統並建」。這樣，才真正是通貫古今、會通中西，才真正是內聖與外王的大統合。

在此，我要引述二年前第三屆當代新儒學國際會議前夕，臺北所作宣傳海報上的話：

> 凡是願意以平正的心懷，承認人類理性所有的價值，以抵抗一切非理性的東西，他就是儒家，就是新儒家。

牟宗三先生這幾句話，正好可以表出當代新儒家的精神開展。在這裡，的確開顯了一個等同於理性世界的新儒家天地，可以促使我們以「既開放，又凝聚」的精神，來配合平正穩實的步伐，向前邁進。

二、當代新儒家的用心及其成就

誰是當代新儒家？新儒家用心的重點是什麼？他們有些什麼成就？這三句發問，都不易獲得標準的答案。但事實上，臺港海外與大陸學界也已形成了一些大體共同的認知。所以，下面五點意思，雖然是我個人提出的說明，但我相信決非私見，而是具有很大的共同性的。（下文舉述的五點成就，以牟宗三先生的講論比較全面，也比較整飭集中，故以下的說明，主要是以牟先生的學思著作為代表。）

（一）對中國傳統學術的新詮釋

中國文化學術的內容，雖有「經、史、子、集」四大類，但就學術思想的主導性而言，則當以「儒、道、佛」三教作為代表，而儒家尤為主流中的主流。二千年間，儒家有一個「闢異端」的傳統，從孟子「闢楊墨」到宋明儒家「闢佛老」，皆是。但儒家之闢異端，比起世界各大宗教之對付異教徒來，算是最王道、最理性的。它只是從言語文字上發議論，從價值判斷上作批判；並沒有根據教條之類的要求，而採取拒斥異教迫害異教的做法。到了當代新儒家，雖然站在「判教」的立場仍然辨佛、辨老、辨耶，但只有「辨」而無「闢」。那只是學術思想上的「辨異同」，和價值判斷上的基本抉擇。這當然可被容許，而且是永遠需要的。

當代新儒家，全面肯定三教的智慧系統，認為在處理「終極關懷」的問題上，三教所開顯的生命之道，不但應該持續傳揚，而且必須引申推廣，以供全人類借鏡採擇。因此，當代新儒家除了闡揚儒學，也同時講述道家和佛家的教義。從梁漱溟氏、熊十力氏以來，莫不如此。到唐君毅先生的《中國哲學原論》，[1]則對儒道佛三家之學，都以通論通釋的方法，作了極大篇幅的講述。徐復觀先生的《中國人性論史先秦篇》與《兩漢思想史》，[2]也對中國傳統的學術思想進行通貫而深入的疏解。

由此可知，當代新儒家對於傳統學術的基本態度，一方面是積極肯定，一方面是通盤反省。而在著述方式和內容上特顯謹嚴而專精的，則以牟宗三先生表述三教的幾部大著更具代表性。

他以《才性與玄理》[3]表述魏晉階段的玄學。此書比湯用彤氏的《魏晉玄學論稿》提出更深切而完整的討論，可算是這方面的經典之作，而文字之美也超乎讀者想像之外。對南北朝隋唐階段的佛教，則以《佛性與般若》上下二冊[4]作了通盤的講述。湯用彤氏的《漢魏兩晉南北朝佛教史》雖也是一部好書，但那是佛教史的立場，重在考訂，又只屬前半段。因此，從中國哲

[1] 唐君毅《中國哲學原論》，全書分《導論篇》、《原性篇》、《原道篇》、《原教篇》。後皆編入全集，由臺北：臺灣學生書局出版。

[2] 徐復觀《中國人性論史先秦篇》，臺北：臺灣商務印書館。《兩漢思想史》（三大卷），臺北：臺灣學生書局。

[3] 牟宗三《才性與玄理》，臺北：臺灣學生書局。

[4] 牟宗三《佛性與般若》上下冊，臺北：臺灣學生書局。

學史的立場來看，魏晉玄學之後，宋明理學之前，這五六百年間中國哲學思想的活動，仍然是荒蕪地帶。而牟先生此書，正是從中國哲學史的立場，來講述佛教傳入中國之後的發展。對於中國吸收佛教和消化佛教之過程及其意義，皆作了極其深透而相應的詮表。對宋明階段的佛學，則以《心體與性體》四大冊[5]進行全面的疏導。依牟先生之分判，北宋前三家：濂溪、橫渠、明道為一組，此時未分系。到伊川而有義理之轉向，此下，(1)伊川朱子為一系（心性為二），(2)象山陽明為一系（心性是一），(3)五峰蕺山為一系（以心著性）。而當「性」為「心」形著之後，心性也融而為一，故到究極處，象山陽明系與五峰蕺山系仍可合為一大系。此合成之大系，遠紹論語、孟子、中庸、易傳，近承北宋前三家，故為宋明儒學之正宗。至於此合成之大系（縱貫系統）如何與伊川朱子系（橫攝系統）相通，[6]則是另一個問題。於此，我們只能說，這三系都是在道德意識之下，以「心體」與「性體」為主題而完成的一個「內聖成德之學」的大系統。

牟先生表述三教的三大部著作，無論系統綱維的確立，思想脈絡的疏解，義理分際的釐清，都已達到前所未有的精透明徹。由此而上通先秦儒道二家，旁及名墨陰陽，則二千多年的中國哲學史，乃真能得其終始條理，而可以做到真正恰當相應的詮表與講論。

（二）對中國文化前景的新設計

清末民初以來，中國人的文化自信心，實已蕩然無存。五四時代否定傳統而走向全盤西化，接下來又走上俄化之路，華族文化命脈不絕如線。其間雖賴三五賢哲孤明獨照，抉隱發微，使中國學問的真義漸次朗現，無奈時代

---

[5] 牟宗三《心體與性體》三大冊，臺北：正中書局。《從陸象山到劉蕺山》，臺北：臺灣學生書局。

[6] 按：關於縱貫系統與橫攝系統之解釋，請參看蔡仁厚《中國哲學的反省與新生》（臺北：正中書局）一書〈朱子的工夫論〉一文註 32，頁 150。又蔡仁厚《儒家心性之學論要》（臺北：文津出版社）所附〈宋明理學綜述通表〉壹項之戊（頁 273），有「縱貫系統、橫攝系統」二表，亦可參證。

心靈「無體、無理、無力」，則雖聰明才智之士，也難免心志散塌，趨時流走，而不能植根立本，以識大理。

數十年間，許多深識之士，也對國族與文化之困頓，而有各種感懷與各種不同層次不同方式的反省與建言，但零零散散，綱領不顯，架構不成。所以說不上有整全的文化建設之新藍圖。直到民國四十七年元旦，唐君毅、牟宗三、徐復觀、張君勱四位先生發表「中國文化與世界」宣言，[7]文中廣泛地涉及存有論、心性論、修養論、學問方法、文化哲學、歷史哲學，以及政治、科學與東西文化之相資相益等等的問題。這是一個全面性的文化大反省，而且在反省之中還指出了人類文化走向新生的路道。而剋就中國文化生命的「本性、發展、缺點」而言，當代新儒家也已做了深切而全面的省察。

依孔孟之教，內聖必通外王，而如何開出外王事功，實乃中國文化生命的癥結所在。而對這個大癥結而深入思考，並直接提出解決之道者，首推牟宗三先生的新外王三書：《道德的理想主義》、《歷史哲學》、《政道與治道》。[8]這三部書有一共同主旨，是即「本於內聖之學以解決外王事功的問題」。歸總而言之，也即所謂「三統並建」之說，[9]承認在「道統」之外，還有「學統」「政統」的問題。

1.「道統」方面，是光大內聖成德之教，以重開「生命的學問」。這一個內聖成德之教，有久遠的傳統，它早已成為民族文化中定常的骨幹。同時，由於心性之學著重於講論常理、護持常道，所以它所開顯的生活原理和生命途徑，不只適用於中國，也適用於全人類。近二千年來中國文化的發展是「儒、釋、道」相互摩盪的過程。今後，必將是「儒、佛、耶」三教的相互摩盪以求融通。這是歷史運會迫至的文化情勢，也是東西雙方必須面對的時代課題。

---

7 按：此宣言由唐君毅先生執筆，編入其所著《中華人文與當今世界》（臺北：臺灣學生書局）下冊，頁 865-929。

8 按：此三部書，皆由臺北：臺灣學生書局印行。

9 按：「三統並建」之說，在民國三十七年，牟先生撰〈重振鵝湖書院緣起〉時首先提出。自此以後，常隨機申說，散見所著書文之中。

2.「學統」方面，是調整文化心靈的表現形態，開出知識之學（吸納希臘傳統）。傳統儒家講外王，集中於仁政王道與禮樂教化，對知識技術方面則未積極正視，所以沒有開出知識之學的傳統。如今面對西方強勢的科技文明，當然要深切反省。當代新儒家認為，我們必須自覺地調整民族文化心靈的表現形態，使「知性主體」從德性主體的籠罩之下透顯出來，獨立展現認知活動，以成就知識。如此，乃能使儒聖「開物成務」與「利用厚生」[10]的古訓，獲得充分的實現。

3.「政統」方面，是開出法制化的政道，完成民主政體的建國。中國傳統的政治形態只成就了「治道」，而未能開出客觀法制化的「政道」。所以形成「朝代更替，治亂相循」、「君位繼承，宮廷鬥爭」、「宰相地位，受制於君」這三大困局。當代新儒家認為，民主憲政的政治形態，正可消解這三大困局。由「民本」「民貴」到「民主」，乃是相順的發展，並無相逆的衝突。而推行民主政治，一須具備形式的架構（憲法所代表的體制），這是第一義的制度，也是政道之所繫。二須進行具體的實踐，也即遵循憲政的軌道，依照政治的本性，來推行各個層面的政治措施。

道統的肯定，是內聖之學的承續光大。學統的開出和政統的繼續，則表示儒家外王學一步新的充實和開擴。如此三統並建，可謂承先啟後，返本開新，是即當代新儒家對中國文化前景所提出的綱領性的新設計。

（三）對西方哲學之譯解、融攝與消化

一個大的文化系統，都具有普遍而永恒的價值，它和其他同等級的文化系統之關係，是衝突對立？還是和平共存？或是消化融攝？這是世界史上可以考見的。回教傳入印度，數百年間一直與印度教對立衝突，至於今仍然相持不下，時生紛爭。回教與耶教，在中東，在東南歐，至今仍在流血對抗之中。近數百年來，耶教隨著強勢的軍事政經力量，流向非洲與南北美洲，掩滅了當地較低層次的文化。而當它流向亞洲時，便碰上回教、印度教、儒

---

10 「開物成務」，見《周易・繫辭上》，「利用厚生」，見《尚書・大禹謨》。

教、佛教，面對這些同等級的文化系統，耶教傳播福音的工作不很順利，而且還發生過流血的衝突。今後將如何演變，還難說難講。

我想說明的，是以儒教為主流的中國文化，曾經做成一件人類史上功德無量的大事，是即以它非常「浩瀚深厚的文化生命」和非常「明敏高超的文化心靈」，歷經了五六百年（五世紀至十世紀）的持續努力，全面吸收而且通盤消化了外來的佛教。使佛教的智慧系統融入中國文化心靈之中，而達到「和而不同」（雖不同而能和）的境地。由於通過了歷史法庭的大考驗，所以中華民族能夠重建宋明六百年的儒學。但近代文明的烈火又酷猛地燒向中華民族。一百年來，西方的軍事、經濟、政治、外交、科技文明等等的力量，幾幾乎衝垮了中華。但我們並未倒下，終能挺立而站住。至於挺住之後，中國文化能否復興？就看：

> 我們能否像當初吸收消化佛教一樣，也能吸收消化西方哲學和西方宗教。

五四以來，學界人士一味求變而不能守常，只知「變化以求新」，不知「體常以盡變」所以無從獲致「本立而道生」的效果。尤其可怪的，是一批一批留洋的新學之士，竟無人發大心來翻譯具有代表性的西學經典。是不能？還是不為？

當代新儒家的心力，雖以「反省文化，講論儒學」為主，但本乎緜穆強烈的文化意識與學術意識，他們並未忽視譯述西學之重要。而牟宗三先生更在老年之時，持續而從容地把康德三大批判，全數漢譯出版。康德書出之後，陸續譯為各國文字，但從未有人全譯三書者，牟先生是二百年來世界第一人。而且，他又不只是「譯」，而且還作「註」，註文有時洋洋數千言。其疏解觀念與發明義理，實與康德原典互相印證，互相映發。牟先生指出，中國吸收消化康德之學，可以使中國文化生命開顯知性而更趨堅實；而康德之學最後的總歸趨則近於儒家，儒家可提升康德以使之百尺竿頭更進一步。因此，在譯註工作之外，他又撰著《智的直覺與中國哲學》、《現象與物自身》、《圓善論》三書，此三書加上第三批判《判斷力之批判》書前九大段之〈商榷〉長文，代表牟先生對康德學之消化。南北朝隋唐時代的中國人，歷經五六百年才完成對佛教之消化吸收，而牟先生以一人之力而能完成對康德學的吸收與消化，其學術功績，自可媲美於鳩摩羅什與玄奘之譯《大智度論》與《成唯識論》[11]。當然，牟先生這步工作之得以順利完成，是因為有「儒、釋、道」三教的義理智慧作為憑藉，而牟先生又正是在以專書表述三教之後，再進而譯註康德之書。可知學術之功，非勉強可得，非僥倖可成，而必須「勿忘勿助」、「真積力久」，[12]而後才能水到而渠成。

另外，牟先生在《認識心之批判》重印之際，又漢譯維特根什坦之《名理論》出版，這是在康德哲學之外，對另一系西哲思想之消化。

（四）對中國哲學史上哲學問題之省察

自從「哲學」此一名詞傳入中國，便引發中國有沒有哲學的質疑。中國有五千年的歷史文化，有儒道佛三家的智慧系統，何以會有人致疑於中國有沒有哲學？此無他，以西哲為標準，故鄙視中國自己之傳統耳。此乃一時之陋識，勿足深怪。如今已經歷了半個多世紀之「學」與「思」，中國人終於可以——

> 就中西哲學的特質，提出正確恰切的比對；
> 就中國哲學的精神取向，提出簡明扼要的說明；
> 就中國哲學之現代化與世界化之問題，提出相應中肯的省思。

同時，中國人也已有了能力，可以——

---

11 按：牟先生在康德批判書三大部全數出版之後，特於壬申除夕，寫示數語云：「此書之譯，功不在玄奘、羅什之譯唯識與智度之下，超凡入聖，豈可量哉，豈可置哉！然真正仲尼臨終不免嘆口氣，人又豈可妄哉，豈可妄哉！牟宗三自題。諸同學共勉。」

12 「勿忘勿助」乃孟子之語，見《孟子・公孫丑上》。「真積力久」乃荀子之語，見《荀子・勸學篇》。

釐清中國哲學演進發展的思想脈絡；
分判中國哲學異同分合的義理系統；
闡釋中國哲學的基本旨趣及其價值；

而且，也已能夠衡定中西文化融攝會通的義理規路。

對中國哲學作反省，其實就是進行全面性的學術批判。無論是縱向度的省察，和橫向度的比對，都是必要而不可少的。由於中國文化和中國哲學的世紀境遇，是前古未有的複雜和艱困，所以對於哲學的省察，不但要有慧識、睿見，而且還要有學力（質的意義之學養）。否則，他的省察便只是一些浮泛的意見而已。自五四以來，真正致力於中國哲學之反省，真能為中國文化之新生貫注精誠而殫思竭慮的，還是當代新儒家的前輩學者。從梁漱溟氏、熊十力氏，到唐君毅先生，都有極大的貢獻，而牟宗三先生則更集中而通貫地作了專門的省察和疏導，是即《中國哲學十九講》。[13]這部講錄的主要內容，包括下列諸問題：中國哲學的特殊性、普遍性，中國哲學之重點，先秦諸子之起源，儒家系統之性格，道家玄理之性格，玄理系統之性格：縱貫橫講，道之作用的表象，法家所開出的政治格局，先秦名家之性格，魏晉玄學之課題與玄理之內容與價值，緣起性空所牽連的哲學理境，二諦與三性：如何安排知識之問題，起信論之一心開二門，佛教中圓教的意義，分別說與非分別說以及表達圓教之模式，圓教與圓善，宋明儒學概述，縱貫系統之圓熟。另外，還有一篇講錄，是指出中國哲學在義理開創中的十大爭辯：[14]儒墨的爭辯，孟告生之謂性的爭辯，魏晉玄學之會通孔老，言意之辯，神滅不滅的問題，天台宗山家山外辯圓教，陳同甫與朱子爭漢唐，王學的致知議辯，天泉四無九諦九解之辯，以及中國文化的暢通問題（含破共、辨耶、立本、現代化）。

中國哲學智慧的表現，主要集中於儒道佛三方面。然而此一東方老傳

13 《中國哲學十九講》，乃牟宗三先生在臺大哲研所之講錄，臺北：臺灣學生書局出版。

14 參蔡仁厚《中國哲學的反省與新生》（臺北：正中書局），頁27-32。

統，自明亡以來，久已衰微，尤其近百年來遭受西方文化之衝擊，知識分子對於中國哲學的精神面目，乃益形模糊，甚且業已遺忘。牟先生在臺大哲學研究所講述中國哲學所涵蘊的問題，並不是他一時的興會，也不是他偶發的議論，而是切關於中國哲學之系統綱格與義理宗趣者。其中所釐定的各種問題，也對中國哲學之發展具有重大的啟發性。所以十九講中所舉述的問題，皆有所本。通過這一步通貫性的綜述，各期思想的內在義理可得而明，而其所啟發的問題也義旨確切而昭然若揭。於是，固有義理的性格，未來發展的軌轍，皆已不再隱晦；而繼往開來的道路，也確立了指標而有所持循。到此方知，文化慧命之相續不已，固可具體落實，而並非徒託空言。而一部像樣的、好的中國哲學史之寫成，已經是可能的了。

（五）對中西哲學會通之路的疏導

文化必須交流，思想應求會通，這種話人人會講。數十年來，也已有不少人提過不少意見。但那些意見，也只是意見而已。浮光掠影，泛而寡當，很少有學術性的價值。而一些所謂比較哲學的論著，又常隨意比附，鮮能有真知灼見者。可見欠缺孟子所講的「知言」工夫，是很難平章天下學術的。

在講罷中國哲學十九講之第四年，牟先生又應臺大與聯合報文化基金會之聯合邀請，假臺大講堂講述「中西哲學會通之分際與限度」，後來整理成書，名為《中西哲學之會通十四講》，由臺灣學生書局出版。牟先生指出，中國哲學和西方哲學的會通，乃是一個大題目，講這樣的題目——

一要通學術性

二要通時代性

關聯著時代而言，是奮鬥的方向問題。當前奮鬥的方向，就是要瓦解共黨的馬列主義之標準。（按：當時，作為共產天堂、共產帝國之「蘇聯」，尚未解體。）若不能瓦解馬恩列史的意識形態，世界就不能和平，人類就沒有前途，當然也就不可能有中西哲學之會通。可見講哲學會通，不能不通時代性。否則，生命就不能通透，不能有明確的奮鬥方向。至於通學術一面，第一步是要了解中西哲學及其傳統，第二步是依於了解來考量中西哲學能否會通：明徹其會通的根據與會通的限制。

哲學有其普遍性，也有其特殊性。由普遍性可以講會通，由特殊性可以說限制。普遍性是由觀念、概念來了解，特殊性則是由生命來講的。普遍性的觀念必須通過特殊的生命來表現，此即表示普遍性的真理要在特殊性的限制中表現。以是，哲學雖是普遍的真理，但哲學也同時有其特殊性。由於有特殊性，所以有中國的哲學，也有西方的哲學；由於有普遍性，所以中西哲學可以會通。

牟先生認為，西方哲學的精華集中在三大傳統，一個是柏拉圖傳統，一個是萊布尼茲、羅素傳統，再一個是康德的傳統。此三大傳統可以窮盡西方哲學，西方的哲學大體不能離開這三大骨幹。康德批判地消化了在他以前的西方哲學之傳統。在康德哲學裡，一切哲學的問題和哲學的觀點都有談論，他對哲學的概念，哲學的論辯，以及哲學性的分析，全部都提到。通過康德，可以知道哲學的來龍去脈。康德對反於「經驗的觀念論」與「超越的實在論」，而建立了他的「經驗的實在論」與「超越的觀念論」。由經驗的實在論融攝知識範圍內一切實在論的思想，由超越的觀念論融攝一切關於智思界者的思想。由經驗的實在論開「感觸界」，由超越的觀念論開「智思界」。而中西哲學對此兩界的或輕或重，或消極或積極，則正是考量中西哲學會通的關鍵所在。經過會通，中西哲學都要各自重新調整：

(1)在智思界方面，中國哲學很清楚而通透，而在西方則連康德也不能夠通透，故必須以中國哲學通透的智慧照察康德的不足，而使之百尺竿頭更進一步。

(2)在知識方面，中國哲學傳統雖言見聞之知，但究竟沒有開出科學，也沒有正式的知識論，故中國對此方面是消極的。然則西方能給中國多少貢獻，使中國也能積極地開出科學知識？這樣來考量中西哲學的會通，才能使雙方更充實，更能向前發展。

在此，牟先生借用佛教大乘起信論的「一心開二門」以為說，認為這是中西雙方共同的哲學間架。依佛教本身的講法，所謂二門，一是真如門，一是生滅門。真如門就相當於康德的智思界，生滅門就相當於康德的感觸界。中西哲學雖然同樣都是二門，但二門孰重孰輕，或是否已充分開出來，則彼此實有不同。順此而涉及的中西哲學之種種問題，在十四講中皆已作了層層之比對和透闢深細之疏解。（其詳，請參閱其書）

另外，近一年來，在鵝湖月刊連載的《四因說演講錄》（共二十講），則主要是從亞里斯多德的「四因說」，以對顯出儒釋道三家哲學之要義及其精采。這是牟先生針對中西哲學之會通，再一次提出他深刻的思考。（按：此講錄已於八十六年三月由鵝湖出版社印行。）

三、義理上的具足與功能上的限制

以上分五小節，以說明當代新儒家對文化學術的貢獻。第一點是關於「儒、釋、道」三教的表述，這是中國文化最為核心的智慧系統。經過當代新儒家的努力，可說已使三教義理，煥然復明於世。第二點是對中國文化傳統中「政道、事功與科學」的問題，進行深入的疏解，並提供中肯的解答（三統並建）。這是真能順承明末「顧、黃、王」三大儒由內聖開外王之心願遺志者。[15]第三點是對西方哲學重要典籍的翻譯與融攝消化，重現了晉唐高僧翻譯佛經的風範。而且另有專門著作出版分別消化西哲所講「真、善、美」的文化真理。第四第五兩點，是關於中國哲學所涵蘊的問題，以及中西哲學會通的分際與限度，當代新儒家皆以系統性的講錄，作了全盤的疏導和衡定。其透闢深徹，實已開啟文化「返本開新」之善端。

然而，文化學術之復興或重建，並非少數學者思想家的努力即可竟其全功。而且文化傳統也本有系統上的限制，以及在演變發展過程中帶出來的問

[15] 按：關於儒家「由內聖開外王」的問題，牟宗三先生在《人文傳習錄》（蔡仁厚輯錄，臺北：臺灣學生書局出版）第二十一至二十四講，論之最為順通暢達，精當中肯。請參閱。

題和流弊。這些問題已經歷了長時期的省察，也一直有著激烈的爭議。在此不能一一縷述。現只提出二點，作一說明。

第一、「理」上無侷限，「事」上有侷限

中國的傳統文化，當然不可能盡美盡善。但僅就儒家為中心而顯示的文化理想與精神方向而言，基本上可以看出中國文化能夠「通物我、合天人、貫古今、徹幽明」。由此四語而顯示的，實乃一個寬平融通充實飽滿的文化系統。在五千年的演進發展中，中國文化可以順時制宜，以得「時中」；可以「守經通權」，體常道以盡變化之用。因此，我曾經一方面提揭「仁智雙彰、天人合德、因革損益、據理造勢」四義，以指出儒家義理在人類世界中所含具的普遍而永恆的價值；一方面又就「倫理的實踐、政治的開新、經濟的發展、學術的推進」四目，以申述儒家對現代社會所可昭顯的時代意義與適應功能。[16]而我昔年所綜括的儒家思想基本旨趣八大端，[17]也可證實儒家學術足以作為「人類生活的基本原理」和「人類文化的共同基礎」。

我並無意於把天下一切美好的字眼，都堆到儒家和中國文化頭上；但我也不認同專挑一些非本質性的流弊而坐實為儒家和中國文化的過罪。我不屑於自誇自大，更不忍心自賤自貶。因此我要求自己也希望別人都能說實話。先儒常有「吾性自足」之言，心性是道德價值的泉源，人文世界中一切道德價值的成果，都是本乎道德心性「不安不忍憤悱不容已」的要求而一一成就的。（此所以中國文化不走宗教的路，也不必上仰一個人格神的上帝作為一切價值的根源。）據此可知，所謂「吾性自足」乃屬實話，並非空言。從「質」上來看，儒家之教的道理，內聖外王，修己治人，成己成物，天人內外，可謂無所偏失。（此之謂義理上的具足。）但從「量」上看，則許許多

---

16 參蔡仁厚《儒學的常與變》（臺北：東大圖書公司）頁 22-41，〈孔學精神與現代世界〉。

17 同上，頁 46。所謂八大端，即：1.「人性本善」的道德動源。2.「天人合德」的超越企向。3.「孝弟仁愛」的倫理思想。4.「情理交融」的生活規範。5.「生於憂患，死於安樂」的人生智慧。6.「因革損益、日新又新」的歷史原則。7.「修齊治平、以民為本」的政治哲學。8.「內聖外王、天下為公」的文化理想。

多理所當為的事，卻常有遷延而未能實行，或行之而不夠圓滿，（此之謂功能上的限制。）可知在絕對普遍的「理」（理一）上並無侷限；但一落到現實（分殊）之「事」上來，則由於客觀條件之不充備與主觀人為之不得法，而顯示出各種各類的侷限性。這種情形，不止儒家如此，一切文化系統，莫不皆然。當然，知識之學與民主體制之未能開出，確屬傳統儒家之欠缺，必須補足之。不過，以往沒有，今後可以有。這二大侷限皆可以突破。所以不能視為中國文化本質性的限制。

第二、就理而言，新儒家必須通觀並顧；就事而論，新儒家不能也不必包辦一切

傳統儒家的不足，當代的新儒家必須通觀並顧，以補其缺失。但作為當代儒家的學者思想家（其代表人物，可屈指而數），實不可能也無必要包辦一切。因為文化是整體的、全面的。實務層次的工作，分門別類，需要各種專門知識也需要各種專門人才。儒家學者如能在「文化的反省、觀念的疏通、思想的架構、理想的開顯、價值的取向、實踐的進路」這些理念層上盡心盡力，便可算是克盡職分，功在文化。（但一個儒者本於不安不忍憤悱不容已之心，他永遠不可能淺薄地居功自滿。他仍然希望在研究與講學之外，也有精力參與其他實務的工作。）

理想是奮鬥的目標，本不容易即時達到。但理想也終須落實，虛層（理念層）的原則方向，總該對實層的事物發生主導規範的作用；這就必須擔當實層工作的人，也能對虛層的原則方向產生「共識」。這是否可能呢？當然可能。因為本乎「人心之同然」而顯示的原則方向，自必為人所認同而漸次形成共識。倒是實層上許多必要的知識條件和技術條件，乃屬專業專技之性質，並非人人都能具備。而新儒家的學者思想家們，也大體無法直接講論「專業知識之學」和處理「專家專技之事」。因此，凡是實用性的知識，以及處理實務的具體方案，都要仰仗學者專家，以及政府機構來盡其職守。新儒家謹守分際，「不敢強不知以為知」，對於自己不知不能之事，必然是：尊重客觀的學術，尊重分門別類的專業專技的知識，尊重政府官員和民意機構的職權，尊重各行各業的正當利益。

第三、致望學界分工合作、相與為善，共創文化之輝光

總之，順就中國文化的充實發展，而言「民主建國」，而言「科學發展」，都必須植根於中華民族的生命，植根於中華文化的鄉土，經由中國人自己的努力來完成。所以，沒有一個中國人能夠自外於中國文化的復興大業。全世界的華人子孫，都必須「人各盡其才，才各盡其用」，乃能使中華民族的諸多問題漸次解決，以臻於「社會安和，國族雄健」之境。我尤其盼望學界之「分工合作，相與為善」，如此，才有希望共創文化之輝光。

民國八十五年（1996）七月

出席中研院「儒學在現代世界國際會議」論文

當代新儒學的回顧與前瞻

一、當代新儒家的成就——以牟宗三先生的著作為主線

當代新儒家的學術活動與著作出版，已逾半個世紀。上二代前輩先生的學術功績，可以從各方面作衡量。今天，我是以自己較為熟悉的牟宗三先生為主線，順就他的著作，約為五點：「闡明三教、開立三統、暢通慧命、融攝西學、疏導新路」，提出說明。[1]

（一）闡明三教：儒釋道三教義理系統之表述

自古以來，有人講儒家，有人講道家，有人講佛教，各有立場。而當代新儒家雖然持守儒家立場，但同時也肯定佛老二氏，認為在處理終極關懷的問題上，儒釋道三教開顯的生命之道，都可以提供全人類來借鏡和採擇。所以從梁漱溟氏、熊十力氏以來，除了闡揚儒家之道，也同時講述道家和佛家教義。唐君毅先生更以通論通釋的方式，對儒釋道三家之學，作了極大篇幅的講述。歸總而言，當代新儒家對於傳統學術的基本態度，一是積極肯定，二是通盤反省。而在著述的方式和內容上特顯謹嚴而專精的，則以牟宗三先生表述儒釋道三教的幾部大著作，具有更大的代表性。

他的《歷史哲學》是要建立華族歷史的精神發展觀。上自夏商周，春秋戰國秦，下及西漢東漢，認為中國的國家政治之規模，至東漢而大定，後代政制的改革，皆屬第二義以下的枝節。所以魏晉以後，不再講政治，轉而論

---

1 按：這五點說明，雖以牟先生為主線，而其他前輩先生也同樣有貢獻，請大家各就所知，如實宣揚。

學術。

他以《才性與玄理》表述魏晉階級的玄學，以《佛性與般若》表述南北朝隋唐階段的佛教。前者比湯用彤氏的《魏晉玄學論稿》更完整，更深切，可以說是講魏晉玄學的經典之作。後者則是唯一以中國哲學史的立場，來講述佛教傳入中國之後的發展。對於中國吸收佛教和消化佛教的過程及其意義，都作了非常深透而相應的詮表。這部書的成就，也應該是空前的。對於宋明階段的儒學，則以《心體與性體》四大冊[2]進行全面的疏導。從北宋以來，宋明理學講了八九百年，但其中系統分化的關鍵，以及本體的體悟與工夫的進路，一直互有偏頗，泛泛不切。到牟先生，才以八年的心血，通盤而徹底地作了釐清和衡定。宋明清楚了，先秦儒家也可以隨之而清楚。同理，魏晉清楚了，先秦道家也可隨之而清楚。以此之故，原先規劃要寫一部「原始典型」以講述先秦儒道二家的學術，便自然擱置了。（當然，後人還是可以而且必須接下去研究講論。）

牟先生這三大部著作，無論思想綱脈的疏解，義理分際的釐清，以及系統綱維的確立，都已達到前所未有的明透。如果套用一句古話，我們真可以說：儒釋道三教的義理，到此已「煥然復明於世」。

（二）開立三統：文化生命途徑之疏導

儒家有深厚強烈的文化意識，也同時凝為道統意識，這是從孔子孟子而下及韓愈朱子，都有所表示和論說[3]。而內聖必通外王，也是儒家的通義。但如何開出外王事功，則一直未能落實於體制。而且傳統儒家的內聖通外王，也只通向政治，講求仁政王道，至於「開物成務」、「利用厚生」[4]的知識條件和技術條件，則一直未予直接之關心和積極之講求。數千年講學，

2 按：《心體與性體》三冊，加上《從陸象山到劉蕺山》，合為四大冊。

3 儒家的「道統」之說，雖到韓愈、朱子始言之明確，但孔子盛贊二帝三王的話，散見論語各篇，而孟子盡心下最後一章，更已說到聖道之統的傳承。請參閱蔡仁厚《孔孟荀哲學》卷上、孔子之部第九章第三節之一「傳道之儒」，頁 160-163。

4 「開物成務」，語見《周易・繫辭傳上》。「利用厚生」，語見《尚書・大禹謨》。

也是以「道統」涵蓋「學統」，聖人之道與聖人之學通而為一，這雖然也很好，但知識性的學問未能透顯獨立，總是文化上的大缺失。

民國以來，學界深識之士，也對文化問題有所反省，但多半是零零散散的意見，說不上是文化建設的藍圖。直到民國四十七年元旦，唐君毅、牟宗三、徐復觀、張君勱四位先生的文化宣言，才算是對中國文化生命的「本性、發展、缺點」作了一個全面性的大反省。其中最為中心的癥結就是「如何開出事功」？面對這個大癥結作深入思考，並直接提出解決之道的，首推牟先生的新外王三書：《道德的理想主義》、《歷史哲學》、《政道與治道》。這三部書有一個共同主旨，是即「本於內聖之學以解決外王事功的問題」。歸總而言之，也就是所謂「三統並建」[5]，承認在「道統」之外，還有「學統」「政統」的問題。

「道統」方面，是要光大內聖成德之教，以重開「生命的學問」。道統所函的常理常道，不只適用於中國，也適用於全人類。在以往，儒釋道三教相互摩盪一二千年，今後，必將是「儒佛耶」新三教相互摩盪以求融通。這是歷史運會迫至的文化情勢，也是東西雙方必須面對的時代課題。「學統」方面，是要調整文化心靈的表現形態，開出知識之學。以往沒有開出，今後必將開出。其中的關鍵是要自覺地調整文化心靈表現的形態，使「知性主體」從德性主體的籠罩之下透顯出來，獨立展現認知活動以成就知識。如此，乃能使儒聖「開物成務、利用厚生」的古訓，獲得充分的實現。「政統」方面，是要開出法制化的政道（安排政權的軌道，也即政權轉移的制度），以完成民主政體的建國。中國傳統的政治形態，只成就了「治道」（宰相制度可為代表），而未能開出「政道」，所以「朝代更替，治亂相循」，「君位繼承，宮廷鬥爭」、「宰相地位，受制於君」。這三大困局二千年來一直無法解決，而民主政治的政治形態，正好可以消解中國傳統政治的三大困局。而由儒家「民本」「民貴」的思想，落實為「民主」的體制，

---

5 按：「三統並建」之說，在民國三十七年牟先生撰〈重振鵝湖書院緣起〉時首先提出。自此以後，常隨機申說，散見所著各書之中。

也本是順理成章的發展，並沒有本質上的困難。

上述「三統」代表文化生命的三個方面。而三統的同時並建，也確實可以打開華族文化生命的癥結，而開顯一條順適條暢的新途徑。個人認為，今後數百年中華民族奮鬥的總綱領已然確立，未來的成敗得失，就看朝野上下的中國人如何分工合作齊心努力了。

（三）暢通慧命：抉發中國哲學所涵蘊的問題

在二十世紀，中國文化和中國哲學所遭逢的境遇，其複雜和艱困都是空前的。而五四以來，真正致力於中國哲學之反省，真能為中國文化之新生貫注精誠而殫思竭慮的，還是當代新儒家幾位前輩先生。從梁、熊二氏到唐君毅先生都有很大的貢獻，而牟宗三先生則更集中而通貫地作了專門的省察和疏導，是即《中國哲學十九講》。

在十九講的講述，並不是他一時的興會，也不是他偶發的議論，而是切關於中國哲學之系統綱格與義理宗趣者。其中所抉發和釐定的各種問題，也對中國哲學今後的發展具有重大的啟發性。所以十九講所舉述的問題，皆有所本（即，本於他的《才性與玄理》、《佛性與般若》、《心體與性體》各書所表述的義理）。通過這一步通貫性的綜述，中國固有義理的性格，未來發展的軌轍，皆已不再隱晦，而繼往開來的道路，也確立了指標而有所持循。到此方知，文化慧命的相續不已，固可具體落實，而並非徒託空言。

由於國人對自己文化傳統的隔閡與無知，常以為中國文化是一個停滯不進的封閉系統。其實，在二千多年大開大合的發展中，中國文化本就不斷有義理的開新。牟先生曾列舉中國哲學史上的十大諍辯，每一次諍辯都含有義理的開創性。[6]一為儒墨的諍辯，二為孟子對告子「生之謂性」的諍辯，三為魏晉玄學家之會通孔老，四為言意之辯，五為神滅不滅的問題，六為天台宗山家與山外關於圓教之諍辯，七為陳同甫與朱子爭漢唐，八為王龍溪與聶

---

[6] 民國七十五年十二月，牟先生在中央大學講「中國文化發展中義理開創的十大諍辯」，講詞發於中國時報與鵝湖月刊。蔡仁厚《中國哲學的反省與新生》（臺北：正中書局），頁 27-32，曾加介述，可參看。

雙江的「致知議辯」，九為周海門與許敬菴「九諦九解」之辯，十為當前中國文化如何暢通的問題（此中含有四件事：破共、辨耶、立本、現代化）。這十大評辯的舉述，不只是反省地述古，而更是前瞻地開新。如何暢通中國哲學的慧命，使之能真正進入世界哲學之林，為人類的人文世界盡其主導性的貢獻，都可以從十九講和十大評辯的省察中開啟新路。

（四）融攝西學：康德三大批判之譯註與消化

中國曾經融攝印度傳來的佛教，這是文化生命浩瀚深厚的徵驗，也是文化心靈明敏高超的表現。今後我們能否像當初吸收消化佛教一樣，也能吸收消化西方哲學和西方宗教？這其中有一個重要的關鍵，就是現代的中國人能否像晉人唐人一樣，也有意願有能力來翻譯具有代表性的西學經典。

當代新儒家的心力，雖然以「反省文化，講論儒學」為主，但也並不忽視譯述西學的重要，而牟先生更在老年之時，從容而持續地將康德三大批判翻譯出版。以一人之力全譯三批判，這是二百年來世界第一人。而且，他又不只是翻譯而已，同時還作「註」。一條註文有時洋洋數千言，無論疏解觀念或發明義理，都可以和康德原典互相印證，互相映發；如此「精誠貫注、譯解雙行」的工作，實可媲美於玄奘、鳩摩羅什之譯唯識論與大智度論。當然，牟先生這步工作之得以順利完成，是因為有「儒、釋、道」三教的義理智慧作憑藉，而牟先生又正是在他以三部專著表述三教之後，再進而譯註康德之書。可知學術之功，非勉強可得，非僥倖可成，而必須「勿忘勿助」，「真積力久」[7]，而後乃能水到渠成。

尤有進者，牟先生不但「譯、註」三大批判，而且還特別撰寫專書來消化三大批判：以《智的直覺與中國哲學》、《現象與物自身》消化第一批判，以《圓善論》消化第二批判，以一百頁之長文〈真美善的分別說與合一說〉消化第三批判。這裡所顯示的智思與學力，自康德書出以來，也鮮有比

---

7 「勿忘勿助」乃孟子之語，見《孟子・公孫丑上》，「真積力久則入」乃荀子之語，見《荀子・勸學篇》。

倫。

此外，牟先生在《認識心之批判》重印之際，又漢譯維根斯坦的《名理論》出版，這是在康德哲學之外，對另一系西哲思想之消化。

（五）疏導新路：中西哲學會通的道路

人人都會說，文化必須交流，思想必須會通。但一般的意見，多屬浮光掠影，泛而寡當。而所謂比較哲學，又常隨意比附，很少真知灼見。可見欠缺孟子所說的「知言」工夫，是無法平章天下學術的。

牟先生指出，中國哲學和西方哲學的會通，乃是一個大題目。講這個題目，一要通學術性，一要通時代性。關聯時代而言，是奮鬥的方向問題。當前人類奮鬥的方向，就是要解消馬列唯物的意識形態，否則，世界就不能和平，人類就沒有前途。這樣，當然也就不可能有中西哲學的會通（當馬列的意識形態是個絕對標準時，你將如何講會通）？可見講文化會通，不能不通時代性。至於通學術一面，第一步是了解中西哲學及其傳統，第二步是依於了解來考量中西哲學如何會通？即，必須明徹其會通的根據和會通的限制。

牟先生指出，西方哲學發展到康德，是一個大的綜結。康德批判地消化了在他以前的西方哲學之傳統。通過康德可以知道哲學的來龍去脈。康德建立了他的「經驗的實在論」和「超越的觀念論」，由前者而融攝知識範圍內一切實在論的思想，由後者而融攝一切關於智思界者的思想。由經驗的實在論開感觸界，由超越的觀念論開智思界。而中西哲學對此二界的或輕或重，或消極或積極，則正是考量中西哲學會通的關鍵所在。經過會通，中西哲學都要各自重新調整。(1)在智思界方面，中國哲學很清楚而通透，而在西方則連康德也不夠通透，故必須以中國哲學通透的智慧照察康德的不足，使之百尺竿頭更進一步。(2)在知識方面，中國哲學傳統沒有開出科學，也沒有正式的知識論，那末西方能給中國多少貢獻，使中國能積極地開出科學知識？這樣來考量中西哲學的會通，乃能使雙方更充實，更能向前發展。

於此，牟先生借用佛家大乘起信論的「一心開二門」以為說，認為這是中西雙方共同的哲學間架。中西哲學都是二門（真如門相當於康德的智思界，生滅門相當於康德的感觸界），但二門孰重孰輕，或是否已充分開出來，則彼此實有不同。順此而涉及的種種問題，在《中西哲學之會通十四講》裡，皆已作了層層之比對與透闢深細之疏解。（其詳請參閱原書）另外，在鵝湖月刊連載的《四因說演講錄》（共二十講），則主要是從亞里斯多德的「四因說」，以對顯出儒釋道三家哲學之要義及其精采。這是牟先生針對中西哲學之會通，再一次提出他深刻的思考。

※　　※　　※

中國文化發展到今天，不但原先的儒釋道三教和諸子之學要融通，而且更要和西方文化傳統相結合，要求一個大綜和，這是中華民族自覺要做的一件大事。所以必須根據自己文化生命的命脈，來跟西方希臘傳統所開出的科學、哲學，以及西方由於各種因緣而開出的民主政治，來一個大結合（跟基督教沒有綜和的問題，而是判教的問題。判教，是對不同的系統提供妥當的安排。）先把自己民族文化生命的命脈看清楚，然後了解西方的傳統，也即從希臘的科學傳統、哲學傳統，一直到現在的自由、民主政治，這不就是一個大綜和嗎？

四年前，牟先生在第二屆新儒學會議作主題演講時，曾特別指出，科學與自由民主乃是理性上的事，是人類理性中所共同固有的。既然是人類理性上的事，怎麼能單單屬於西方呢？可見這不是西化的問題，而是現代化的問題。他又說，科學和自由民主不是哲學家一個人的事情，這是大家的事情。大家肯定科學、肯定自由民主，自然就可以一步步開發出來。這裡所謂「大家」，臺灣、大陸，都在內。大陸和臺灣都走科學和自由民主的道路，我們不就可以自由講學了嗎？而當代新儒家就是要在自由民主政治的保障之下，在學術自由的開放社會之中，來擔當歷史運會中這個大綜和的必然性。

二、未來中國文化的走向

前節五大端的說明，其實已經顯示中國文化未來的走向。現在換個方式，分別從「重開生命的學問」、「貫徹現代化的道路」、「落實人文教化」這三方面，提出比較具體的說明。

（一）重開生命的學問

中國哲學的傳統，基本上就是生命的學問，生命的學問以心性義理為核心。但儒釋道三教的心性之學已成散塌之勢，所以時代心靈「無理無體無力」，而安身立命之道也無法豁顯挺立。然則，我們將如何正本清源，以疏通「源頭活水」，這就不能不重開生命的學問。

如何重開？表述三教的智慧系統，暢通內聖外王之道，融攝西方哲學宗教的精華，這都是應有之義。（略見上節）在此，另提三點意思：

第一點是文化心靈的凝聚

文化心靈是文化學術的源頭活水，它必須淵渟深涵，而後乃能「原泉滾滾，不舍晝夜，盈科後進，放乎四海。」[8]然而民國以來，上承清代之餘勢，學風卑陋，士品猥雜。抱殘守闕者，固然學無義法，言失宗趣；而醉心西化者，尤其淺慧小識，浮囂歧離。所以二十世紀的中國心靈，呈顯散馳流走，而不見凝聚貞固。

在如此情形之下，人將無法理解「生命的學問」之意義，也無法肯定「聖、賢、君子」的價值。順這個意思來想，我們可以發現當代新儒家之所以如此寂寞，如此難得解人，皆非偶然。不過轉過來看，當代新儒家精誠弘毅、堅苦卓絕的精神，也已在時風的對顯中，漸漸明朗出來，人們也終於感受到：唯有凝聚而不散馳的心靈，才有可能理解真理，貫徹理性，以成就人文世界的諸多價值。

第二點是文化精神的開放

心靈要凝聚，精神要開放。中土三教的精神，基本上都是開放的。道家反對人為造作，要求清靜無為，要求無待消遙，這是開放的精神。佛家要觀空破執，要出離生死苦海，也是解脫開放的精神。儒家是道德的進路，道德實踐要人從感性欲求的制約中超拔出來，以表現生命的善和完成人生的價

---

8 語見《孟子・離婁下》。

值。人生的價值不只立己成己，也要立人成物，這種積極的精神更是開放的。有人說，先秦儒的精神是開放的，宋明儒的精神是內斂的。其實，先秦儒的精神也同時是內斂的，宋明儒的精神也同時是開放的。凡是有所嚮往，有所擔當，都必須向內收斂，同時又向外開放。如果不能內外相通，又如何能成己成物？我用「文化心靈的凝聚」和「文化精神的開放」來講「重開生命的學問」，正以此故。

「生命的學問」講求成真人、成佛、成聖賢，那是理想、目標。就這套學問本身而說，則是要人通過自覺，肯定生命中的心性本體，肯定人人都能通過他自己的工夫方式，以表現生活的意義。只要人的生活行為沒有負面的罪惡而有正面的意義，那就是生命價值的昭顯（價值大小，非所計較）。因此之故，士農工商，都可以踐行聖人之道，都可以成君子、成聖賢，武訓就是一個例證。陸象山說「我雖不識一字，亦須還我堂堂地做個人」。武訓不識字，吃了虧，但他「不怨天，不尤人」，而以一念真誠，推己及人，他希望世間人都能識字，所以用他乞討的錢來辦義學。學生不用功，他向你下跪，請你好好讀書，老師不盡心，他也向你下跪，請你好好教書。唐君毅先生說：當武訓向人下跪時，就彷彿上帝化身為乞丐，匍匐於人的面前，而要求人的人格上升。唐先生的話說得深切感人。武訓表現的精神，正為生命的學問作了最真切的見證。

（二）貫徹現代化的道路

「現代化」，不只是一個時間觀念，也不只是一種生活方式，而是一個有價值內容的觀念，現代化的真實意義，是指近代西方文明的成就而言，其基本的內容有三：一是民族國家的建立，二是人權運動的展開，三是知識的獨立發展。一二兩點合起來，成就了民主政體的政治形態，和（有法律秩序的）自由開放的社會，第三點則是科學的發達。科學的學理發展為實用的技術，再下來便是「產業革命」、「工商發達」、「自由經濟」，這三者都是知識獨立以後的成果。

當代新儒家對中國文化問題，比五四時代的人作了更徹底的反省和更深入的思考，確認儒家思想與民主科學並無相逆的衝突，而是相順的發展。所以當代新儒家在貫徹現代化的道路上，業已建立共識。簡括而言，即是下列兩個綱領性的重點。

第一是支持民主政體的建國

由貴族政治形態（春秋以前），到君主政治形態（秦漢以後），再發展到建立憲政體制以完成民主政治的形態，這是歷史發展的必然，無有別路。而由儒家民本民貴的思想，進一步落實而為民主政治的體制，也本是義理上應然而必然之事。當代新儒家之所以支持民主政體的建國，並不只是看做政治上的事，而認為它是「為生民立命」「為萬世開太平」的盛德大業。

在以往，講到生命的安頓和貞定，總以為是個人安身立命的問題，是心性修養的問題，這是從內聖方面去想。而一個民族乃是一個集團，集團生命的安頓和貞定，不同於個人的立己成德。它必須向客觀制度上去想，這就是所謂「外王」。以前，由內聖通外王，是直接的方式，所以稱呼王與君為「聖王、聖君」。雖然說，外王事功不應割斷內聖之德，但內聖之德畢竟不等於外王事功，外王也不應只是主觀之德的發用，而必須建立客觀的體制，才算是開顯政治的宏規。而民主政治這一套體制，正就是這個宏規。它不但可以保障權利和義務的公平運作，而且可以使個體和群體的生命，同時獲得客觀的安頓和貞定。這種意義的安頓，不是內聖的安頓，而是外王的安頓；這種意義的貞定，也不是人品性情的貞定，而是客觀體制上的貞定。由此可知，廣義的政治乃是民族生命客觀實踐的大事，它的意義非常正大，非常莊嚴。〔當代新儒家比較重視客觀的學術和客觀的事業，而不像傳統儒家那樣直接立志做聖賢。這是精神表現形態上的一步調整，也正合乎「聖之時者」的道理。因此，十幾年前有一個美國人說「梁漱溟是最後一個儒家」，那種話並沒有真實的意義。而鄭家棟博士最近論及當代新儒家時，曾感歎說這是一個「沒有聖賢的時代」。這句話也是不需說的。儒家本來就要「明明德於天下」，本來就肯定人皆可以為聖賢，並不一定要從形式上突顯特定的個人，說某某人是這個時代的聖賢。〕

第二是建設學術自由的園地

民族生命要安頓，要貞定；文化生命則要開顯，要放光。所謂文化生命要「開顯」，是指「由德性主體開知性」。中國傳統文化所開顯的是德性文化的光輝，而民族文化心靈中的知性主體，一直未能從德性主體的籠罩之下透顯出來。今後必須自覺地調整文化心靈的表現形態，使德性主體開顯知性之用，使知性主體也能大放光明。如此，知性之光與德性之光，交光互映，乃能重新開顯中華文化的光輝。

儒家的心性之學，雖以道德心性為主綱，但認知心的觀念線索也自古有之。先秦時期的荀子和南宋時期的朱子，他們所講的心都是認知心。只因為他二人的學術目的，仍然定在內聖成德上，所以並沒有開出知識之學的傳統。但「非不能也」，「是不為也」。順儒家思想來發展知識之學（科學），可以有二條路：一條是良知（德性主體）自我坎陷，轉而為認知心（知性主體），以展開認知活動，成就知識。一條是順荀子和朱子所講的心（認知心）直接用於認知事物，在方式上這仍然是朱子所謂「即物而窮其理」（但必須是窮究事物本身的形構之理：性質、數量、關係），如此也自然能夠開出知識之學。可見由德性主體開顯知性之用，在儒家也可以是順理成章之事。問題在於我們能不能提供「學術自由」的園地。

學術自由，聽起來很普通，但真要建立起「學術自由的園地」，卻並非容易之事。在中國歷史上雖然沒有宗教教條控扼學術思想的自由，但從黨錮之禍以下，歷代「禁偽學」、「文字獄」的事件，也一樣是對學術自由的壓制和迫害。如今，大陸上固然還有意識形態的籠罩，在臺灣也偶而還會有一些無謂的干擾和限制，而近年來普遍「泛政治化」的情形，也不利於學術。我們覺得與其提倡「校園民主」，不如強調「校園自由」（研究的自由、思想的自由、講學的自由）。校園之所貴，不在行使公民權利，而在創發學術真理。所以校園之內，理當根絕政治活動的干擾。一入校門，便是學術的獨立王國。校園之內，學術高於一切，甚至是價值唯一的標準（有人品的人應受尊敬，但有品無學，校園不宜）。一個國家，必須具備獨立自由的學術王國，使人人可以理所當然地自由講學。這樣，才能發展學術，培養人才，以完成現代化的文化使命。

儒家的孔子、孟子，都曾建立思想自由、講學自由的學術王國（讀論語、孟子，便見分曉）。歷代儒者的民間講學，也是要在官學系統之外，建立學術自由的王國。而當代新儒家在抗日戰爭時期創辦三大書院[9]，大陸變色之後，又在香港創辦新亞書院，這都是爭取學術自由的具體實踐。我們希望國人正視「學術自由」對「中國現代化」的重要性，來共同為建設「學術自由的園地」而努力。

（三）落實人文教化

我一貫認為，儒家的義理，不但亙古常存，事實上也時常顯露於人的存心動念之間，表現於人的生活日用之中，即使在中共文化大革命之時，也仍然隱伏於人的心靈之內而不時躍動，所以儒家永遠是「鮮活的」[10]。但儒家的禮樂教化，卻已鬆塌散落了。教化層的散塌，形成儒家的無力感，隨時隨事都感到有心無力。而如何振衰起弊，又很難有具體對症的有效藥方。這是當前的實情，無庸為諱。

人文教化，應有三個層次：一為器物層，二為生活層，三為理念層。

1.器物層：

器物層包括文物器用，人文景觀，以及各種工程建設。就文物器用而言：在圖書文獻方面，如何保藏，如何管理，如何影印重版，如何發行流通，都必須運用現代的技術和設備，來作妥善的處理和有效的利用，使知識的寶藏，發揮教育的功能。在器物方面，諸如禮器、樂器、祭器、酒器、茶

---

[9] 抗日戰爭時期，有四川樂山之「復性書院」（馬一浮主持，熊十力曾任主講），重慶之「勉仁書院」（梁漱溟主持，熊十力一同主講）、大理之「民族文化書院」（張君勱主持）。此三書院就講學之實務而言，效果不大，但就儒者之精神企向而言，實顯巍然高卓之象，故大陸學界習稱此為「抗戰時期新儒家三大書院」，此一稱說，饒有意味。

[10] 蔡仁厚《儒學的常與變》（臺北：東大圖書公司），頁 9-12，有〈儒家的鮮活之氣〉一節，可參閱。

具、服飾，以及玉石、象牙、陶瓷、金屬等等的古玩手飾，還有醫卜星相、農漁工商各行各業日用的器皿，這些器物，都是祖先的心血，應該珍惜。除了保藏複製，還可以用仿古的方式，使它的手工之精、技能之巧、藝術之美，復現於世。

就人文景觀而言，主要是建築之美，以及由建築景觀所顯示的歷史文物之意義，有如宮殿、城堡、園林、祠堂、廟宇、亭台、樓閣，以及佛教的寺院，道家的道觀，其他宗教的教堂，還有名勝、古蹟、寶塔、華表、碑碣……這些都是人文景觀。我們除了要保存它歷史的價值，並要使它顯發人文的意義和教化的功能。譬如攝影印成畫冊，或者拍成錄影帶，使人在觀賞之時有身歷其境的感覺，再加上文字旁白的說明，效果就更佳了。通過人文景觀的遊歷和觀賞，它所代表的精神就能通貫到現代人的生命之中，和現代人的心靈融合而為一，使古人今人的精神血脈交感相應。

至於工程建設，似乎無關於人文教化，其實不然。工程建設雖是科學的成果，但卻常常由於「不同的歷史背景、不同的文化傳統、不同的生活方式、不同的風俗習慣、不同的宗教信仰」，而染上文化的特質和種族的色彩。中國是歷史悠久之國，在我們從事現代化的建設時，是否曾想到在現代化的形式外觀上，同時也賦予它歷史文化的意涵和人文傳統的風格呢？是否也想到在科學化的功能運作上也能恰切地貫注一份人文的精神，使它處處蘊含人文的質素，隨時顯發文化的氣息呢？我認為這是很有意義的一層考慮。

2.生活層：

現代化的真諦，是要使人的生活更有意義，使文化的活動更有價值。在此，無暇舉述生活的種種規範，而只能就生活意義的實踐，提出三點意思：

(a)禮讓與公益：禮讓與爭競是相對的。好爭競的人常損人以利己，而禮讓則能舍己而從公。可見禮讓和公私之辨是直接相關的。禮讓不是為了私己的利便，而是為了成全公益。所以禮讓的精神，是「讓利不讓義」。利之所在，可以讓；義之所在，則當仁而不讓。因此，急公好義，見義勇為，正可視為禮讓精神的積極表現。其實，禮讓也並非只是古風。譬如民主國家的政黨競選，是爭；但執政者的政策不能取信於民時，則主動潔身而退，這就是讓。兩黨政見不同，但在野黨基於國家利益，襄贊執政黨共成國家之治，這也正是「成功不必在我」的禮讓精神。由此可知，現代化不一定要反古道，古道中的精神也常能有助於現代化之完成。

(b)信義與功利：現代化不能不發展工商業，而工商社會必然崇尚功利。功利之習與信義之風，雖然互為反對，但相反者未必不能相成。譬如工商社會也同樣要求人信守諾言，履行義務。但如果人不崇信，不尚義，則法律和契約的效能也將難以發揮。反之，如果國民以信義為重，以背信不義為恥，則必不會為了利而背信，也不會見利而忘義。這樣，就可以轉化功利之習為「急公好義」之風。因此，培養國民崇尚信義的價值觀念，不但可以救濟功利之弊，而且可以使現代化的發展，導向健康正常的道路。

(c)敬業與效率：現代社會，人人定時上班下班，看起來好像都能克盡職守，但究竟算不算「敬業」呢？如果他的工作目標只是為了得到一個好的職位和一份優厚的薪資報酬，那麼他勤奮工作便只是為了個人的利益，而不一定算是敬業。不敬業的員工，不可能有凝聚的向心力，也很難持續發揮工作效率。敬業樂群，本是儒家倫理的精神，而日本企業界拜儒家之賜，充分發揮了敬業精神，所以人人「以工作為事業」而全力以赴，他們對事業成敗的關心，超過對職位高低的計較；對整體利益的關切，也超過對待遇厚薄的要求。所以他們的企業單位能夠凝聚不散，持續發揮工作的效率。

3.理念層：

理念層所顯示的是原則和方向。原則是一種運用，而運用之妙，存乎一心。這樣說，好像很空洞，因為原則本就是虛層的宗趣。但虛層上的原則，卻能顯發真實的智慧，決定實踐的方向。前面說過，中國現代化的主綱是完成民主建國和開出知識之學。對儒家而言，這是外王之學的充實和開擴。但外王之學不能和內聖之學（文化精神）脫節，尤其不容許和內聖之學相衝突。而生命的原則和實踐的方向，又正是內聖之學的血脈所在。茲陳三義，略作提揭：

(a)倫理本位，天理中心：一般而言，中國文化可以說是「人本」的文化，和「神本、物本」有所不同。進而就文化的內涵宗趣而言，又可歸結地說，中國文化以倫理為本位，以天理為中心。天理，即是仁，即是良知，即是本心善性。因此，凡是「抹煞人性、傷天害理、忤逆倫常」的思想理念，都是和中國文化的原則精神相牴觸、相違背的。

(b)天人合德，物我相通：以儒家為主流的中國文化沒有走宗教的路，而是道德和宗教通而為一；也沒有走征服自然的路，而是人生和宇宙通而為一。因此，儒家的天人關係是和諧相通的。天命天道下貫而為人之性，人盡心盡性以上達天德，天德和人德，天道和心性，是上下相通、相互回應的。凡是「只講天道而不講人道（心性）」或者「只講心性（人道）而不講天道」，都不合乎文化生命的原則方向。同時，儒家的仁道，內以成己，外以成物。它是一個感通的活體，不但與家國天下相感通，也與天地萬物相感通，而且還貫通時間之流而與歷史文化相感通。因此，凡是「只求自己解脫，只救自己靈魂，而不救國家民族，不救歷史文化」的宗教、思想、主義、學說，都不合乎中國文化的精神方向，都是我們所不取的。

(c)報本返始，守常應變：儒家同時肯定天地是宇宙生命之本始，祖先是個體生命之本始，聖賢是文化生命之本始，所以主張三祭（祭天地、祭祖先、祭聖賢）以報本返始。儒家看生命，從來就不採取「小我、個體我」的觀點，而是貫通民族文化生命，把人看做一個源遠流長的生命體。所以，凡是「拉掉民族生命之常道，割斷文化生命之本根」的言行，儒家都認為是忘本、忘恩（忘懷天地生化之恩，忘懷祖先生養之恩，忘懷聖賢教化之恩），這種敗德之行，不可饒恕（但可悔改）。同時，儒家認為文化的演進發展，必然是前有所承，後有所開，所以揭示「時中」之義。「中」是不變的常道，是經；「時」是應變的原則，是權。儒家之學，有經有權，有常有變，「守經以通權，守常以應變」，所以能與時俱進，萬古常新。

以上三個層次的說明，是從器物層、生活層，說到理念層。其實，就中國現代化的理序而言，三者的順序正好應該倒轉過來。首先，必須依據理念以顯發原則方向，這是理念層；順從原則方向以表現生活的意義，這是生活層；進而創造各方面具體的文化成果，則屬於器物層。

三、結語：一心璀璨，萬樹競榮

黃梨洲寫《明儒學案》序，開端第一句便說：「盈天地，皆心也。」心是萬化之本，是道德價值的總根源，人文世界中「真、美、善」的價值，都是心靈創發的成果。雖然在心靈活動以及心靈創造價值成果之時，也需要物質性的配合，但人類文化的創發開展，其主動力並非來自物質，而是來自精神。所以持唯物論的觀點來講論文化歷史，乃是一種偏執之見。堅持這種偏執之見是不合乎理性的。排斥理性所造成的偏執，不但是「偏」，而且是「僻」，所以牟先生說他們是「僻執」。[11]

僻執者必不理性，所以不能走入坦途。而當前這個時代是最需要理性的。今天中華民族的「文心」（文化心靈）既要凝聚，又要開放。凝聚，始能貞固自立而有所守；開放，始能感受因應而有所為。能守其所當守，為其所當為，此便是理性的坦途。從今以後，當代新儒家允宜循行兩條路線：

第一是從相對走向融通：儒家的基本精神歷來都是以「相通」代替「相對」。但二十世紀的儒家，一直處於受貶挨打的地位，它不能不把非儒家的觀念系統看做是相對的彼方，而彼此之間也不免有衝突，有激盪，經過半個多世紀的努力，當代新儒家認識了老傳統，也認識了新思想，認識了東方的儒釋道三教，也認識了西方的哲學和宗教。其中的異中之同，同中之異，也已有了確切的分判，彼此相資相益的切要之點也有了明透的辨識。如今，時間上的古今新舊之不同，空間上的中土西方之差別，都已有了溝通融和之道。而孔子「和而不同」的話，也可以順其意而改說為「雖不同而能和」了。融和，乃是人類文化的大通之道，我們深信不疑。

第二是從顯立理想落實到分工合作：孔孟所印證的「怵惕惻隱之仁」乃是價值世界的根源，也是儒家建立人性論的根核。而人性論的時代意義與文化意義，首先是對治唯物論與馬派的人性論。這是怵惕惻隱之仁第一步的衍

11　見牟宗三〈僻執、理性與坦途〉，編入《時代與感受》（臺北：鵝湖出版社），頁97-118。

展。再進一步便是「踐仁」的過程。在踐仁的過程中，含有「家、國、天下（大同）與自由、民主、道德、宗教」之重新肯定。因此，一個文化運動的推展，除了提揭理想、顯立理想，也必須同時想到具體落實的問題。無論家庭倫常、國家政治、世界大同，以及自由人權、民主法治、道德實踐、宗教活動等等，都應該基於怵惕惻隱之仁而交感相通。大家化疏隔為融通，異地同心，分工合作，各學派、各宗教、各民族、各國家，都在理性的道路上自由自律來行走，使人的仁心，都能隨其生活，隨其工作，隨其思想，隨其信仰而具體的踐行，真實的表現。於是，人文世界中一切「真的、善的、美的」價值，皆得以隨時創發，一一成就。是之謂「一心璀璨，萬樹競榮」。天地貞觀，嘉善吉祥。豈不漪歟盛哉！

民國八十五年（1996）十二月講於第四屆當代新儒學國際會議開幕式

近五十年來臺灣地區
中國哲學史的研究與前瞻

一、弁言

首先，應作解題。

所謂「近五十年來」，是指民國三十八年至八十七年（西元 1949-1998），這是海峽兩岸持續隔離的年代。所謂「臺灣地區」實意是臺海地區，而且還應該概括香港。理由有二，一是近五十年來，臺港兩地的人文學者來回走動，或在兩地擔任教職，或往來兩地作短期講學。二是在港的哲學學者，其著作十之八九皆由臺北出版；在臺學者也常在香港刊物發表文章。所謂「中國哲學史之研究」，一指大學課程，二指著作出版，三指學術研討，所謂中國哲學史之前瞻，則是一個很寬鬆的概括詞語，可以前瞻三五十年，也可前瞻百年乃至數百年。中國哲學史發展，當然要作前瞻性的思考和說明。

其次，是寫作的態度及其要點。

本文將從「中國哲學史」所涵蘊的問題，提出全面性的疏導和說明。其中含有：(1)對中國哲學的基本認識，有如中國哲學的源流系別，中國哲學的特質，中國哲學的優、缺、得、失。(2)中國哲學史的「分期」，分期不明確，即表示欠缺恰當相應的理解，故分期甚關重要。(3)對中國哲學史的教與學，諸如說話的立場，生命的感通，智慧的接續，都應該有所措意。(4)中國哲學史的未來，此即中國哲學現代化與世界化的問題。凡此，本文將盡可能地兼顧和做到。

二、背景說明（以二本書為代表）

二十世紀的上半世紀，有二本具有代表性的中國哲學史出版。一是胡適的《中國哲學史大綱》，二是馮友蘭的《中國哲學史》。

胡先生的書只寫到先秦階段，我們無從知曉它全部的內容。現在只就其書「以老子開頭」這一點加以檢討。胡先生說老子是「革命家」，是「徹底的反對派」。然則——

1. 老子這個反對派，他反對的是什麼呢？

2. 如果說老子反對「聖、智、仁、義」（所謂絕聖棄智，絕仁棄義），那末，「聖智仁義」算不算一個價值系統中的價值標準呢？

3. 如果算，它是誰創立的？它有沒有發生過正面的作用呢？

4. 一個能起作用的價值系統，是否也含有一種哲學思想呢？

5. 如果不能否認它也含有一種哲學思想，為什麼胡先生加以割截，而不予理會呢？

也許有人說，胡氏書中也列有一節「詩人時代」以代表老子以前的思潮，但胡先生所敘述的其實不是什麼思潮，而只引用了一些詩經裡不滿社會狀況和政治現實的詩句，以表示詩人們怨怒的情緒而已。依胡氏書中的敘述，似乎中國的歷史文化，一開頭就是黑暗混亂，一無是處。在此，我們不禁要問，詩經裡面是否也有從正面表述清平政治的詩篇？是否也有讚頌先王功業和聖賢德教的詩篇呢？事實上當然有，而且還不少。然則，胡先生何以一句都不提呢？而且，老子以前的文獻也不止是一部詩經，譬如尚書裡面也有哲學性的觀念，為什麼一概加以抹煞呢？

一本哲學史，對於這個文化系統「創始階段」的思想觀念，不作一字一句的正面說明，而開天闢地第一個哲學家竟然就是「反對派」；這無論如何，都是一種不及格的寫法。馮友蘭的哲學史倒改向正面了。馮書先寫孔子，而且對孔子以前有關「宗教的、哲學的」思想，也有所說明。不過，馮氏的哲學史，卻又有更大的問題。

馮氏將中國哲學史極其簡單的分為「子學時代」與「經學時代」，他如此分期所顯示的意思，主要有三點：

1. 他以西方哲學史的分期為模式，來劃分中國哲學史的階段。

2. 他以漢代以前為「子學時代」，這是民國以來一般的說法（其實並非妥當）；以西漢董仲舒一直到清末為「經學時代」，則是馮氏個人的判斷。他認為西漢以來各個階段的哲學思想，所表現的精神都是「中古的」，相當於西方中世紀的經院哲學。

3. 基於第 2 點的判斷，於是他就顢頇地認為，中國哲學史沒有「近代」。

西方「文藝復興」所開啟的，是一種「反中古」的精神方向。從哲學方面來說，就是不願意使哲學再淪為「神學的婢女」，而要求恢復希臘傳統中哲學獨立的地位。在中國方面，宋明理學也是自覺地要求恢復先秦儒家的慧命，以重新顯立儒家在中國文化中的主位性。如果類比於西方來說，宋明儒者「不滿意兩漢的經生之學，不滿意魏晉的玄學清談，不滿意佛教執中國思想界的牛耳」，這種精神方向，正與西方近代哲學「反中古」的精神相類似，怎麼反而說宋明儒者的精神是「中古的」？而胡書認為宋代以來的儒學，是中國的「近代哲學」，倒表現了他對歷史文化的通識。

馮氏以西方哲學的進程為標準，妄判中國哲學史沒有「近代」，正所謂「只知有西，不知有東」，不免有「出主入奴」之嫌。我們不可忘記，中國文化是一個獨立的系統（無論哲學思想、道德倫理、文學詩歌、音樂戲劇、繪畫雕刻，以及生命情調、生活方式等等，都顯示中國文化的原創性、獨立性）。中華民族有自己的文化問題和思想問題，有自己的文化生命所透顯的原則和方向。因此，你只能說在中國哲學史上沒有出現「西方式」的近代哲學，而不能說中國哲學沒有近代——中國哲學史的「近代」，為什麼一定要以西方哲學史的近代為模式呢？（至於說，西方近代哲學很有價值，值得學習，則是另一個問題。那是中國哲學的路向問題，必須另說另講。）馮氏顢頇地認為中國哲學自西漢以下二千年中所表現的精神，都是「中古的」，拿來和西方中世紀的經院哲學（神學）等同並觀，這就表示他對中國文化生命開合發展的「脈動」根本沒有感受，對中華民族的哲學智慧和哲學器識，也欠缺相應的了解。

另外，在文獻運用上，馮書也有「牛頭不對馬嘴」的情形。例如他根據託名南嶽慧思的《大乘止觀法門》講天台宗，陳寅恪氏審查書稿時已指出此書是偽託。但馮氏似乎不服善，仍然用這本與天台宗開宗的智者大師不相干，而又不合天台教義的偽託之書，來講天台宗的思想，這樣，就顯得最基本的知識的真誠也有所不足了。馮書比較有價值的部分，是對名學的講述。他對惠施、公孫龍、墨辯，乃至荀子正名篇所做的疏解，都有他的貢獻。不過，名學並非中國哲學的重點，我們不能通過名學來了解中國傳統思想。至於中國哲學的主流，馮書的講述則大體不相應、不中肯（譬如他說「良知」是一個「假設」，便是顯例）。

但也須知，馮書撰寫於八年抗戰之前，在那個時代，中國學術界對中國哲學的反省疏導還不夠深入，對「魏晉玄學、南北朝隋唐佛學、宋明理學」這三個階段的學術思想，也還沒有充盡明徹的了解。所以，馮氏的哲學史寫得不夠中肯，不夠相應，並不完全是他一個人的責任，而也是那個時代的客觀之限制。

三、對中國哲學的基本認識
（源流、系別、特質、評判）

六經，是中國文化思想的「源」，六經以下的諸子百家，則是中國文化思想的「流」。平常提到六經，都認為是儒家經典。其實，六經本屬於整個華夏民族的，並不必然地單屬儒家。只因為墨家、道家、法家以及名家、陰陽家，都不願意繼承文化的老傳統，只有孔子，他不但自覺地承述六經，而且賦予六經以新的詮釋和新的意義，這才使得六經成為儒家的經典。同時，也因而確定了孔子繼往開來的地位。所以，更確切地說：孔子以前是中國哲學的「源」，孔子以後是中國哲學的「流」。孔子以前，是二帝三王的聖王之統，那是王者的禮樂之教。孔子順著這禮樂之教的方向而進一步創發仁教，使禮樂之教中的「生活的形式規範」內轉而為「生命的自覺實踐」。這就是孔子的創造，也可稱之為孔子的傳統。而孔子的傳統，正是中華民族文化思想的中心骨幹，也是民族文化生命的總原則和總方向。二千五百年來，中國歷史文化的演進，雖然有激盪，有起伏，有曲折，有分化，但無論先秦的諸子，兩漢的經學，魏晉的玄學，南北朝隋唐的佛學，以及宋明的理學，全都是在一個「文化生命主流」的涵蓋籠罩之下，所顯示的大開大合之發展。[1]

中國哲學的系別，筆者認為應該從中國文化生命大開大合的發展中看。歷來對於源流系別的說法，有當有不當，必須重新作相應的了解和妥適的判定。舉例而言，魏晉的玄學，或分為正始名士、竹林名士、中朝名士，這是依時代先後而標名；或分為名理派、玄論派，這樣也失之籠統。蓋魏晉名士皆談名理，前期以談才性為主，後期則談易與老莊之玄學。故應分為「才性名理系」與「玄學名理系」，方得其實。[2]又如佛教傳入中國之後，通常所說的空宗、有宗，或唯識、法相、天台、華嚴、淨土、禪宗等等名稱，雖皆各有意指，但就表出佛家的教義系統而言，這些名稱仍然不夠明晰與妥恰。民國以來，太虛法師與印順法師提出「性空唯名、真常唯心、虛妄唯識」三系之分，則較能顯示佛家教義之系別。今又依佛性與般若觀念，判分為般若系、阿賴耶緣起、如來藏緣起，這樣的講法則尤為妥適而顯豁。[3]再如宋明理學，只講程朱理學、陸王心學，也不夠周延明晰。牟宗三先生依於心性關係而判為(1)心性為二的伊川朱子系，(2)心性為一的象山陽明系，(3)以心著性的五峰蕺山系。而開端的北宋前三家（周、張、大程），則只有義理之開展，並無義理之分系。[4]從以上有關玄學、佛學、理學分系之簡提，可以看出哲學系統的分判，對於哲學思想的理解是否能夠相應，大有關係。這是很重要的。

---

1 蔡仁厚《新儒家的精神方向》（臺北：臺灣學生書局，1982 年 3 月），頁 1-13，對中國文化之開合發展，作了說明，請參看。

2 參牟宗三《才性與玄理》（臺北：臺灣學生書局，1963 年初版，1974 年重版）。

3 參牟宗三《佛性與般若》（臺北：臺灣學生書局，1977 年 6 月）。

4 參牟宗三《心體與性體》（臺北：正中書局，1968 年 5 月），綜論部。

中國哲學的特質，本文不擬詳說。在此，只提出五點簡明之對比，以見出中西哲學之差異。從差異對較中即可顯出中西哲學之特質。

1. 西方文化「以物為本、以神為本」，中國文化「以人為本」。

2. 西方文化「首先正視自然」，中國文化「首先正視人」。

3. 西方文化「以知識為中心」，中國文化「以生命為中心」。

4. 西方文化「重客體性，重思辯」，中國文化「重主體性，重實踐」。

5. 西方文化「學與教分立」，中國文化「學與教合一」。

同時，西方文化以「知性」為主，它的主要成就有三：一是科學，二是民主，三是宗教。科學是「心與物對列」，民主是「權利與義務對列」，宗教是「人與神對列」。西方文化既然以「主客對列」的格局來表現，所以它的精神是「向外追求，向上攀緣」，是一種單向度的無限伸展。結果是「取單向而無迴向，有追求而無反求」。因此，不講反求諸己、反身而誠。而文化生命中的德性主體，也無法獨立地透顯出來。因此，在西方知性文化的傳統裡，沒有心性之學，沒有成德之教。但依中國哲學傳統，德性生命上下四方的流通貫注，雖然可以創造「天下一家」、「慧命相續」、「天人和諧」的廣大豐厚的價值世界，但在西方知性文化對較之下，我們可以發現近代西方通過「科學、民主」所開創的事功，正是中國文化所欠缺的。傳統儒家所講的「外王」，的確有方式上和內容上的不足。因此，我們又可以說：西方文化「知性強而德性弱」（德性，非泛泛之詞，乃直指德性主體而言。）中國文化「內聖強而外王弱」（仁政王道，不能滿足「開物成務、利用厚生」所必需的知識條件和技術條件。）以是，西方文化宜當取資儒家乃至道佛二家的智慧，以期調適而上遂，而中國文化則須調整文化心靈的表現形態，以開出政道（民主政體）與知識之學（科學）。

基於以上的簡述，乃可以對中國哲學作如下之評判：

第一、中國哲學器識弘大，智慧甚高，而思辯力則比較弱。

第二、中國哲學重實踐過於重知識，其理論亦以滿足實踐為依歸。

第三、中國哲學不重立說以顯己，而重文化慧命之傳承相續。

哲學思想是文化生命顯發的「共慧」，不是任何人可得而私。所以自古以來，中國始終沒有「著作權、出版權」的觀念。人之為學，是要投身於文化生命之流，與古人智慧相應接相映發，以期得之於心，顯之於行。人之述作，目的在闡揚聖賢之道，以延續文化慧命；而並非為了顯揚一己的名聲。因此，「自立一說」的欲求並不很強。中國哲學文獻之所以多散篇記語，而少有系統性的專著，這是根本的原因。

上文第二節的背景說明，第三節對中國哲學的基本認識，都是近五十年來哲學學者接續研究省察之所見所得。這種恰當相應的理解與判析，遠遠超越上半世紀的見解，這是下半世紀學者們的學知功夫積漸所致，得之非易，故特分為兩節，先作簡述。

四、中國哲學史的分期

中國哲學史的分期，一般有兩種基本類型。

第一種，是以朝代為分期的依據。通常分為六個階段：(1)先秦諸子學，(2)兩漢經學，(3)魏晉玄學，(4)隋唐佛學，(5)宋明理學，(6)清代樸學。這六個階段雖可概括中國數千年的學術，但「兩漢經學」與「清代樸學」，和哲學思想的關係是很少的。這種分期，可以用來講學術史，不宜用來講哲學史。

第二種，是以西方歷史的分期為模式，套在中國哲學史上來講。這可以胡適先生的說法為代表。他在哲學史的「導言」裡，曾經提出他的主張。他把中國哲學史分為三個階段：

(1)古代哲學——從老子到韓非，為古代哲學，又名「諸子哲學」。

(2)中世哲學——從漢代到北宋之初，為中世哲學。

甲、中世第一期：從漢代到東晉之初，為子學的延續與折衷。

乙、中世第二期：從東晉到北宋之初，印度哲學盛行於中國。

(3)近世哲學——宋元明清時期，為近代哲學。並以清代為古學昌明時期。

胡先生這種「古代、中世、近代」的分期法，很明顯是西化派的觀點。

不過胡先生還算不錯，他承認中國哲學在世界哲學史上的地位。他認為世界上的哲學，有東西二大支。東支又分為印度和中國二系，西支也分為猶太和希臘二系。(1)在古代時期，這四系都是獨立發生的。(2)到了漢代以後，猶太系加入希臘系，成為歐洲中古的哲學。印度系（佛學）加入中國系，成為中國的中古哲學。(3)到了近代，歐洲的思想，漸漸脫離了猶太系的勢力，而產生歐洲的近世哲學。在中國方面，印度系勢力漸衰，儒家復興，而產生了中國的近世哲學，歷宋元明而至清代。胡先生還說到，由於二十世紀東西兩支哲學互相接觸，他預料五十年、一百年之後（也即我們現在這個時候），可能會發生一種世界的哲學。[5]

馮友蘭《中國哲學史》分為「子學」「經學」二階段的分期法，上文第二節已有述評。茲不再贅。在馮著出版三四十年之後，勞思光先生完成了一部新的《中國哲學史》[6]，他把中國哲學史分為三個時期：

(1)初期——又名發生期。指的是先秦階段。

(2)中期——又名衰亂期。包括漢代哲學、魏晉玄學、南北朝隋唐的佛教哲學。

(3)晚期——他稱之為由振興到僵化的時期。指的是宋明理學，再下至清代戴東原。

勞先生這個分期法，在大階段的分劃上，相當於胡適先生所分的「上古、中古、近世」三個階段。不過，勞先生認為兩漢學術是儒學的衰落期，魏晉玄學則是「上承道家旨趣而又有所誤解」的一種思想，而南北朝隋唐的佛教，則是乘中國哲學衰敝而流行到中國來的；所以判漢代至唐末為中國哲學史的「衰亂期」。他對「中期」這個階段的分判，當然可以表示一種看法。但我們覺得他對魏晉玄學的價值，似乎承認得少了一點。對佛教在中國傳衍發展的線索，以及中華民族吸收消化佛教的意義，也似乎欠缺深切的認

---

5 按：胡先生之說，是一種極其樂觀的態度。那時候的胡先生只是三十出頭的青年學者，對學術文化的嚴肅和艱難欠缺深切的體認，他似乎以為羅素和杜威來中國講講學，就可以把中西哲學會通起來。他把天下事看得太容易了。

6 勞思光《中國哲學史》（臺北：三民書局，1981 年 8 月），共四冊。

識。而他之所以如此分判，和他書中二個最基本的論點，實相關涉。（說見下文第六節）

一九八一年七月，我在東海大學中國文化研討會上講「中國哲學史的分期」，主張應該分為五個階段。

第一階段是先秦時期，可以標題為「中國文化原初形態的百花齊放」。其中又分為三個段落，一是孔子以前，二是孔子時代，三是孔子以後的諸子百家。

第二階段是兩漢魏晉，可以標題為「儒家轉型而趨衰與道家玄理之再現」。這是先秦儒道二家思想的延續。漢儒之學與陰陽家合流而轉型，到東漢而僵化；於是玄學起而代之，而有魏晉二百年道家玄理的重現。

第三階段是南北朝隋唐，可以標題為「佛教介入——異質文化的吸收與消化」。前半期的南北朝，是吸收佛教的階段；後半期的隋唐，是由吸收到消化，又由消化而開花結果的階段。天台、華嚴、禪的開宗，就是佛教在中國開出的花果。

第四階段是宋明時期，可以標題為「儒家心性之學的新開展」。道家和佛教的智慧都很高，但畢竟不是儒家聖人「本天道為用」的生生之大道。儒家之學，一方面要上達天德，使性命天道通而為一；一方面要下開人文，以成就家國天下全面的價值。宋明儒者的用心，就是要使歷經「兩漢、魏晉、南北朝隋唐」而沉晦千年之久的先秦儒家的義理綱維，重新挺顯起來。所以宋明理學是儒家學術第二期的發展。可惜這一期的發展，內聖強而外王弱，到了滿清入關，中國哲學的慧命便進入衰微時期。

第五階段是近三百年，可以標題為「文化生命的歪曲、沖激與新生」。明末「顧、黃、王」三大儒由內聖開外王事功的思想方向，實際上已經開啟了儒家第三期學術思想的序幕。然而，大明亡了，民族生命受挫折，文化生命受歪曲，三大儒的思想方向無法申展貫徹，學術風氣乃一步一步走向考據，形成文化心靈的閉塞和文化生命的委頓。而哲學的慧命也因而斷掉了，失傳了。民國以來，西方哲學流行於中國，但我們學習西方哲學的成績並不很好，就算學得很好吧，那也只是「西方哲學在中國」，不能算是中國的哲學。所以，中國哲學必須從根反省，以求「新生」，這就是我們當前的使命。

五、中國哲學史的教學與研究

近五十年來，臺灣地區的大學哲學系，都有「中國哲學史」的課程。中文系與部分歷史系也有「中國思想史」一課。教學的效果，雖不可一概而論，但要進到研究的層次，基本上還是有困難的。所以有關中國哲學的研究工作，仍然是教授學者的事情。

十六年前，東海大學哲學系成立研究所，我開了一門課名為「中國哲學史專題研究」，同時還為這門課程撰寫一份一萬三千餘言的「芻議」[7]。在專題研究的問題方面，我列舉了：源流問題、特性問題、分期問題、研究方法問題、資料簡別與文獻運用問題、思想詮釋問題、系統分判問題、概念運用問題、闢邪顯正問題、發展路向問題。在研究的方式與類別方面，則分為：(1)對「人」（哲學家）的研究，(2)對「書」（哲學典籍）的研究，(3)對「哲學問題」的研究，(4)對「學術事件」的研究。有關哲學史上的許多問題，諸如：天人關係、人的地位、個人與社會、思想與時代、道德與知識、道德與法律、道德與宗教、道德與幸福，以及生與死、有與無、常與變、體與用、名與實、心與物、道與器、一與多、善與惡、學與思、知與行、義與利、公與私、理與欲、理與氣等等，都可以列為專題來進行研究。還有天道、天命、天理、太極、陰陽、中和、寂感、動靜、仁義、聖、智、心、性、情、才、氣、命，以及正名、格物、窮理、致知、誠意、慎獨、涵養、察識、體悟、體證……凡此，皆可以從觀念詞語的性格，轉為哲學問題來加以探討。

此一課程每年必開，但效果卻很難講。主要是學哲學的人，似乎歷史意

7　〈中國哲學史專題研究芻議〉一文，編入蔡仁厚《儒家思想的現代意義》（臺北：文津出版社，1987年5月），頁181-198。

識比較薄弱，不容易投注心力於通貫數千年的浩浩慧命哲流之中。而一般講哲學史的人，又多半是知識的角度，欠缺生命心靈的感通。而我認為，中國的哲學思想，乃是在文化生命主流的涵蓋籠罩之下表現為大開大合的發展。「哲學史」就理當在此開合發展的大動脈上來講述。（上文第四節後段，筆者主張中國哲學史應分為五個階段來講述，即是順就此義而提出。）換言之，講哲學史，必須以文化生命大流之航程為線索。所以，講哲學史並非只是「述古」，而是要暢通文化生命之流，以豁醒哲學的慧命，而講哲學史的人也必「湧身千載上」，投入文化生命之流，以與古人智慧相應接，相映發。因此，講中國的哲學史和講西方的哲學史不同。對西方，我們是旁觀者，是客的身分。對中國，則是主人的身分。我們的生命與自己民族的文化生命是合拍合流的。以此之故，我們講中國哲學史時，絕不可將它推置於生命之外，而應該將聖哲的德慧引歸到自己生命之內，以期與民族文化生命有存在的呼應與感通。

大陸各大學的哲學系與各級社科院的哲學研究所，一般都有中國哲學史教研室或研究室的設置。這是臺灣地區所沒有的。當然，大陸各大學哲學系出版的若干《中國哲學史》，難免會有意識形態的限制。而臺港兩地的學者，則拜「學術自由」之賜，沒有這一層的束縛，而可以獨立地抒意立說，自由發揮。不過，自由的環境必須真能善加利用，否則，在欠缺積極驅策力的情形之下，人是很容易因循苟且的。多少年來，臺灣地區從未舉辦過哲學史的學術研討會，現在想來，不能不說是學術心靈痲木之徵。（雖然也有間接相關的研討，但欠缺「史的意識」之覺醒，便不能逃開痲木之譏。）在著作方面，臺北坊間名叫「中國哲學史」的書倒也不少，但像樣的卻又非常不多。倒是書名不叫做中國哲學史，而內容卻屬於斷代史或專題史的性質。這一類的著作，反而顯示出豐厚弘博的成果。（說見下文第七節）

六、中國哲學通史之檢討

近五十年來，臺灣地區中國哲學史的教材，前一二十年仍然通用胡適和馮友蘭的書。接著有人翻印一些民國初年像謝无量等人的老書。然後又有「中國哲學史話」以及供作課本之用的小篇幅的出版品。這些書雖然都是撰述者的心血，但其中究竟有多少客觀的研究成績，卻是不易作評估的。

到民國七十年，勞思光先生的《中國哲學史》（分裝四冊）由臺北三民書局出版，這才有了一部值得評價的講哲學史的書。上文第四節，曾經順就勞著哲學史的分期法，作了幾句評說。指出他那「發生期、衰亂期、由振興到僵化的時期」之分判，是和他書中二個最基本的論點相關涉的。

第一、他以「自我境界」作為檢證各家哲學思想的一個準據，此即所謂「德性我」、「認知我」、「情意我」、「形軀我」之說。他認為孔孟開啟的儒家是中國哲學的正統。孔孟彰顯德性我，德性我即是孔孟自我境界之所繫。而漢儒之經學，魏晉玄學，以及佛教哲學，皆不能透顯「德性我」的自我境界，所以自兩漢至唐末，皆屬中國哲學的衰亂期。

第二、他分儒家之學為「心性論中心」與「宇宙論中心」二大類型。認為孔孟是心性論中心的哲學，而中庸易傳則是宇宙論中心的哲學。又把中庸易傳往後拉，拉到與西漢董仲舒相提並論。兩漢學術已屬儒學之衰亂期，而魏晉以下，更不必說了。

第一點的「自我境界」雖然不失為一個檢驗的準據，但用得太泛也未必適宜而中肯。而且，孔孟儒家之所以成為中國哲學之主流，也不只是因為彰顯「德性我」而已。第二點用「心性論中心」與「宇宙論中心」二種思想類型，來考量和解說儒家學者及其文獻所表示的義理方向與學術性格，也並無不可。問題是，「中庸、易傳」是「宇宙論中心」的思想嗎？

中庸和易傳，是「性命天道相貫通」的思想，它並不是「對價值作存有論的解釋」，而是「對存有作價值的解釋」。所以，中庸講天道是以「誠」來規定（誠者，天之道也）；易傳講天道（乾道、易道）是以「生德」來規定（天地之大德曰生，生生之謂易）。中庸所謂「慎獨」、「致中和」，所謂「至誠、盡性、贊化育」；易傳所謂「窮神知化」，所謂「窮理、盡性、至命」，所謂「敬以直內，義以方外」；這都表示，中庸易傳仍然是「以道德主體為中心」的思想。當然，中庸所謂「天命之謂性」，易傳所謂「一陰一陽之謂道，繼之者善也，成之者性也」，也顯示了一種從天道天命說下來的宇宙論的進路。但我們必須了解，中庸易傳這一個講法，一方面是呼應孔子以前「天命下貫而為性」的思想趨勢，一方面是順著孔孟的仁與心性而再向存有方面伸展，以透顯心性的絕對普遍性（孟子言盡心知性知天，也正表示此種意向）。經過中庸易傳這一步發展，道德界與存在界乃通而為一：講道德有其形上之根據，而形上學依然基於道德。在此，宇宙秩序即是道德秩序，道德秩序即是宇宙秩序，所以是「性命天道相貫通」的思想。先秦儒家由孔子孟子發展到中庸易傳，其道德的形上學之基型，便透顯出來了。然而，勞先生對於儒家這一個基本大義，卻欠缺相應的了解。

勞先生的意思，認為正宗儒家只是「心性論」，似乎不容許儒家有「天道論」。如果照他的意思，孔孟講仁與心性的「超越絕對性」便被抹煞了，而「客觀性」也被輕忽了，結果只剩下一個「主體性」。能把握一個「主體性」雖然也不錯，但是一個「與超越客觀面不相通」的主體性，卻並不能盡孔孟之教的本義，也不是陸王之學的究竟義。照他這個講法，孔孟之教被縮小了，儒家「心性與天道通而為一」的義理規模被割裂而拆散了，「本天道以立人道，立人德以合天德」的天人合德之教也不能講了。簡單一句話，「天」與「人」隔而為二了。在勞先生的心目中，整個儒家就只承認「孔、孟、陸、王」四個人，而這四個人也被講成只「本心」而不「本天」了。

當初，程伊川說「聖人本天，釋氏本心」[8]（本字，作動詞解）。這一句名言，原本就只說對一半。因為聖人之道，固然「本天」，同時也「本心」，心與天並非兩層對立，而是上下相通。故本天即是本心，本心即是本天。程明道最明澈這個道理，所以他說「只心便是天，盡之便知性，知性便知天」。[9]「心、性、天」是通而為一的。只因為程伊川對於實體性的道德的心，欠缺相應的了解，便誤以為聖人只本天而不本心。而如今勞先生評論伊川這句話，卻以為伊川之誤正在「聖人本天」這一句。然則，依勞先生的

8　語見《二程遺書》第二十一下。

9　《二程遺書》第二上。

意思，是應該說「聖人本心，而不本天」了？如此，則正好與伊川之言相對反，而結果卻偏偏一樣：也只對了一半（雖然兩個一半不一樣）。

據此可知，儒家的「天」與「人」（天道與心性）是不可以拆而為二的。如果天人不相通，則孔子所謂「五十而知天命」、「天生德於予」、「下學而上達，知我者其天乎」，將如何解釋呢？還有孟子所謂「盡心、知性、知天」、「萬物皆備於我，反身而誠」、「君子所過者化，所存者神，上下與天地同流」……這些話又將如何解說呢？事實上，從論語孟子到中庸易傳，乃是先秦儒家在義理上一步很自然的發展。中庸易傳這兩部文獻「成書」的年代可能比較晚一點，但皆是孔門義理的一脈傳承，而並非更端另起，這是無庸置疑的。如今勞先生卻判中庸易傳為宇宙論中心，以為與孔孟思想不同，又把中庸易傳從先秦儒家之中排斥出去，而硬拉到西漢時期，這實在是一種顢頇的態度，是不對的。

再者，勞書對於宋明儒學分系的看法（所謂一系三型說），以及將宋明儒學順延到清代乾嘉年間的戴東原，而併合為同一時期。對於這些，我們都有不同的評價和看法。必須另作討論。[10]

另外，有一部學生書局出版的龐大的《中國哲學思想史》，是羅光主教以二十年的時間陸續撰寫修訂而成。這部書不叫做「中國哲學史」，而標名為「中國哲學思想史」，它的分期，與學界一般的處理，同中有異，頗為特別。全書分為七篇，但各篇卻未必依於朝代為分期，譬如「兩漢、南北朝篇」與「魏晉、隋唐佛學論」，在朝代時段上就有隔斷和重疊。而章節名目的訂定，也是便宜行事，而不太在意是否一致一貫。譬如佛學篇第六章標名為「華嚴經」而不標名為華嚴宗；但緊接的第七章，卻又將「法華經」與「天台宗」一起標出。何以如此？內中必有斟酌。而第八章有一節講「南禪五家」，為仰、臨濟之後，依序為曹洞、雲門、法眼；但書中的序列，卻排為雲門、法眼、曹洞，不知有何深意？再如先秦篇、兩漢篇、佛學篇、宋代

---

10 參蔡仁厚《新儒家的精神方向》（臺北：臺灣學生書局，1982 年 3 月），頁 221-226〈關於宋明儒學的分系問題〉。

篇各有「緒論」，而皆不標列章次。到元明篇又不一樣了。不但元代明代各有「導論」，而且二篇導論皆列入章次。然而清代篇的「導論」則又不入章次。再到民國篇改稱「總論」，總論不但列入章次，而且在總論中又分別論列五個人的哲學思想，這五人是梁啟超、梁漱溟、殷海光、張君勱、吳康。其中殷海光年輩最晚，卻列在張、吳二老之前，不知何故？

以上只就撰述的體例，略加檢查。至於內容方面，筆者無法多說。現只將各篇各章簡列於後，以供讀者之觀覽比較。

1. 先秦篇：801 頁，共九章。分別講述「書經和詩經」、「易經」、「老子」、「孔子與弟子」、「墨子」、「孟子」、「莊子」、「荀子」的哲學思想，以及「戰國時各家哲學思想的演變」。

2. 兩漢、南北朝篇：683 頁，共五章。分別講述「漢代哲學思想的成素」、「西漢儒家的哲學思想」、「東漢到唐：儒家思想的變遷」、「兩漢的易學」、「兩漢到隋唐的道家思想」。

3. 魏晉、隋唐佛學篇：上下冊，1011 頁，共八章。分別講述「佛教的根本哲學思想」、「魏晉南北朝佛教哲學思想」、「佛教的認識論」、「緣起宗論」、「本體宗論」、「華嚴經」、「妙法蓮華經：天台宗」、「禪宗」。

4. 宋代篇：上下冊，939 頁，共十章。分別講述「司馬光」、「周敦頤」、「張載」、「邵雍」、「程顥」、「程頤」、「北宋和南宋理學思想的傳繼」、「朱熹」、「陸九淵」、「南宋末期」的哲學思想。

5. 元明篇：617 頁，元代五章，計「導論」、「元朝理學的源流」、「北方理學家」、「南方理學家」、「禪學」。明代四章，計「導論」、「明朝初葉」、「明中葉」以及「明末」的哲學思想。

6. 清代篇：717 頁，共五章。分別講述「清代初葉」（上下）、「清代中葉」、「清代末葉」的哲學思想，以及「清代學術中」的哲學思想。

7. 民國篇：461 頁，共七章。分別講述「總論」、「章炳麟」、「熊十力」、「胡適」、「蔣中正」、「方東美」、「唐君毅」的哲學思想。附錄四篇，分別講馮友蘭、羅光、吳經熊、俞大維。

※　　　※　　　※

一九七六年，筆者講授「中國哲學史」一課，先是編寫講授綱要，後來加以擴充，由東海大學哲學系印為講義，以供教課之用。一九八八年七月，定書名為《中國哲學史大綱》由學生書局出版。這本書並不完整，也不完善，但便於教學之用，故為大學哲學系、中文系廣泛採為教本。書分五卷：

第一卷，講先秦，分十章：一為上古思想之趨勢，二為孔子的仁教，三為墨子的思想，四為孟子的心性之學，五為老子的哲學，六為莊子的智慧，七為名家與墨辯，八為中庸易傳的形上思想，九為荀子的學說，十為法家與秦政。

第二卷，講兩漢魏晉，分六章：一為漢初思想概述，二為董仲舒的學術思想（附揚雄），三為王充的性命論，四為人物志的才性系統，五為王弼之易學與老學，六為向、郭之莊學與阮籍嵇康。

第三卷，講南北朝隋唐，分六章：一為佛教的教義及其開展，二為佛教在中國之傳衍（上），三為傳衍（下），四為對佛教教理之消化：天台判教及其思想，五為佛教回歸運動的反響：華嚴宗，六為佛教內部的「教外別傳」：禪宗的異采。

第四卷，講宋明理學，分五章：一為北宋前三家：周、張、大程，二為程伊川之轉向與洛學之南傳，三為南宋理學三大支，四為王陽明致良知教，五為王學的分化與劉蕺山之歸顯於密。

第五卷，講近三百年，分四章：一為明清之際：三大儒的思想方向，二為民族生命受挫折、文化生命受歪曲，三為西方文化思想之沖激，四為反省與新生。（此卷有目無文，容正式寫哲學史時，補足之。）

筆者這本哲學史大綱，必須再加擴充，我希望在退休以後，到八十歲之前，能完成這五大卷的「中國哲學史」之撰述，作為我這一生守護中國哲學慧命的一項獻禮。

七、中國哲學斷代史的成果

到現在為止，我們還沒有一部很好的《中國哲學史》，原因其實也很簡單，因為國人對文化傳統的了解非常不夠。不了解儒家道家佛教的義理系統，不了解三教學術的流變演進，如何能講「中國哲學史」？

但近五十年來，臺港海外的儒家學者，卻有了空前的開發。他們對上下數千年的中國哲學思想，也已作了通貫的講述。其中牟宗三先生的貢獻，尤其明顯。

他以《才性與玄理》表述魏晉階段的玄學，此書比湯用彤氏的《魏晉玄學論稿》提出更深切而完整的討論，可算是這方面的經典之作。而文字之美，也超乎讀者想像之外。對南北朝隋唐階段的佛教，則以《佛性與般若》上下二冊作了通透的講述。湯用彤氏的《漢魏兩晉南北朝佛教史》雖也是一部好書，但那是佛教史的立場，重在考訂，又只屬於前半段。因此，從中國哲學史的立場來看，魏晉玄學之後，宋明理學之前，這六百年間中國哲學思想的活動，仍然是荒蕪地帶。而牟先生此書，正是從中國哲學史的立場，來講述佛教傳入中國之後的發展。對於中國吸收佛教和消化佛教之過程及其意義，皆作了極其深透而相應的詮表。至於宋明階段的儒學，則以《心體與性體》四大冊[11]，進行全面的疏導。依牟先生之分判，北宋前三家，濂溪、橫渠、明道為一組，此時未分系，到伊川而有義理之轉向。此下，(1)伊川朱子為一系（心性為二），(2)象山陽明為一系（心性是一），(3)五峰蕺山為一系（以心著性）。而當「性」為「心」形著之後，心性也融而為一。故到究極處，象山陽明系與五峰蕺山系仍可合為一大系。此合成之大系，遠紹《論語》、《孟子》、《中庸》、《易傳》，近承北宋前三家，故為宋明儒學之正宗。至於合成之大系（縱貫系統）如何與伊川朱子系（橫攝系統）相

---

11 牟宗三《從陸象山到劉蕺山》（臺北：臺灣學生書局，1979 年 8 月），實即《心體與性體》之第四冊。

通[12]，則是另一問題。於此，我們只能說，這三系都是在道德意識之下，以「心體」與「性體」為主題而完成的「內聖成德之學」的大系統。

牟先生表述儒釋道三教的三部大著，無論(1)系統綱維的確立；(2)思想脈絡的疏解；(3)義理分際的釐清；都已達到前所未有的精透明徹。魏晉清楚了，先秦道家之學亦隨之而清楚。宋明清楚了，先秦儒家之學亦隨之而清楚。再加上他的《名家與荀子》[13]，又疏解了先秦的名學，於是，上下數千年的中國哲學史，乃真能得其終始條理，而可以做到恰當的詮表和講論。

上述牟先生的三部書，等於是中國哲學在「魏晉」、「南北朝隋唐」、「宋明」三個階段的斷代史。而唐君毅先生的大書：《中國哲學原論》[14]，分為《導論篇》、《原性篇》、《原道篇》、《原教篇》，則屬於中國哲學的專題史。唐著各書，最具通識。他和牟先生是當代學人中弘揚中國哲學貢獻最大的兩位。二人著書的撰寫方式和著重點，不盡相同。牟先生以透顯義理的骨幹和思想的架構為主，比較著重同中見其異，以使中國學問的義理綱維和思想系統，得以釐清而確定。這是一種講哲學系統和講哲學史的態度。唐先生的書，則以通觀思想的承接與流衍為主，重在異中見其同，藉此以通暢文化慧命之相續，以顯示承先啟後的文化生命之大流。這是一種重視哲學思想之交光互映和相續流衍的立場。

同時，二位先生還有一項表現，也是空前的。他們不約而同地做了比天台、華嚴更為深廣的判教（台嚴判教，只及於佛教內部）。牟先生是採取較為精約而集中的方式，就人類文化心靈最高表現的幾個大教來說話。此可參閱他的《佛性與般若》、《現象與物自身》、《圓善論》三書[15]。唐先生則

---

12 參蔡仁厚《中國哲學的反省與新生》（臺北：正中書局，1994 年 11 月），頁 150，注 32。

13 牟宗三《名家與荀子》（臺北：臺灣學生書局，1979 年 3 月）。

14 唐君毅《中國哲學原論》之《導論篇》、《原性篇》、《原道篇》、《原教篇》，於 1965 年至 1976 年陸續完成，先由香港新亞研究所出版，後編入全集，由臺灣學生書局印行。

15 按：此三書，皆由臺灣學生書局出版，現正編入全集中。

是通觀文化心靈活動的全部內容，以分判人類文化中各種學門知識，學術思想，以及幾個大教所開顯的心靈境界。[16]這是一種廣度式的判教，在人類哲學史上也是前古所未有的。

另外，徐復觀先生的《中國人性論史》[17]，雖然標為「先秦篇」，其實並不是單屬斷代史，而也同時是專題哲學史。這部書很有特色，對青年影響很大。至於三大冊的《兩漢思想史》[18]，則是通論周秦政治社會結構和兩漢思想功力特深之作。

八、中國哲學史的前瞻

自從二十世紀「哲學」一詞進入中國，便引發中國有沒有哲學的質疑。中國有五千年的歷史文化，有儒道佛三家的智慧系統，何以會有人致疑於中國有沒有哲學？此無他，以西哲為標準，故鄙視中國自己之傳統耳。此乃一時之陋識，勿足深怪。如今已經歷了半個多世紀的「學」與「思」，中國人終於可以——就中西哲學的特質，提出正確恰切的比對；就中國哲學的精神取向，提出簡明扼要的說明；就中國哲學之現代化與世界化，提出相應中肯的省思。同時，中國人也已有了能力，可以釐清「中國哲學演進發展的思想脈絡」；可以分判「中國哲學異同分合的義理系統」；可以闡釋「中國哲學的基本旨趣及其價值」；而且也已能夠衡定「中西哲學融攝會通的義理規路」。[19]

由於中國文化和中國哲學的世紀境遇，是前古未有的複雜和艱困，所以對於哲學的省察，不但要有慧識、睿見，而且還要有學力（質的意義之學養）。否則，他的省察便只是一些浮泛的意見而已。自五四以來，真正致力

16 參唐君毅《生命存在與心靈境界》，臺北：臺灣學生書局出版，上下冊。

17 徐復觀《中國人性論史・先秦篇》，臺北：臺灣商務印書館出版。

18 徐復觀《兩漢思想史》三大冊，臺北：臺灣學生書局出版。

19 參牟宗三主講，林清臣整理《中西哲學之會通十四講》（臺北：臺灣學生書局，1993年10月）。

於中國哲學之反省，真能為中國文化之新生貫注精誠而殫思竭慮的，還是當代新儒家的前輩學者。從梁漱溟氏、熊十力氏，到唐君毅先生，都有極大的貢獻，而牟宗三先生則更集中而通貫地作了專門的省察和疏導，是即《中國哲學十九講》[20]。

中國哲學智慧的表現，主要是表現在儒道佛三方面。然而此一東方老傳統，自明亡以來，久已衰微，尤其近百年來遭受西方文化之衝擊，知識分子對於中國哲學的精神面目，乃益形模糊，甚至業已遺忘。牟先生在臺大哲學研究所講述中國哲學所涵藏的問題，並不是他一時的興會，也不是他偶發的議論，而是切關於中國哲學之系統綱格與義理宗趣者。其中所釐定的各種問題，也對中國哲學之發展具有重大的啟發性。所以十九講中所舉述的問題，皆有所本。通過這一步通貫性的綜述，各期思想的內在義理可得而明，而其所啟發的問題也義旨確切而昭然若揭。於是，固有義理的性格，未來發展的軌轍，皆已不再隱晦；而繼往開來的道路，也確立了指標而有所持循。到此方知，文化慧命之相續不已，固可具體落實，而並非徒託空言。而一部像樣的、好的中國哲學史之寫成，已經是可能的了。

中國哲學當然必須走向現代化與世界化。中國哲學現代化的意指，應該含有兩個方向：第一、如何通過現代語言，把中國哲學的思想闡述出來，把中國哲學的智慧顯發出來，使它能為現代人所了解，而進入人的生命心靈之中，以表現它「本所涵蘊」的活潑的功能和作用。第二、如何對中國哲學作一步批判的反省，既以重新認識和發揮它的優點長處，也要補救它的短缺和不足，以求進一步的充實發展。這才是中國哲學現代化最積極的意義。因此，中國哲學是否有前途，其決定的因素有二：

一、是中國哲學本身的義理綱維，能否重新顯發出來？

二、是中華民族能不能如像當初消化佛教那樣，也來消化西方的哲學和宗教？

---

20 《中國哲學十九講》，乃牟先生在臺大哲研所之講錄，1983 年 10 月，臺北：臺灣學生書局印行。

近年來，大陸學界認為，當代中國有三大思潮，一是馬列思想，二是西化思想，三是新儒家的思想。其實，前二者是外來的，介入的，只有新儒家的思想才是「中國的哲學」，才是真正屬於中華民族的思想。這一點，大陸學界也普遍有所認取。所以他們要進行一項巨大的學術工程，就是要編印一套「現代新儒家學案」。這也是重新肯定中國哲學的表示。他們的理解可能還不夠恰當相應，但他們的努力，我們當然給予肯定，而且樂觀其成。

在牟先生八十大壽時，他說，從大學讀書以來，六十年中只做一件事，即：「反省中國的文化生命，以重開中國哲學之途徑」。他認為民國以來的學風很不健康，卑陋、浮囂，兼而有之。所以，有志於研究中國哲學的人，必須：

1. 依據文獻以「闢誤解，正曲說」；
2. 講明義理以「立正見，顯正解」；
3. 暢通慧命以「正方向，開坦途」；

這三點，確實是中國哲學史未來發展的關鍵所在。講哲學史如果錯用文獻，便成大過差。如馮友蘭的中國哲學史講論佛教的天台宗，不用天台開宗的智者大師的文獻，反倒根據智者師父南嶽慧思的《大乘止觀法門》來講述天台宗的思想，而且經人指出，依然不改，實在很不應該。至於講義理必須精透明確，恰當相應，更是異同是非之所關。而慧命的暢通，則是文化生命之「共慧」相續流衍的根本大事。其屬重要，不言而喻。

總之，中國哲學史是否能顯發光明的未來，完全取決於國人自己的覺悟和努力。[21]聖人有云：「為仁由己，而由人乎哉！」而講述或撰寫中國哲學史，正屬於「為仁」之事，中華兒女，可不勉乎！

---

[21] 按：今年（1999）七月下旬，第十一屆國際中國哲學會在臺北政大和嘉義南華大學舉辦「跨世紀的中國哲學：總結與展望」國際學術會議。我的論文〈中國哲學的反思與展望〉安排在最後一天的全體會議上宣讀。文之第四段陳述今後一千年的中國哲學必將重新展現人類智慧之光。第五段結語，則就「我們的信念與人類的前途」作了簡要的說明。該文將編入會議論文集出版，同時將在臺北《哲學雜誌》明年元旦號發表。請參閱。

新儒家與新世紀

一、前言：兩個對比

現代中國的知識分子，從否定傳統而主張全盤西化，到徹底反省文化傳統，並相應了解西方思想文明，這是一個非常驚悸激盪的大轉變。而當代新儒家在二十世紀的奮鬥，雖然不顯轟轟烈烈，而卻精徹恢弘，影響深遠。在此，我們先簡單地提出兩個對比，以顯示他們在文化學術史的地位。

（一）當代新儒家與宋明理學的對比

宋明儒者承受前代佛老的刺激（影響）而完成儒學的復興運動。他們是順承先秦儒家的經典，脫開佛老的範域而復活了先秦儒家的形上智慧，樹立了「天道性命相貫通」的義理骨幹，發揮心性之學，光顯成德之教。而當代的新儒家，既省察理學家的心性之學，也正視晚明顧、黃、王三大儒由內聖開外王的思想方向，並融攝西學的精粹，而開展為當代的新儒學。

以當代新儒家與宋明理學作對比，可以簡括為三點：

1. 理學家講孔孟，不講荀子；當代新儒家既講孔孟，也講荀子。承認荀子是順孔子外王禮憲之緒，彰顯禮義之統。荀子有名數（邏輯）心靈，又對構造群體（客體）的禮憲特加重視，正表示他有重智精神與客觀精神。

2. 理學家闢佛老，當代新儒家只辨佛老而不闢佛老。辨，是分辨異同，老氏的玄智玄理系統與佛家的空智空理系統，都有很高的智慧與價值，但畢竟不同於儒聖「本天道為用」（張子語）的生生之道。所以當代新儒家對佛老的態度，是雖不採取而卻給予尊重，並進而作講解、作論衡。此即所謂「辨而不闢」。

3. 理學家雖亦信守仁政王道，並參與現實的政治，但心力集中在內聖一面，外王一面則欠缺積極的講論和落實的體制性之思考，是即所謂「內聖強而外王弱」。當代新儒家則承認在「道統」之外，還有「學統」（科學知識、希臘傳統）與「政統」（政治型態之發展，落實為民主體制），所以在開擴新外王的理路上，甚為用心。

據上三點，可知當代新儒家順承了宋明理學，也同時開擴了儒家學術的規模。

（二）當代新儒家與五四人物的對比

五四運動乃針對巴黎和會之喪權辱國而起，所以當時的口號是「內除國賊、外抗強權」。後來這個愛國運動轉為新文化運動，而提出「科學」「民主」的新口號，這也很正當。但由於當時中國知識界在知己知彼兩方面都很淺薄。以為科學民主都是西方的，中國要求科學，要求民主，就必須拋棄傳統，全盤西化。其實，科學民主乃是人類理性的產物，而儒家精神的本質乃是最平正的理性主義。半世紀來，當代新儒家經過全面的反思和深層的省察，確認中華民族可以經由文化生命的自覺，而開顯知性，發展科技；也可以依於民本民貴的思想而落實為體制，以發展出民主政治。

其次，五四人物欠缺文化的通識，徒然偏取科學民主，而忽視道德宗教。甚至也未能正視文學藝術。而當代新儒家則致力於人文精神之重建，認為依於人文學術以及民主自由和科技新知而應有的政經社會之建設，都是理上應該也事上能夠一步步漸次開展而完成。而儒家中和寬平的性格，及其本乎心同理同而創發的價值系統，也實在最適於作為人類共同的生活原理。

二、當代新儒家的學術貢獻

當代新儒家，既沒有組織，也沒有團體，更沒有任何現實勢力作憑藉。他們只是屈指可數的學者思想家，數十年來持續地講學、著書、寫文章，因而顯出一個大體共同的文化理想和思想立場。他們之所以能夠獲得國際性的承認和尊重，是因為他們的精誠努力，復活了中國文化的精神和中國哲學的智慧。至少就下述六義而言，當代新儒家的確比一般學者盡了更多更大的心力——

一是文化心靈的覺醒	二是文化意識的顯豁
三是文化生命的肯定	四是文化方向的抉擇
五是文化理想的提揭	六是人文精神的重建

不過，這幾句原則性方向性的道理，恐怕不夠具體，現在以牟宗三先生的學思為主線，提出五點簡要的說明。

（一）對中國傳統學術的新詮釋

當代新儒家，全面肯定「儒、道、釋」三教的智慧系統。認為在「終極關懷」的問題上，三教所開顯的生命之道，不但應該繼續傳揚，而且必須引申推擴，以供全人類來借鏡採擇。因此，當代新儒家除了闡揚儒學也同時講述道家和佛家的教義。從梁漱溟氏，熊十力氏以來，莫不如此。到唐君毅先生的《中國哲學原論》和徐復觀先生的《中國人性論史》、《中國藝術精神》，皆有通貫而深入的疏解。而牟宗三先生更以專著表述三教的義理。他以《才性與玄理》表述魏晉玄學，這是道家的智慧；以《佛性與般若》表述南北朝隋唐的佛學，這是佛家的教義；以《心體與性體》表述宋明理學，這是儒家的義理。這三大部著作，無論系統綱維的確立，思想脈絡的疏解，義理分際的釐清，都已達到前所未有的精透明徹。

（二）開顯儒家外王學的新途徑

儒家要求由內聖通外王，要求修德愛民，推行仁政王道。但「天下為公」的理想，始終未能體制化；「選賢與能」的原則，也只限於治權方面的科舉。所以，如何開出外王事功，正是中國文化生命的癥結所在，也是當代新儒家面對的客觀問題。對此問題進行全面深入的思考，並開立三統（道統、學統、政統）直接提出解決之道的，首推牟先生。他的新外王三書：《道德的理想主義》、《歷史哲學》、《政道與治道》，正是本於內聖之學以豁醒外王大義，進而解答中國文化中「政道、事功、科學」之問題。這代表當代新儒家的「現實關懷」。

（三）全譯康德三大批判，創造世界新紀錄

當代新儒家的心力，雖以「反省文化、講論儒學」為主，但他們並不忽視西學之重要。康德以三大批判講「真、善、美」，書出之後，未見以一人之力全譯康德三大批判者，而牟先生在望七之年，發大心陸續漢譯三大批判，於八五高齡之時全部出版，這是兩百年來世界第一人，為學術界創造了新的紀錄，他不但翻譯，而且融貫中西，加寫精確的譯註。註文有時洋洋數千言，其疏通觀念與發明義理，實與康德原書相互印證，相互映發。這份成績，功不下於玄奘、羅什之譯唯識與大智度論。

（四）積極消化康德，為「真、善、美」更進一解

牟先生之譯康德，不但作譯註，而且隨譯隨消化；分別撰著專書以融攝康德。其目的是要藉資康德以建立新的哲學系統，來開擴儒家的義理規模。他以《現象與物自身》消化第一批判《純粹理性之批判》，以《圓善論》消化第二批判《實踐理性之批判》，又以專論長文〈真善美的分別說與合一說〉消化第三批判《判斷力之批判》。其主旨，是要抉發中國哲學之奧義以融攝康德，並藉資康德哲學以充實開擴中國文化。另外，在他的舊著《認識心之批判》重印之際，牟先生又漢譯維根斯坦的《名理論》出版，這是在康德之外，對另一系西哲思想之消化。

（五）中國哲學之省察與中西哲學之會通

中國哲學所涵蘊的問題，民國以來，尚未見有人作過通盤的省察和深入的探析。牟先生以《中國哲學十九講》綜述各時期思想的內在義理，及其所啟發的哲學問題，使中國哲學得以進入世界哲學之林。又以《中西哲學之會

通十四講》，對哲學會通之種種問題，提出層層的比對和深入的疏解；並借佛家「一心開二門」作為中西雙方共同的哲學間架。真如門相當於康德講的智思界，生滅門相當於康德講的感觸界。中西哲學雖然同樣都是兩門，但兩門孰重孰輕，或是否已充分開出來，則彼此實有不同。順此而涉及的中西哲學之種種問題，在十四講中都已作了比對和疏解。這一個會通的思路，必將對人類文化之融和發展，揭示一個常態的康莊之坦途。

三、儒家思想的教化功能

儒家之學是「生命的學問」，自然會重視「個人修身、家庭倫理、社會風教」的問題，而這三個方面，也正是儒家自始至終努力不懈的重點。過去是如此，現在則有所疏失，將來必當重振而大放異彩。與此相同的，還有一個化入人心的道理，那就是「重德、重人」的人文素養。茲分四節說明如下。

（一）個人修身——智仁勇

先秦儒家以五倫關係為天下之「五達道」，以「智、仁、勇」為天下之「三達德」（見《中庸》第二十章）。朱子註謂：「達道者，天下古今所共由之路。」因為父子之「親」、君臣之「義」、夫婦之「別」、長幼之「序」、朋友之「信」，是人倫關係所共同肯定和共同依循的路道。而「智、仁、勇」三種基本德性，則是踐行五達道的內在根據。

不過，人的「智仁勇」雖然是先天稟賦所得，但如不通過自覺的存養擴充，則「本體論上的有」，未必能顯發為「道德實踐上的有」。如此，則人將不能成德成善，甚且不能成器成材。

以是，《中庸》特引孔子之言：「好學近乎智，力行近乎仁，知恥近乎勇。」意思是說：愚者自以為是而不好學，是謂「不智」；自私者溺於人欲而沉迷不返，必將「失仁」；怯懦者甘為人下而不能憤悱，是謂「無勇」。孔子的指點，是修身的第一關，好學雖不即是智，但好學足以破愚；力行雖不即是仁，但力行足以忘私；知恥雖不即是勇，但知恥足以起懦。所以《中庸》接下去說：「知斯三者，則知所以修身。」而修身，正是人文教化的始基。

（二）家庭倫理——孝、弟、慈

傳統家庭的基本結構是三代同堂。增美，則四世或五世同堂亦不嫌其多；簡化，則由夫婦子女兩代合成的家庭也不覺其少。家中的人倫關係，縱軸是父母與子女，橫線是兄弟姊妹。而倫理常道，不外是「孝、弟、慈」的延擴與引申。

諺語所謂開門七件事，柴米油鹽醬醋茶。這是農業社會的生活實況。但人的生活並不只為填飽肚子，所以明儒羅近溪說「家家戶戶，皆靠孝弟慈過日子也。」這句話才真正道出了生活的價值內容，也指點出「人心之同然」，所以無須多作解說。試想想，家庭裡面如果欠缺「孝、弟、慈」，則老者不得其安，少者失其教養，壯者曠其職責，那樣的話，人類還能「過日子」嗎？

儒家之教，不涉玄奇，不尚高妙，它只平平實實指出恆常不變的道理，再加引申推擴，便成為天地間最實在也最懿美的平路坦途。有如〈禮運大同篇〉所謂「故人不獨親其親，不獨子其子，使老有所終，幼有所長，壯有所用，矜寡孤獨廢疾者皆有所養……。」或如《孟子》書中所謂「老吾老以及人之老，幼吾幼以及人之幼」以及「親親而仁民，仁民而愛物」。凡此類話語，皆顯示儒家講的家庭倫理，可以隨順人心之同然而與整個人類社會精誠相感，與整個萬物世界一脈相通。

（三）社會風教——詩、禮、樂

中國自古以來，有「詩教」，有「禮教」，有「樂教」，所以人之成材易。如今「詩、禮、樂」皆已「無教」，人何以堪？文化何以堪？孔子有云：「興於詩，立於禮，成於樂。」

詩，可以興發情志，鼓舞意趣。古人以詩為教，正是見到詩的言語和詩的吟詠，最能感發人的情志以興起人的善心，最能鼓舞意趣以啟動人的生命力，所以將詩列為教化之首。情志既興，進一步便須貞定自立，這就有賴於禮教了。人之立，有身命之立，有人品之立。立身是初步之功，立人品才是生命價值的昭顯。

由卓然而立而再進，便是「成於樂」。生命的完成，必須「才、情、氣」與「心、性、理」融通和一，無分無對；到得生命順於陰陽、和於道德之時，才是孔子所謂「知天命、耳順、從心所欲不踰矩」的境界。

如此看來，現時代的中華大地，亟須新時代的「詩教、禮教、樂教」，否則，還有什麼臉面自稱「禮樂文明之邦」！

（四）人文教養——重德重人與恕道

儒家之教重德，德是通過人的自覺而成就的。因此，中國文化又是「人本」的文化。人本的文化，重德性，重人品，所以中國老社會的人，真心實意地看重讀書人。而讀書人也懂得自重自愛，「為民之望」，而擔負起風俗教化的職責。所以，傳統的社會，大體上算是一個有教養的社會。（清明上河圖的景象，庶幾可為佐證。）

人類文化的基要問題，不外乎——

1. 知識之真（科學技術）
2. 性靈之美（文學藝術）
3. 行為之善（道德宗教）
4. 處世之宜（民主法治）

前三者人皆知聞，可勿論。第四點處世之宜，若是以「權利、義務」為主軸，自然要靠體制化的民主政治。（這一點，當代儒家已有充分認識與肯定，並已視為客觀的文化使命。）但中國傳統政治是本於內聖外王的觀念，而推行愛民之政（教民、養民、愛民、保民），而且崇尚「政簡刑清，政教並流」。因此，所謂處世之宜，主要是從散殊的人際關係上看。此即所謂「明事理，通人情」，在古時的農業社會裡，那也是很合套的。

儒家順「推己及人，推己及物」的思路，建立由內向外感通的通道。一方面消極地謹守「己所不欲，勿施於人」的原則，以免用己之所欲，強施於他人，而造成干擾性甚至侵害性的「強人同己」的災害。一方面也積極地發揮「己欲立而立人，己欲達而達人」的精神，以做到「與人為善」、「遂人之願」。我之所以屢次指出，儒家兼顧消極義與積極義的「恕道」，實比西方「己所欲，施於人」的金律，更王道，更完善，其意正在於此。

四、儒家能為新世紀提供什麼

儒家以常理常道為主，理上超越時空，事上順時制宜，所以萬古無新舊，慧命相續流，當然，針對現時代人類社會的憂念，還得就幾個要點說一說。

（一）天人合一的人生嚮往（消解天人交戰的緊張與焦慮）

天人關係的緊張對立或和諧合一，是道德與宗教的兩個面向。有的要靠天人關係的緊張，來襯顯宗教信仰的力量。有的則將天人關係鬆開放平，以期感應和洽，融通合德。世界各大宗教，大體是前者；而儒家則不走宗教的路，屬於後者。

依儒家的義理，生生之仁，不息之誠，無私之公，乃是天道與人道、天德與人德的共同內涵。順這一系義理而展開實踐，自然可以使「人生與宇宙相通，道德與宗教相通」，以獲致生命心靈的大貞定與大安頓。

這時候，不但天人和合融通，人與人之間、族群與族群之間、教團與教團之間，也全都可以設身處地，將心比心，視人如己，存異求同。因此，人與天、人與神（上帝、真主）之間的緊張性也可以鬆開而放平下來。進一步，由於種族不同、宗教信仰不同而造成的對抗性，也將從「勢不相立」而轉為「互相承認、互相信任」而相悅以解，相融和合。

因此，從儒家看來，中東、巴爾幹、愛爾蘭等處的宗教衝突與種族衝突，都是可以化解的。（但如果只依西方世界的文化真理去想，便將永世難以化解。）

（二）仁智雙彰的哲學模型（調和過於重仁或過於重智的文化走向）

哲學與文化，是人類創造出來的。因此，有各種各類的系統。每一個哲學系統或文化系統，都有專重與特色。因而，每一個哲學系統或文化系統，原則上都不可避免地會有它或多或少的偏向。有偏向，才有特色，這是從正面說。有偏向，就會有拘蔽，就會有誤失，這是從負面看。

中國文化或哲學，是以儒家為主流。儒家講求中正通達，應該極少有偏差。不過，極少有也還是有。譬如中國文化重德，德當然好，但德的對立面的「力」，是否有所虛歉？西方文化偏顯智，智的對立面的「仁」，又將如何存養擴充，是否有所輕忽？這都是應該作深細之省察的。

如以孔子為準，則儒家哲學實以「仁智雙彰」為模型。仁，可以通內外；智，足以周萬物（周，謂周遍、遍及）。由人的感潤通化，而成己、成人、成物，這是從「體」上顯發出來的普遍的善意；它可以感通於人類，通化於萬物，而達於「民胞、物與」的境界。由智的明覺朗照，而知人明理，而開物成務，而利用厚生，這都是「智周於物」而顯示的大用。所以，儒家仁智雙彰的哲學模型，可以調和「過於重德」與「過於重智」的文化走向。值得其他哲學系統作為觀摩反省的借鏡。

（三）心知之用與上達下開（上達以合天德，下開以成知識）

心，可以分為德性層、知性層、感性層。感性層的心理活動，非哲學之所重，哲學家或注意「我思故我在」，這是知性層的認知心之發用。或重視心的不安不忍，感通無隔，這是德性層的實體性的道德本心。

人類的心知，可以「上達」，也可以「下開」。上達的路，是通過良知明覺以成就聖德，以達於「天人合德」的境界。在上達這方面，心知的表現是「與物無對」，是消解了主客對待，而與天地萬物為一體的。

而心知的下開之路，則是通過良知的「自我坎陷」，轉而為認知心，使心知之明「與物為對」，而形成主客對列之局；以主觀面的「能知」來認知客觀面的「所知」，如此則可以成就科學知識，這下開一面，便是今天中國文化必須面對、而且必須完成的時代使命。

由此可知，傳統儒家之所以沒有開出科學知識，只是外緣時機和外緣條件之不充備，並非本質上開不出，三百年前的中國文化，不太會感受到科技的迫切需要。等到西方世界先做出來，中國文化心靈受到沖激而覺醒，今後便自能調整文化心靈的表現型態，一面上達，一面下開，而科技問題自然可以漸次解決。

（四）「時中」原則與日新又新（承先啟後、慧命相續）

儒家的中道，不是固定不變、固執不通的「死中」，而是順時而「因、革、損、益」以制其宜的「時中」。所以孟子特別稱孔子為「聖之時者」。

孔子是時中大聖，所以在世界各大文化系統中，惟獨儒家聖賢，能真正不偏不倚，免於教條主義，而「唯理是從，義與之比」。西方之學，喜歡彰己之說，標榜主義，所以常常偏執一邊而帶來「觀念的災害」。儒家聖賢以「當位、安立」為心，宇宙萬物，人間百姓，都使之「各當其位，各得其所，各適其性，各遂其生。」而在因應事宜上，儒家主張「因襲其當因者，革除其當革者，減損其當損者，增益其當益者」，故能順應「時、地、人、事」之宜，各當其可。

《禮記》有兩句話說得好，一是「禮，以義起」，一是「禮，時為大」。義者，宜也。無論靜態的典制規章，或動態的視聽言動，都要使之合乎時宜。這種「與時變應，日新又新」的時中大道，將永遠是人類行事的準則。一切歸於正，一切歸於常，大道平平，履道坦坦，豈不美哉！

新加坡「儒學與新世紀學術會議」論文，民國九十年（2001）十月

半世紀「自我進益」之回思

一、一個線索

（一）生命的方向

我在時代的大風浪中飄落臺海，而竟能得有機緣從學於牟宗三先生，這真是我生命中的頭等大事。一般知識性的學問，可以自己用功學而知之，而生命的學問則須有名師啟導，乃更能激發靈光明慧，而企向乎性天聖域。

明代理學家羅近溪，在他弟子有所體悟時，說道：「子父母生子七尺軀，予生子彌宇宙矣。」父母所生乃是小我，而「親親、仁民、愛物」的我，和「萬物皆備於我」的我，才是大我。大我的生命，才能與宇宙萬物相通而為一體。必須順著這個意思，才會引申出陸象山所說的「宇宙便是吾心，吾心即是宇宙」，「宇宙內事即己分內事，己分內事即宇宙內事」。

各人「分內」之事，不能只侷限於個人的私事，而必須層層開擴，讓生命感通出去。孔子不是說過「己欲立而立人、己欲達而達人」嗎？從自己到他人，再到萬物，都是一氣相通、一心相通的。孔子又說「修己以安人，修己以安百姓」。《大學》也從修身而推向齊家、治國、平天下。《中庸》更進而說：「致中和，天地位焉，萬物育焉」。中和原則，可使天地安其正位，萬物得其化育。儒家的終極關懷，到此才算真正落實。

（二）從遊大師之後

我追隨牟先生而投入儒學復興的行列，雖無所靖獻，而五十年來黽勉從事，不敢荒怠。教學之餘，也粗有述作。其範圍主要是先秦儒家、宋明理學、中國哲學史。學術專著七八種之外，還有學術論集。所輯之文，都是歷年來回應時代社會文化學術的脈動，而先後寫成的論文與講詞。馮友蘭氏有所謂「照著講」與「接著講」之說。其實，一個人不可能只是「照著講」而全無「接著講」。也不可能都是「接著講」而無須「照著講」。一般而言，照著中含有接著，接著中含有照著。照著講是「講習、體悟」，接著講是「申論、發展」。這二步都是很重要的。

就我個人的學思著述而言，無論先秦儒家或宋明理學，大概十之六七是照著講，十之三四是接著講。若分為學術論著與散篇論說來看，專著方面大體著重在講明古先聖哲的學術思想，散篇方面則重在申述自家的一些感思和心得。我既已湧身於文化生命之大流，則凡我所講，十之七八都應該是通慧共識，禁得起「人同此心，心同此理」之檢證。但常理常道，雖人人皆以為然，但卻並非人人皆能說得清楚，講得明白。所以「平常、恆常」的道理，仍然需要有人時加講論和申述。否則，久而久之，或將昏昧而不覺，疏離而相違。我從遊牟師之後，一直執守「生命的學問」之路向，而數十年不忘講習，正以此故。（拙撰《宋明理學北宋篇》再版代跋：「關於講習與師門之學」，可參閱。）

（三）湧身於民族文化生命之大流

從遠古到春秋，孔子集民族文化學術之大成。當諸子百家紛然雜出之時，孔子以下的儒門人物，如曾子、子思、孟子、荀子以及一些不留名姓的儒家之徒，相續講習以開發孔門義理（如《禮記》、《易傳》便是儒者持續講習而留下的文獻）。雖經「焚書坑儒」，仍能有大漢之「尊儒術」（尊經、尊常道），而光復了民族文化之大統。

接下來又歷經魏晉玄學、南北朝隋唐佛學之階段，在這七八百年的時間裡，儒家除了守護三條陣線（朝廷的典章制度，社會的禮樂教化，家庭的倫理綱常）之外，在思想慧命上卻一直發不出光采。所以，七八百年的歲月，竟然出不了一個像樣的儒門思想家。等到佛教禪宗精采漏盡，宋儒出來，才又相續講習儒聖之學，而有宋明理學之光大發皇。宋明兩代，時當十一至十六世紀，在這六百年中，人類世界的文化系統，都只是平平而過，放不出光。只有儒教的宋明理學大放異采。比較之下，才知道宋明理學是那個時代全世界唯一能夠顯發理性光輝的文化系統。

之後，經歷清代之慧命枯窘與西方文明之沖激，再加上華夏子孫之自甘墮落，喪失文化自信，乃有二十世紀反儒反傳統（至文化大革命而極）的文化巨變。幸賴三五賢哲，動心忍性，一面在臺、港海外苦撐待變，一面徹底反省中國文化衰微的癥結。他們顯發出豐富的智仁勇，終能：(1)釐清中國文化演進發展的脈絡。(2)分判中國哲學異同分合的義理系統。(3)闡發中國哲學的基本義旨與價值。(4)對西方文化的會通融攝而開出了綱領性的義理規路。到文化大革命結束，神州漸次回向，而全球的華人世界，基於普遍的同理心，也大致都已回頭而肯定民族文化傳統，肯定儒學、肯定孔子了。

在如此真實偉大的文化奮鬥中，我的參與，不過是巨浪中的一滴水，一朵浪花。我的努力，只是盡一己之本分，說出心中之所感所見，寫出學知過程中的體認實得。除了學術專著如：(1)《孔孟荀哲學》、(2)《孔門弟子志行考述》、(3)《論語人物論》、(4)《墨家哲學》、(5)《宋明理學北宋篇》、(6)《宋明理學南宋篇》、(7)《王陽明哲學》、(8)《儒家心性之學論要》、(9)《王學流衍：江右王門思想研究》以及(10)《中國哲學史》上下冊。另外，還有學術論集中的許多論題，也可以略見我的一得之愚。

（四）緜緜相續的講習與著述

歷年來，我所輯印出版的學術論著，共計七種：(1)《新儒家的精神方向》、(2)《儒家思想的現代意義》、(3)《儒學的常與變》、(4)《中國哲學的反省與新生》、(5)《孔子的生命境界：儒學的反思與開展》、(6)《哲學史與儒學論評》、(7)《新儒家與新世紀》。

這些輯錄中的文章，都是在服膺「慧命相續、返本開新」的心態下，不容自已地對儒家學術所做的詮釋和講論。十多年前，大陸學界對我的前三本輯錄的論著做過介述之後，提出一句結語，說蔡仁厚是對傳統儒家與現代新儒家詮釋最多最系統的人物。

從著作出版和論文發表的情形看來，這個說法倒也近乎事實。但我從不認為自己比別人做得好，只是比一般人更樂意、更勤勉去做而已。其實，我一直很羨慕朋友們善於演講，而自己則短於言詞，常擔心講不周全，所以總是先寫好講詞，講後隨即交付發表（使未能聽講者亦能從講詞了解我講了什麼？）接著又相續輯印出書。如此一來，我的著述，自然就比較全面了。

二、半世紀「自我進益」之回思

回思數十年來我所處理過的文化理念諸問題，以及所留下的討論學術之文字，有哪些可以作為「自我進益」的徵驗（諸如論學、用思、知人、論世……）？似乎應該做一番回思與省察。現特分類舉述於後（共五類十六目），雖大小不齊，輕重不等，倒也有一些內容，可以略作講述。

（一）哲學史與孔孟荀

1.中國哲學史的分期與撰述

中國哲學史的分期，一般都以西方哲學史為模式，分為上古、中古、近代三個階段，而馮友蘭更極其簡單的把中國哲學史分為「子學時代」與「經學時代」，認為中國哲學史沒有近代。這個錯誤非常明顯，我曾經做過評論。（見《新儒家的精神方向》頁 134-138。）另一種分期法是以朝代為準，這也不妥當。因為哲學思想的盛衰，和政治的盛衰並不一致，直接依朝代來分期，很難顯示出哲學發展的縱貫性。依我個人的淺見，中國哲學史的講述，應該分為五個階段：

(1)先秦時期：中國文化原初形態的百花齊放

此一時期，可分為三個階段，一是孔子以前，二是孔子時代，三是諸子百家。

(2)兩漢魏晉：儒學轉形而趨衰與道家玄理之再現

此一時期，是先秦「儒、道」二家學術思想的延續。兩漢經學是儒學之轉形，儒學僵化而玄學代興，遂有魏晉階段道家玄理之再現。

(3)南北朝隋唐：異質文化的吸收與消化

魏晉玄學，是中國文化生命本身的一步歧出；等到玄智玄理將佛教的般若思想（空智、空理）接引進來，華族之文化生命乃因異質文化之加入而大開。不過，中國能夠吸收而且消化一個外來的大教（文化系統），卻是人類文化史上絕無僅有的特例，也是民族「文化生命浩瀚深厚，文化心靈明敏高超」的徵驗。

中國正式吸收佛教，是從般若學開始。般若是共法，《中觀論》的觀法也是共法。故般若、觀法，皆與系統無關。下來是先吸收唯識學中真常心之思想，再通過《起信論》而發展到華嚴宗，是為「如來藏系統」。而玄奘力復印度之舊，是即一般所稱之唯識宗，是為「阿賴耶系統」。至於天台宗，則是消化層上開顯的義理，是承般若實相而進一步，通過「如來藏恆沙佛法佛性」一觀念，依據《法華經》「開權顯實」而建立的性具系統，此之謂天台圓教。而最後出現的禪宗，則教相不明（只重禪定之修行），故圭峯宗密以神會之如來禪與華嚴教相會合而倡「禪教合一」。如欲判攝慧能之祖師禪，則應與天台教相會合，才算真正相應。禪宗是佛教的異采，但精采之顯露，同時即含著精采之銷盡。所以禪宗的出現，也正是中國消化佛教的最後階段。

(4)宋明時期：儒家心性之學的新開展

宋明儒者的學術，可以分為北宋、南宋、明代三階段。(1)北宋各家（周、張、二程）上承儒家經典本有之義以開展他們的義理思想，其步步開展的理路，是由《中庸》《易傳》之講天道誠體，回歸到《論語》《孟子》之講仁與心性，最後才落於《大學》講格物窮理。(2)至宋室南渡，儒學開為三系：程明道開前期閩學與胡五峯之湖湘學，（參下文 5、洛學南傳與閩學定位），程伊川開朱子學，陸象山則直承孟子而開出心學一派。湖湘之學受朱子貶壓，一傳而衰。故南宋以後，只有朱陸二系傳續不絕。而元明之時，朱子學且進居官學正統之地位。(3)明代中葉，王陽明順承孟子陸象山而倡心學，創立致良知教，王學遂遍天下。至明末劉蕺山則又呼應胡五峯，盛闡「以心著性」之義。六百年的心性之學，也到此結穴，而完成了儒學發展之使命。

(5)近三百年：文化生命之歪曲、沖激與新生

明清之際，是中國文化學術一個轉關的時代。「顧、黃、王」三大儒的思想方向，實際上已拉開了儒學第三期的序幕。他們要求「由內聖開外王事功」，也仍然是我們當前文化使命的中心課題。

可惜滿清入主，漢族的民族生命受挫折，文化生命受歪曲，三大儒所代表的思想方向無法伸展，學術風氣乃一步步走向考據，因而造成文化心靈之閉塞和文化生命之萎頓。風氣所至，讀書人的頭腦日漸趨於僵化，甚至連用思想的能力也喪失了。這就是形成近百年來中國悲劇的根本原因。

就中國哲學史的發展而言，顧、黃、王三大儒以後的所謂清學，實在無足輕重。而西方文化思想衝入中國以後，學界的反應也顯得凌亂無力而不成理路。民國以來，西方哲學流行於中國，但也只是流行而已。它和中國文化生命到底有多少相干呢？就算我們的學者對西方哲學造詣很深，講得很好，那也只是「西方哲學在中國」，而並不能算是中國的哲學。這種情形是值得我們痛切反省的。有反省才有新生，才能創造出中國哲學史上光輝的新頁。

關於中國哲學史的撰寫，我於一九八〇年寫成講義，印發學生應用，後稍加增訂於一九八八年由學生書局出版發行，是即《中國哲學史大綱》。次外，還寫過〈中國哲學史的過去、現在與未來〉、〈中國哲學的反思與展望〉、〈近五十年來臺海地區中哲史的研究與前瞻〉以及對於〈中國哲學史專題研究〉之芻議。凡此，皆表示我對中國哲學史的關心。我原想寫一部五大冊的《中國哲學史》，但歲月不居，今已垂垂老矣。由於精力不足，視力趨弱，故簡縮為上下兩冊。此事因循太久，實深慚愧。

2.孔子仁教與孔門弟子

我一九八四年出版的《孔孟荀哲學》，卷上講孔子，分九章。我認為孔子不只是儒家之祖，亦是中國文化精神的象徵。他開發了中國文化的長江大河，永遠灌溉中華民族的心靈。他的仁教，更為人類開啟了無限向上之機。（所謂欲仁仁至，下學上達。）

周公上承三代而「制禮作樂」，構造「周文」。那是順政教之迹而開出

廣被人間的生活之道，其中最為骨幹的，一是宗法的家長制（通於社會政治），二是等級的民主制（開放治權，可謂治權的民主），此之謂「據事制範」，乃據二帝三王而凝成的「道之本統」（聖王之統）。到了孔子，則反身上提而透顯形而上的仁義之心，給予周文以超越的解析與安立。（所謂人而不仁，如禮何？）這是攝禮歸義、攝禮歸仁，是之謂「攝事歸心」，是對「道之本統」的再開發。

「王者盡制」，以二帝三王為標準。這是王者禮樂中的成人與人倫，是生活行為的形式規範。「聖者盡倫」，以孔子為標準。這是成德之教中的成人與人倫，是生命德性的自覺實踐。孔子為儒家開山，故儒之為儒，不能由王者盡制的外部禮樂（禮教）來規定，而必須由聖著盡倫的成德之教（仁教）來規定。如此，乃能確定儒家之教義與儒者生命智慧之方向。

當然，禮樂文制也不可忽。我曾寫過兩篇關於儒家言禮之文章：〈禮與法的層位及其效用〉與〈禮的涵義與功能效用〉。前者講於新加坡東亞哲學研究所，後者於一九八五年在星洲儒家倫理會議上發表。該文簡切明達，陳榮捷教授作評論時特加讚佩。另外，還有一篇〈詩禮樂與文化生命〉，指出生命心靈需要詩，人文教化需要禮，宇宙萬物需要樂。從「詩」的興觀群怨說「生命的興發」，從「禮」的別異與規矩說「生命的自立」，從「樂」的合同與感通說「生命的圓成」。由此可知，孔子留下的「興於詩，立於禮，成於樂」這句千古雅言，恰好把文化真理與人生福命的落實之處指點出來了。

至於《孔門弟子志行考述》（1969 年出版），則是我的發憤之作。因為不滿《孔孟月刊》連續譯載日人諸橋轍次之〈孔門弟子考〉，深感國人無力表述自家先賢，實為可恥。故利用課餘時間撰述孔門弟子，二年而成。此書以《論語》為據，旁採古籍，列敘孔門諸賢之生平行誼、學識藝能、志節風義、人格精神，兼及其資稟氣度、才情聲光；既情味深醇，又發人省悟。而附錄之〈孔門師弟年表〉，簡明醒目，不僅可供參考，尤能襯顯孔門師弟之時代社會背景，以加強讀書之效果，引發閱讀之情趣。

另有《論語人物論》，上篇以見於《論語》書中之唐虞三代與諸侯列國之人物為主。下篇是孔子評贊春秋各國卿相大夫之生平行事與為政功過，可視為孔子「知人之學」的例證。附錄三篇，則以類相及，其中「論語類編」，分為二十篇，一百零八目，共計近五百章，可以提供分題論述時的方便查考。（臺北孔子廟經典講習班，已將《論語》原文依此類編成冊，作為講授之用書。）

3.孟荀異同——兼及孟子與陸王、荀子與朱子

孔子之後，孟荀繼起，先後成為先秦儒家的大師。孟子順孔子之仁而發揮，開出心性之學的義理規模。荀子則順承孔子外王禮憲之緒，彰顯禮義之統。歷來尊孟子為儒學正宗，雖非偶然；而荀子遭受長期之貶抑，則亦有失公允。

荀子遙承孔子之緒，表現客觀精神。客觀精神與主觀精神（主體精神）、天地精神（絕對精神），皆不同。天地精神表現公，無涯岸，無界限，所以為絕對。孔子踐仁以知天，踐仁是主觀精神，知天則顯絕對精神，而損益三代、斯文在茲，此歷史文化之意識卻顯示其客觀精神。

孟子順孔子仁教悟入，而發揮性善以點醒本原；由其主觀精神之表現「盡心盡性知天」一路直透絕對精神，故曰「萬物皆備於我」，「上下與天地同流」。但荀子譏孟子「略法先王而不知其統」，是即表示孟子的客觀精神有所不足（雖有，而不夠）。

荀子順外王禮憲而發展，重視禮義之統，客觀精神自甚彰著。但荀子的禮義之統，只是「義道」，他從自然現象與人欲之私說「天」說「性」，此正是孔孟與理學家所評斥的「非天、非性」。荀子不知人性卓然而善處，才是義道之根，禮義法度之根。此一差失，決定荀子之主體精神與絕對精神皆不顯。宋儒說荀子「本源不透」，正謂此也。必須主觀、客觀、絕對三者齊顯並透，才是儒家「通天人、貫古今、合內外，徹幽明」的全盡之道。

陸王直承孟子而發展，人皆知之，而荀子與朱子之間的義理關連，則始終未曾引起注意。一九八五年我應邀赴新加坡東亞哲學研究所作半年訪問研究，特別以「荀子與朱子心性論之比較」為題，寫成五萬字之研究論文（見《儒家心性之學論要》頁 39-138），可供參考。荀子的自然天論思想與性

惡之說，自與朱子絕異，但荀朱二家之言「心」，則皆從「心知」說。荀子言心之知慮思辯，而指說心能知「道」、知「統類」，朱子言心之知覺與心知之明，實與荀子之言心為同路。（按，《孔孟荀哲學》頁 527 有二表可參看。）

（二）從孔門義理到宋儒

4.庸易義理與周子「默契道妙」

《中庸》《易傳》的年代，很難確定，但就其義理傳承與語脈淵源而言，無疑是「孔門義理」。中庸、易傳的發展，是表示要順由孔子的「仁」、孟子的「心性」，而向存有方面伸展。經過這一步伸展，道德界與存有界遂通而為一。講道德有其形上之根據，形上學依然基於道德，而宇宙秩序即是道德秩序。因此，由孔孟發展到中庸易傳，實已透出了一個道德形上學的基型。

孟子主仁義內在（仁義之理內在於心），即心而言性，是道德的進路。中庸言天命之謂性，則是宇宙論的進路。遠而言之，是呼應孔子以前天命下貫而為性的思想趨勢；近而言之，是對應孟子內在的道德心性而換一個進路——從天道天命處說下來，以顯示心性的絕對普遍性。

《中庸》由天命而性、道、教，而慎獨成德，而由致中和通向存在界；下半篇又講說天道以誠為體，誠體流行，生物不測（生化萬物，神妙而不可測）。至誠之人（聖人），盡性以贊化育；大賢以下，則致曲以推致其誠。誠於中而形於外，故能「形、著、明、動、變、化」。積而至於化，則亦不異於聖人。

《易傳》表述乾知坤能：「乾知大始」，「乾以易知」，以易的方式主創生之始；「坤作成物」，「坤以簡能」，以簡的方式顯示終成之能。又言「乾道變化，各正性命」。生生之易道，顯之於仁心之感應，藏之於生化之大用。「寂然不動，感而遂通天下之故」，故能通晝夜、徹幽明、貫始終。「範圍天地之化而不過，曲成萬物而不遺」。由「窮神知化」而「繼志述事」。從萬物生生不息見天地之「志」，從陰陽妙合見天地生化之「事」。

「繼」其志，「述」其事，乃是「人道」。在三極之道中，人道乃由仁義而顯立，仁道親親，是主觀性原則，義道尊尊，是客觀性原則。由天地人三極之道合天人，故曰「大人與天地合德，與日月合明」云云。可知中庸易傳所透顯的，同為「合天人」的道德形上學。以是，「太極生兩儀，兩儀生四象，四象生八卦」這種宇宙論的演生義，也應關聯本體論的妙用義來了解，方為中肯。

《中庸》《易傳》的形上智慧與進路，歷兩漢魏晉南北朝隋唐千餘年而未見善解者。到了北宋，歷史的運會自然迫至，周濂溪雖然學無師承，而以心態相應之故，一出語便契合義理，而能「默契道妙」，宛若全不費力。

周子《通書》開宗明義，便以中庸之「誠」說易傳之「乾元、乾道」。這種合釋，可謂天衣無縫。如曰「大哉乾元，萬物資始，誠之源也。」便已指出乾元就是誠體發用流行的根源。又說「乾道變化，各正性命，誠斯立焉。」以乾道變化指說誠體之流行，而誠體流行的實體即是乾元。再來又從元亨說「誠之通」，於利貞說「誠之復」。復，由立而見。通，承源而來。誠之「源、立、通、復」，正是乾道（天道）之「元、亨、利、貞」。

周濂溪「默契道妙」，是從中庸易傳悟入。據濂溪的體悟，這個作為寂感真幾而能起創生作用的誠體之神，又實即「太極之理」。他的《太極圖說》，由太極陰陽五行之生化萬物，敘述一個由宇宙到人生的創化歷程，以彰顯「由天道以立人極」之義，便是根據《通書》言誠體寂感的義旨推衍出來。

由於周子復活了先秦儒家的形上智慧，為宋明六百年的儒學復興開啟善端，所以成為理學開山。

5.洛學南傳與閩學定位

二程門下有二個特為重要的大弟子謝上蔡與楊龜山。而程門論學，大體皆順明道的綱領走。譬如上蔡以「覺」訓「仁」，龜山就惻隱言仁，以「萬物與我為一」說仁之體，都明顯地本於明道，即使論及格物窮理，也不取伊川「能所相對」，以「知」認「所知」的認知義。龜山言「中」，主張驗之於喜怒哀樂未發之際，這是靜復以見體，是逆覺體證的功夫。這仍然是明道義，而與伊川論中和之意不同。胡安國曾說「龜山之見在中庸，自明道先生所授」。可見程門高第實乃遵循「以明道之義理綱維為主之二程學」而發展。至於一般所謂「小程開朱子，大程開象山」之說，則並無理據。象山學乃直承孟子而來，不由大程開。大程所開啟者是「上蔡湖湘系」與「龜山閩中系」。茲用表式以明之。

(1)洛學南傳之線索

謝上蔡……胡安國——胡五峯（就良心之發端直下體認之以為體）——內在的逆覺體證（縱貫系統）

楊龜山——羅豫章——李延平（靜坐觀未發之中以證體）——超越的逆覺體證（縱貫系統）

※朱子則越過師門三代（楊、羅、李）而直承小程伊川之學。

(2)南宋閩學之定位

楊龜山靜坐以觀未發之中的功夫指訣，經羅豫章至李延平而達於成熟——是謂「前期閩學」（靜復見體，逆覺體證）

以朱子為宗的後期閩學——乃繼承伊川之「居敬窮理」而來——與前期閩學（楊、羅、李）之工夫進路並不相承也。

據此可知，二程洛學乃經由謝楊二人而南傳。(1)謝上蔡之學，是通過胡安國到胡五峯之「識仁之體」，屬於內在的逆覺體證。另外，胡五峯又承張橫渠「心能盡性」與「成性」之義，開出「盡心以成性」（以心著性）之義理間架，是為消化北宋理學之第一人。(2)楊龜山則從《中庸》入，採取靜坐觀中以證體之進路，通過羅豫章再到李延平而達於成熟。靜坐是為了隔離（超越）現實生活之紛擾，以便體認天理本體，故謂之超越的逆覺體證。但靜復以證體之後，還須「冰解凍釋」，理融於事（回到生活），乃能天理流行。此義延平知之真切。唯一般言靜坐者則或懵無所知耳。

延平故世時，朱子三十四歲。三年後正式苦參中和而游移難定，到四十歲方決定走伊川的路，確立「心性情三分、心統性情」之間架，形成伊川朱子居敬窮理之大系統。此時，朱子學的格局已溢出前期閩學之外，不宜再以「閩學」之名限之。

6.湖湘之學與胡子知言

胡安國於程門弟子游定夫、楊龜山，皆義兼師友。後又以高位修後進之禮訪見謝上蔡於湖北而大受啟發。後遷居湖南衡山，未久即謝世。其季子五峯居衡山講學二十年，「卒開湖湘學統」（全祖望語）。五峯之學，一面倡說「先識仁之體」（承明道之「識仁」與上蔡之「以覺訓仁」而來），一面又擷取張橫渠「心能盡性」與「成性」之觀念，而開出「盡心以成性」（以心著性）之義理間架。這個開顯「心與性之形著關係」的系統，與伊川朱子「心性為二」、陸王「心性是一」之系統鼎足而三，在儒家心性工夫上有本質之重要性。以是，四五百年之後，猶然有劉蕺山順義理自身之必然性而盛言此「形著義」。這是「湖湘之學」最真實的價值所在。

胡五峯有《知言》之作。呂祖謙嘗謂「知言勝似正蒙」。這話或者推許過當。《知言》自不如《正蒙》之沉雄弘偉，但就思想之精微扼要而言，亦實有過於正蒙之處。五峯上承北宋前三家（周、張、大程）之義理而續有開發，其論道、論性、論心、論仁，亦皆精要而肯當。（按，《宋明理學南宋篇》頁 65、66，有(1)(5)二表，可參看。）

（三）朱子與陸王

7.對朱子學的理解與闡釋

朱子四十歲以後，放棄師門三代「觀未發之中」（默坐澄心、體認天理）的路，其「答張欽夫書」宣示中和新說之義理間架與基本綱領：(1)心性情三分，理氣二分。(2)靜養動察，敬貫動靜。中和新說論定之後，朱子性理學的架構，基本上已經建立，但系統的周洽完成，則有待「仁說」之論辯。

中和問題是心性問題，而心性問題又以「仁」為根核。朱子四十歲成立中和新說，再經三數年之浸潤與議論，乃又展開關於「仁說」之論辯。（以書信與湖湘學者論辯。）這兩步論辯，代表朱子思想奮鬥建立的過程，而一般皆略而不講（如王懋竑《朱子年譜》也未記述有關「仁說」之辯論。）而牟先生則以二百八十頁之篇幅，對此長達十年（三十七歲至四十六歲）的辯論內容而詳加疏導，義最賅備而精當。

大略而言，朱子之論仁，實本伊川「仁性愛情」之說，將仁體支解為「心性情三分，理氣二分」，而以「心之德，愛之理」的方式說仁。歸結起來，便是：「仁者，愛的所以然之理，而為心所當具之德」。這句話含有：(1)仁不是心，而是心之德；不是愛（情），而是愛之理。此即「心性情三分」。(2)仁是理，是性，屬形而上；心、情則是氣，屬形而下，此即「理氣二分」。(3)心知之明靜攝仁理（理寓於心），則此理乃能引發心氣之凝聚向上，而顯現為中節合度之行。此即所謂「理生氣」（生，非產生義，乃引生、引發之意）。依朱子性理系統的義理，可知他所完成的，是一個「他律道德」的系統。

關於朱子心性實踐的工夫進路，可以簡括為二句：「靜養動察，居敬窮理」。也可說為三句：「靜養動察，敬貫動靜，即物窮理」。而比較完整的說明，則可以分為五點：

(1)靜時涵養（對心而言）：鏡明水止，心靜理明。

(2)動時察識（對情而言）：察識情變，使之中節。

(3)敬貫動靜：敬，立乎存養之實，亦行乎省察之間。

(4)即物窮理：「心知之明」與「事物之理」的認知攝取之關係。

(5)攝理歸心（心理合一）：心攝具理，理寓於心以成德。

平時說「朱子集北宋理學之大成」，這句話雖不恰當（因為朱子只承伊川而發展，他雖然講論周、張、大程之文獻，而詮釋不盡相應，義理綱脈上並不繼承）。但朱子是一大家，他不但在性理學上代表靜涵靜攝系統，在經學上、史學上、乃至文學上，也都有卓越的貢獻。尤其在人文教化上，他的成就與影響，更從華人世界而遍潤韓國、日本，本質上那就是儒家成德之教的真切體現。這方面的功績，秦漢以下，無人能比。在朱子逝世八百週年時，我曾撰述一文〈從人文教化看朱子的成就與影響〉（見《哲學史與儒學論評》頁 201-219），可供參證。其他如〈朱子心性之學綜述〉、〈朱子性理系統形成的關鍵與過程〉、〈朱子的心論與心性工夫〉，還有關於韓國性理學的論評，也可略見我對朱子學的闡釋與講論。

8.涵養與察識孰先孰後之判析

朱子與張南軒有關涵養與察識孰先孰後之論辯，若只注目於「孰先孰後」，則雙方都可言之成理、持之有故。如此，則先與後之問題，根本無從論定。我有很長一段時間都覺得這是一個很難做簡明交代的問題。但隱隱約約又覺得兩家所說的「涵養」和「察識」，其意涵不盡相同。順著這一個頭緒去省察，終於發現，其實是二個系統的不同。雙方所謂的「涵養」、「察識」，其意指竟然南轅北轍。這裡弄明白了，那「先、後」的問題便也自然消解。

在朱子系統中，涵養是對「心」說，察識是對「情」說。而依朱子「心性情三分、理氣二分」的間架，性是理，心與情則屬於氣。而工夫的順序，一定是先涵養心知之明，而後以心知之明去察識情之變化，看看發出來的好惡喜怒哀樂之情能中節否？能合理否？如果不先涵養出心知之明，將如何能察識情之發是否中節合理？所以朱子一定講「先涵養、後察識」。這個順序絕對不容許倒轉。

張南軒是胡五峯的門人，他的思路不同於朱子。南軒在五峯門下的時日雖然不久，對五峯的學脈綱維也不盡理解透徹。但師門「先識仁之體」的義旨，是順承明道而來，明道說學者先須識仁，然後以誠敬存之。張南軒認為，識仁之識即是察識，以誠敬存之存即是存養（也即涵養）。無論察識或涵養都是對仁體而言，所以必須先察識仁體，然後加以涵養之功。如果不先察識仁體，則涵養工夫無落實處。這一層意思，南軒緊緊持守著，故無法認同朱子「先涵養、後察識」的主張。

不過，在朱子系統中，涵養心知之明的工夫的確必須先做，有了心知之明，才能察識情之發是否中節合理。但朱子這個思路，張南軒並不明白，所以只順著自己的系統來說話。同樣的，朱子也不清楚南軒的說法是本於明道五峯「先識仁體」的宗旨而來。結果，兩個人都「只知己」而「不知彼」，所以各說各話，而互不相知。如果二人對彼此的義理系統有相應的理解，這番議論便可休場：各歸自己，是其所是；承認對方，兩不相非。如此，則雙方歸於無事。

當然，依儒家的傳統，自是先體證本體，然後再做存養擴充的工夫。如孟子所謂反身而誠，先立其大，存心養性，擴充四端，便是如此。理學家常說先得大頭腦云云，也是指點這個意思。而朱子承伊川而發展完成的乃是一個新的系統；既與孔孟有距離，也和周張大程（北宋前三家）不一樣。由此可知，同一名詞、概念，其意指可因系統或思路之不同而大有差異。這是講哲學思想的人必須特加措意的。

9.朱陸異同與象山實學

在朱子和張南軒等湖湘學者連續論辯中和問題和仁說之後，朱子的思想系統已經徹底完成。但他的見解和路數又引發江西方面陸象山兄弟的不滿。而呂祖謙對朱陸雙方皆甚敬重，乃有意發起一次會講，想要調和兩家異同以期學術之歸一，是即學術史上有名的朱陸鵝湖之會。

鵝湖會講，涉及到博與約、太簡與支離以及尊德性與道問學等問題。而真正的核心，其實是雙方在心性論上的異同。心性思想是儒家學術的核心。從孔子以下，歷代諸儒的心性講論，看來內容繁富，而又實可歸為二大基型。

一為心即性，性即心，「心性是一」。

二為性乃形上之理，心屬形下之氣，「心性為二」。

象山本於孟子「仁義內在」（仁義之理，內在於心）而直接說「心即理也」。不但性即理，心亦即理。陽明進而說「良知即是天理」，也是「心即理」的申述。這個「心性是一」的基型，含有四個主要的論點：(1)心，是實體性的道德的本心。(2)本心即理，心同理同。(3)心性天（心性理）通而為一，即心即性即理。(4)仁是心，亦是性，亦是理，亦是道。——以上四點，乃是「心性是一」這個系統的綱宗。上自孔孟，下至陸王，皆屬此一系統。就道德實踐而言，這個系統的工夫入路非常明確而直接，只要本心呈現起用，便自能成就主觀面與客觀面的道德價值（自修身到齊家治國平天下，莫不皆然）。故孔子只說「為仁」，孟子只說「存心養性，擴充四端」，象山只說「明本心」，陽明只說「致良知」，便足以突顯講學宗旨，落實實踐工夫。（但此易簡之心性工夫，必須「勿忘勿助」、「一以貫之」，乃能得到最後之圓成。）

除了「心性是一」，還有「心性為二」一系。這一系其實也源遠流長，從荀子到程伊川和朱子，皆屬之。荀子講性惡，自與伊川朱子不同。但如果以荀子所講之「禮」（荀子之禮，其實義等同於理、道），來替換他所講之性，則荀子之系統實與伊川朱子為同一類型。三人所講之心，都不是德性層的道德心，而是知性層的認知心。而性，或是心所對治的對象（如荀子），或是心所認知攝取的對象（如伊川、朱子）。這個「心性為二」的基型，也含有四個主要的論點：(1)心是虛壹靜的「大清明」，是氣之靈、氣之精爽。(2)性是理（只是理）：可言性理、性體、性分（不言性覺、性能）。(3)心性情三分（理氣二分）：心統性情。(4)仁是性、是理、是道，但仁不是心（而是心之德）。程伊川以為「愛自是情，仁自是性，豈可專以愛為仁？」意即：仁是性，是應然之理；愛是心是情，屬實然之氣。此「仁性愛情」之說，為朱子所嚴格遵循。朱子謂「仁者，心之德，愛之理」。意即：仁不是心，不是愛，而是心所當具之德，是愛的所以然之理。

據此四點，可知伊川朱子的心性思想，實自成系統，而與孔孟陸王有差異。孔孟陸王「心性是一」的系統，是康德所謂「自律道德」的系統，仁義之理（道德律則）內在於心，故自主自律。而伊川朱子（亦可上通荀子），則是康德所謂「他律道德」的系統。仁義之理並不內在於心，而是在心氣之外的道體性體處，必須通過涵養（心氣）、察識（情變）、居敬（敬貫動靜）、窮理（認知窮究事物之理——應事接物之理），然後攝理歸心，心與理綰結而通合為一。如此，道德實踐乃可順適，而得以成善成德。

以上的簡述，是朱陸二人系統異同的關鍵所在。至於博與約、太簡與支離、乃至尊德性與道問學，都可以溝通講明，而各尊所聞，這些異同，是可以相互諒解的。（請參閱《哲學史與儒家論評》頁 220-233。）

象山的心學，乃是「實學」。熊十力先生曾指說儒家實學，可有二義：

一是內聖成德之學（心性之學）

二是外王事功之學（經世致用之學）

一般人常為誣妄之言所惑，以為只有講經典制度和政法經濟的才是實學；而端正人心趨向，鍛鍊身心意志，完成德性人品的心性修養，反而誤認它是「空疏之學」。因此，「空談心性」這種荒謬之言，竟也成為一句「喧騰眾口」的流行語。

須知天之所命、天所與我的本心善性，乃是道德實體。潛隱自存時，名之為道體、性體；呈現起用時，則名之為心體。盡我之心，則能知性知天，於是「心、性、天」通而為一，人乃轉小我為大我，所以孟子說「萬物皆備於我矣，反身而誠，樂莫大焉。」此時，我的生命何等充實，何等光輝！你怎麼可以誤指這種內聖成德之學為「空疏」呢？

所以，心性之學不是「空談的」，而根本是「實踐的」。儒家有了這樣一套「知行一貫」的心性之學，便不必再走宗教的路，也無所謂「解脫」、「得救」、「與主同在」一類的需求。儒家是以道德的進路（存心養性、擴充四端、復本心、致良知……）來開顯人生的康莊大道。（人能成聖成賢，與天合德，自也等同於宗教所說的解脫得救了。）

象山心學這一類的「實學」，是落實於作為道德價值之根的道德實體（本心），而不是落實於道德實踐所成就的價值成果（如像典章制度，政法經濟）。簡言之，象山之實學，是落實於「根」，而不是落實於花果。花果是從根上生出來，有根就有花果，根與花果是脈絡相通，一以貫之的。常人卻說「根」（心性）為空疏，真乃挖根忘本之談。

象山說：「宇宙自有實理。所貴乎學者，為能明此理耳。此理苟明，自有實行，自有實事，德則實德，行則實行。」象山所謂「實理」，亦即陽明所謂「良知天理」。這個「天所與我，心所本具」的理，是有根的，實在的，故曰「實理」。實理顯發而為行為，便是「實行」；表現為人倫日用家國天下之事，便是「實事」；得之於心而凝為孝弟忠信……便是「實德」。象山自稱他的學問為「實學、樸學」，並說「千虛不博一實。吾平生學問無他，只是一實。」由實理流出為實事、實行，此便是象山學的真精神。

10.對陽明學的體認與疏導

我講論宋明理學，其中有關陽明學的論文，大概有二十多篇。我又曾正式標點並訂改王陽明的全集，而且差一點就要印成華岡版的「王陽明全書」。（參閱《哲學史與儒家論評》頁 239-263。）

一九七四年我出版《王陽明哲學》，大體依循牟老師的脈絡，其中第一章與第九、第十章則主要是自己的體認和心得。此外，我還先後撰寫(1)〈王陽明致良知宗旨之醞釀與確立〉、(2)〈王陽明致良知前後向之考察〉、(3)〈王陽明的知行思想〉、(4)〈王門天泉四無宗旨之論辯〉以及(5)〈江右王門之學脈流衍〉諸文發表。並於二〇〇五年暑假撰述《王學流衍——江右王門思想研究》書稿。（由北京人民出版社印行）。這些，都是我所學知的一點成績。

（四）性理學與宗教會通

11.性理學文獻之詮釋與表式講學之倡導

講學不能離開典籍，對於經典文獻的詮釋，是永遠需要進行的。我寫宋明理學各書，有的是義理之綜述，有的是文獻之疏導，而完整篇章的解讀及其義理之申述，則有：(1)周濂溪的「太極圖說」，(2)張橫渠的「西銘」，(3)程明道的「識仁篇」，(4)前人的「定性書」，(5)朱子的中和新說（答張欽夫書），(6)前人的「仁說」，(7)王陽明的「大學問」，(8)前人的「尊經閣記」，(9)前人的「山陰縣學記」，(10)前人的「禮記纂言序」，(11)前人的「答陸原靜」第二書，(12)周海門天泉四無宗旨（九諦九解）之疏導。

我在教課時，喜歡用我自己創製的「表式」，來顯示義理的脈絡和系統的架構。茲舉荀子「天生人成」之系統為例：

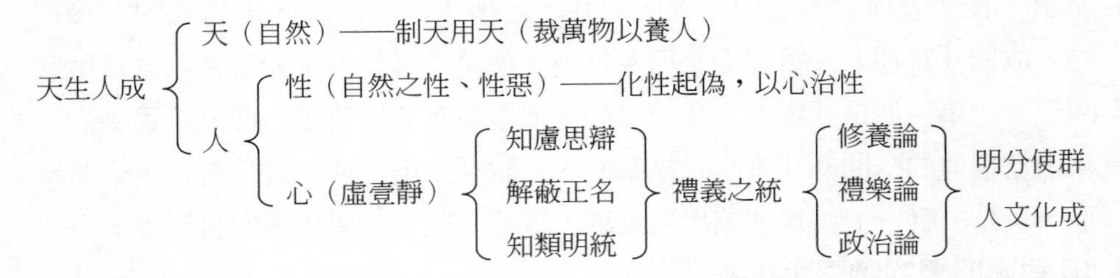

在「宋明理學」方面，我曾製成大約八十個表，名為「理學綜述通表」（見《儒家心性之學論要》頁 269-310。）表目各如下。

(1) 宋明理學的開展與分系：甲.北宋前三家。乙.伊川之轉向。丙.洛學南傳。丁.南宋理學三大系。戊.縱貫系統、橫攝系統。己.性理學的內涵。

(2) 本體的體悟：甲.總說。乙.道體與性體。丙.仁體與心體。丁.天理與一本。戊.性體五義、心體五義。己.性理之全義與偏義。庚.理與氣（朱子義）。辛.形上形下之劃分與圓融。

(3) 工夫的進路：甲.總說。乙.周子（主靜立人極、知幾通微、誠思合一）。丙.張子（盡心成性、變化氣質）。丁.明道（識仁、定性）。戊.伊川（學以進德、居敬窮理）。己.延平、五峯（逆覺體證之二種形態）。庚.朱子（靜養動察、敬貫動靜、即物窮理）。辛.陸王（明本心，致良知）。壬.劉蕺山（誠意、慎獨）。

(4) 性即理與心即理：甲.性即理。乙.心即理（本心即性）。丙.伊川朱子（性理之偏義）。丁.朱陸異同之癥結。

(5) 致良知教（四有、四無）：甲.良知之學：（一.王學三變。二.良知與四端。三.良知三義（三性）。四.致良知。五.四句教。）乙.四有、四無：（一.四有。二.從有到無。三.四無。四.工夫義的「無心為道」。五.物之二義。六.漸與頓。七.教法與化境。）

(6) 劉蕺山誠意慎獨之學：甲.蕺山判王學末流之弊。乙.攝知於意，歸顯於密。丙.蕺山四句教。丁.以心著性（心宗與性宗通而為一）。

12.韓日性理學述評

東北亞的韓國日本，是吸收漢文化最深厚的國家。韓國李朝（朝鮮朝）以朱子學為治國之理念，朱子學在韓國也確有發揮。中華本土未加注意的問題，韓儒多有講論，如四端七情、理發氣發之問題、人物性之同異、性情善惡之問題，以及人心道心之意指，都是。

我之接觸韓國儒學，先是一九七九年十一月，在近世儒學與退溪學第四屆國際會議，發表〈性理的全義與偏義〉。次年一九八〇年十月，又應邀赴漢城出席第十屆「東洋學會議」，發表〈朱子學的綱脈與朝鮮前期之朱子學〉。此文引起韓國學界之不滿，以為我貶視韓國性理學。這當然是誤會。後來他們也漸漸看出我如此講說的理路了。二年後又出席夏威夷「國際朱熹會議」，發表〈朱子學的新反省與新評價〉。這二篇講朱子學的論文，都得到牟師的稱賞。

一九八五年在中韓文化學術研討會上發表〈韓國性理學的淵源與前瞻〉。二年後又赴香港出席第九屆退溪學國際會議，發表〈李退溪「辯知行合一」之疏導〉。一九九一年，應金忠烈教授之特約，為南冥學研究院撰寫〈韓儒曹南冥的性理學說與精神特徵〉。一九九九年，又應邀出席漢城艮齋思想研討會發表〈韓儒田艮齋之心性論〉，另有一文〈田艮齋處士學行述評〉，則發表於《東海哲學研究集刊》第七輯。

至於日本之性理學，我只寫過一篇〈日本的陽明學及其特色〉，發表在《華學月刊》。後又編入《王陽明哲學》為附錄二，並在文後「附識」中提及：「義理思想的闡釋發明，日本學者既已自認非其所長，則有關中國哲學思想之研究，日本學者大概也很難提供有參考價值的著述」云云。後來九州大學名譽教授岡田武彥先生，來臺北開會接受訪問時，還特別提到我這篇文章，並表示非常期盼中日學者共同努力，弘揚儒學。後來在夏威夷和在九州、在京都開會見面，也蒙他當面稱許我的論文。謙和君子，實甚感念。

13.儒家之宗教性與宗教會通

在人類文化初起之時，每一個文化系統都經過宗教的階段。而中國則自三千年前（西周之初）便已顯發了人文精神之自覺，使原始宗教漸次走向轉化的過程。下及春秋，宗教人文化的思想，乃進到成熟的階段。

孔子是中國文化的代表者，他前有所承，後有所開。從他對天的呼應之情與敬畏之感來看，他的生命與超越者的遙契關係，是含具很虔誠的宗教意識和宗教情操的。在孔子生命中所顯示的天人關係，乃是「天人相知，天人和合，上下回應，有來有往」的關係。他對天的態度，對鬼神的態度，對祭祀的態度，可參閱《孔孟荀哲學》頁 133-137，茲不贅。

儒家之為教，是含具宗教意識，能表現宗教的功能作用，也能顯發宗教的超越精神，是一個具有宗教性的大教。凡是在別的文化系統中，只有宗教才能表現的精神，只有宗教才能發揮的作用，只有宗教才能盡到的責任；在中國，都是儒家來承擔。中國文化中有了儒家，它便不必再有一個國教（儒家就正好可以代表所謂的國教）。我在《孔孟荀哲學》卷上第八章第二節，曾對儒家的宗教性有所說明，可供參閱。

近百年來，西力東漸，使中國遭受前古未有之大變局，而華夏子孫也因此而喪失文化自信，不少的人轉而信仰外來宗教。信仰自由，理所當然。歷代中國人也從來都不曾排斥外來的宗教。但外來宗教只是來傳教呢？還是想和中國文化交流、會通？如果是前者，我個人不表示意見，因為傳教和信教一樣，都是自由的。如果是後者，就應該對中國文化傳統虛心學習以增進了解和體認。（其實，為了傳教順利，也不能不恰當地理解中國文化。）

就中國文化的發展而言，過去一二千年，是儒、道、佛三教相互摩盪的過程。今後則必然是儒、佛、耶三教相互摩盪，以求融通。而文化價值系統的融通，一要「精誠」，二要「機緣」，三要「時間」，這是急不來的。在當前這個階段，先要能夠做到：互相尊重，互相了解，互相觀摩。然後各本真誠和信念，在不離其自己的原則下，充實自己，改進自己，以與異質文化相資相益，相融相攝，而導致一個「和而不同，交光互映」的人類文化之新境界。

依於上述之意，一九八二年一月，我在東海大學文化研討會上講了一個題目：「關於宗教的會通問題」，講詞於次月發表於《鵝湖月刊》與《中國文化月刊》，現已編入《新儒家的精神方向》頁 71-90。我提出六個宗教會通的焦點：(1)人皆可以成為基督嗎？(2)耶穌是神而人、還是人而神？(3)人不通過耶穌就不能得救嗎？(4)是耶穌獨尊、還是與孔子、釋迦同尊？(5)非基督宗教必須讓位嗎？(6)是基督教中國化、還是中國基督教化？這篇講詞引起東海大學前任董事長周聯華牧師的注意，他寫了六篇文章，分別討論我提出的六個宗教會通的焦點。並在第二年六月至十一月，連續發表於《宇宙光》月刊。他說我指出他們的缺點，他們可以因為別人的刺激而來相互切磋交談，使中國基督教更具廣度和深度，也更能了解中國知識界的心態，和怎樣使基督信仰在中華土地上生根。

不過，我所注意的問題不是基督教有什麼缺點，而是想要了解它的基本教義和中國文化在哪些地方顯示差異性。同時，我對宗教也從來不取「刺激」的態度，而是關心基督教與中國文化會通的問題。我關心，是因為這不只是個人宗教信仰的問題，而是事關民族文化的問題。

我讀了周牧師的六篇文章之後，隨即以「再談宗教會通的問題」為題，寫成回應文章，送請《鵝湖》發表。我的總答所表示的看法，當然還是與周先生不同。那些不同之點，如果終於無法消解，我們仍將記取孔子的教訓——「和而不同」，雖不同而能和。這也正是文化會通和宗教會通的基本精神。

後來，一九八五年，「宇宙光出版社」將我和周牧師的對談還加上梁燕城的文章、合成一本「基督教與新儒家對話」的書，書名《會通與轉化》。但周牧師又加入一篇所謂「結束的文章」作為「專書的結論」。該文題目是「必然的與或然的」。意思是回應我「生而為中國人是我們的第一性，信了什麼宗教之後的宗教徒身分則是人的第二性」。周牧師認為「生而為人是必然的，生而為中國人是或然的」。他們沒有給我這個對話者回應的機會，就單方面做了結論。我頗為不悅（但沒有發作）。後來我以「關於必然的與或然的」為題，寫成一篇短文，編入《儒家思想的現代意義》頁 393-397，請參閱。

我認為，「生而為人」和「生而為中國人」，二者是同一的。「人」的身分和「中國人」的身分是同時具有的。而所謂「中國人」，並不專從「國籍」上著眼，而是從「種族血統、歷史文化、生命靈魂」上說，所以是「必然的」。（一個中國人入了外國籍，他的生命、靈魂，仍然是中國人。）所以，我們不是從納稅、服兵役講說作為一個中國人的義務，而是從「延續民族文化的慧命，珍惜祖先的令德，守住自己的靈魂」，來提醒和期盼每一個「生而為中國人」的人。

另外，我還在佛光山講過「宗教與文化」這個題目，講詞編入《儒家思想的現代意義》頁 355-372。又有「禪宗話頭證會舉隅」，編入《儒家思想的現代意義》頁 398-415，皆可參閱。

（五）當代新儒家

14.當代新儒家第一代

我所發表的綜論新儒家的文字，如早期的〈新儒家的精神方向〉、〈當代新儒家的批判性與戰鬥性〉，到後期的〈從繼往開來看當代新儒家的學術功績〉、〈當代新儒學的回顧與前瞻〉以及〈當代新儒家的返本與開新〉、〈新儒家與新世紀〉等等，都是以第二代（牟宗三、唐君毅、徐復觀）三位先生為論議的中心。三人都是熊十力先生的弟子。由於臺灣和大陸隔離半世紀，青年後進對第一代新儒家的知聞比較少。因此，我曾為東海大學「哲訊」寫過一篇文字，對大陸學界推稱的「儒林三聖」（梁漱溟、熊十力、馬一浮）以及旅居美國的張君勱氏，做出簡要之介紹。（見《新儒學與新世紀》頁 341-349。）

梁氏（1893-1988）顯名最早，青年時期一度崇佛，後歸宗於儒，生死貫徹，始終不二。文化大革命時批孔揚秦，而梁氏堅持「聖人不能批」。疾風勁草，可謂卓絕。他的早期、中期、晚期，各有一部書可以代表他的思想，是即《東西文化及其哲學》、《中國文化要義》、《人心與人生》。而其學問落實處，則見於他的「鄉村建設理論」。他指出一個要點，即：暴力鬥爭不能解決中國問題。因為近代中國的問題是由外患而激發，不是由於內部的階級衝突。同時，中國的舊秩序已經破壞，沒有了秩序，又發動鬥爭，只會亂上加亂。為了奠立穩定的新政權，切忌鬥爭暴動。

熊先生（1885-1968）是另一位自學成功的宗匠。一九二二（三十八歲）應蔡元培之聘到北京大學講唯識學，次年即醞釀自己的新唯識論。十年後（1932）在杭州出版《新唯識論》文言本，馬一浮特為作序，備致崇讚。抗日戰爭時入四川，以講學著述為務。一九四四年《新唯識論》語體本出版。次年又出版《讀經示要》，一九五四年《原儒》先印二百部，隨後由公家印五千本，送發各國學界。之後，又有《體用論》、《明心篇》、《乾坤衍》等。他面對西學之衝擊，在儒家價值系統崩壞之際，重立大本，重開大用，重建中國文化之主體性，並為當代新儒家思想奠立了形上學之基礎。梁先生活轉孔子（生命化孔子），熊先生則是新儒義理真正開山的人物。一九八五，熊先生百歲冥誕，我曾為文紀念他，一是講述他的「生命格範」，二是為他的「群經言治之九義」作隨感錄。二文皆編入《熊十力先生學行年表》為附錄。見頁 111-137。二〇〇一年，武漢大學為慶祝《熊十力全集》（共十大冊）出版而舉辦國際學術會議，我義應出席而未能成行，特獻五言古詩一首以申誠敬：

乾坤失統緒　禹域莽蒼蒼（首段陽韻）
熊子奮十力　慧命通義皇
大易妙生化　仁義煥文章
唯識為應迹　儒經貞吉祥
聖學無分隔　心同理亦同（次段東韻）
真人直方大　性德起化功
體常以盡變　新儒鬱蔥蔥
一心花千樹　大道貴時中

馬一浮氏（1883-1976）是詩人、書家、而又兼有高隱性格的儒者。他十一歲喪母，十九歲喪父，二十歲喪妻。人勸他再娶，他答曰：孔子後裔是濂洛關閩，不是衍聖公。遂終身未再續弦，無嗣。馬氏不講學，不著書，不做官。因抗戰之機緣，在江西、廣西與四川，留下「泰和會語、宜山會語、復性書院講錄、爾雅台答問、濠上雜著初集」。他的學術思想，以儒家六藝（六經）之學，攝一切學術，代表道之全體。有言曰：「此理自然流出諸德，故亦名為天德。見諸行事，則為王道。六藝者，即此天德王道之所表顯。故一切道術皆攝於六藝，而六藝攝於一心，即是心之全體大用也。」文革初起之時，馬先生受折辱而死（次年，熊先生亦受摧殘而亡）。梁先生以八個字輓馬先生：「千年國粹，一代儒宗。」

張君勱氏（1887-1969）年十六中秀才，民國肇造，即留學日本、德國，中西兼修，冶傳統與西潮於一爐。一九二二（三十六歲）參加國是會議，起草「國憲大綱」。次年發表人生觀演講，引起科玄論戰。一九二四年創辦政治大學，一九三二年又創立國家社會黨。一九四〇年創辦「民族文化書院」於雲南大理，提出「以精神自由為基礎之民族文化，乃今後政治學術方向之總原則」。一九四六（六十歲）參加起草「中華民國憲法」。一九四九年應印度教育部邀請前往講學。一九五一又作環球講學，次年赴美國西雅圖定居。一九六八年（七十二歲）與唐君毅、牟宗三、徐復觀聯名發表「中國文化與世界宣言」。同年，又作環球講學。一九六五文革前夕在舊金山創立「自由中國協會」。一九六九年在美逝世。張氏對近代民主政治之理解、體認、實踐，可謂當代中國第一人。他創辦政黨，堅守民主政治之原則，不借助軍隊與特務。其思想亦始終一貫。他在《新儒家思想史》書中強調二點：一是說明中國文化是一個生命體，不是一個博物館，以糾正西方人說「中國文化不再有生命力」之謬誤。二是指出共產主義不可能取代中國傳統的思維與生活方式。共產主義只是政治、經濟與社會的「配置」，只是為了達到某些國際目標之「手段」。對中國傳統思想的結構有衝擊，但中國傳統文化必將如宋明儒者創立新的儒學（理學）以超越佛老而回歸孔子。當前的中國文化，亦必重新再造新機運以會通中西。

另外，我曾撰寫〈當代新儒家對政治的理解與參與〉，編入《哲學史與儒學論評》頁 360-375。

15.牟先生創用學術新詞之意涵述解

一九九六年，第四屆當代新儒學國際會議在臺北召開，我在開幕式上，以牟宗三先生為主線，順就他的重要著作，約為五點，來說明當代新儒家的學術成就：(1)闡明三教（儒釋道三教義理之表述）。(2)開立三統（民族文化生命之疏導）。(3)暢通慧命（抉發中國哲學所涵蘊的問題）。(4)融攝西學（康德三大批判之譯註與消化）。(5)疏導新路（中西哲學會通的道路）。這五點說明，都是落實之言，無有虛矜，無有誇飾。數十年來，大家都很關心中國文化復興的問題，但各人的講說，多半只是零散的意見，欠缺從根的通盤的反省。若有之，則自新儒家始。牟先生半世紀來所鑄造使用的學術詞語，可以證見他對文化慧命的疏通與開發。今列其目於此，以見其概。

(1) 「綜和的盡理」與「綜和的盡氣」之精神，以及「分解的盡理之精神」。
(2) 「理性的運用表現」與「理性的架構表現」。
(3) 有「治道」而無「政道」。
(4) 新三統：道統、學統、政統。
(5) 「良知」為什麼要「自我坎陷」？
(6) 「即存有即活動」與「只存有而不活動」。
(7) 「逆覺」與「順取」；「縱貫與橫攝」（自律與他律）。
(8) 「繼別為宗」與「別子為宗」之疑義。
(9) 一心開二門、兩層存有論。

以上這些詞語，在我講習師門之學的過程中，皆時時隨文加以詮釋。但仍不時發現學界錯誤的解讀。故一九九八年第五屆當代新儒學國際會議在山東召開時，我特意以「牟宗三先生鑄造學術新詞之意涵述解」為題發表論文，現已編入《哲學史與儒學論評》頁 333-350，可供參證。

【附識】

儒學與時代，含有許多方面的問題，諸如：(1)對於道義與功利之間的矛盾，我疏通「道德上的義利之辨與經濟上的義利雙成」。(2)對於人文與科技的矛盾，我發表〈人文與科技的異質相通〉的論文。還有(3)「儒家思想與現代社會」，(4)「從儒家思想看人權問題」，(5)「中國傳統政治與現代化」，(6)「現代儒學與二十一世紀」等等，皆先後發表論文，表示我對時代與文化深切的關懷。

16.撰述牟先生《學思年譜》與其他

年譜，是個人的編年史。對某人成學的經過，思想的演變，著作的出版，仕途的升遷，及其生平交遊，門人傳承等等，都可以依年次而加以記述與評論。在先儒年譜中，清代王懋竑所增改修訂的《朱子年譜》號稱精審，但朱子參究中和問題之後，又有「仁說」之論辯，而王譜中並無記述。經過五百年的歲月，一部朱子年譜，仍未能達於完善。可見要做成一本理想的好年譜是何等困難。另如《王陽明年譜》應該是比較完善的。但這本年譜之成書也甚為不易。先是群弟子分工，十餘年做不成。又十餘年仍不成。幸得錢緒山始終不懈，又經鄒東廓之敦勉，羅念菴之考訂，合三賢之心力，才完成這本年譜。時距陽明之卒已三十五年。

昔賢講學，多不著書。故其思想觀念，學術異同，不易掌握。編年論敘，更加困難。加以仕宦為政，事情繁雜，故年譜之成，可謂千難萬難。而牟先生一生講學，最具條理，所著各書，也最有系統，生平行事，又很單純。因而年譜之作，比起先儒來，應該比較容易。關鍵只在對他的學思是否能有「恰當相應的理解」，是否能作「如理如實、適切得體的表述」。牟先生七十壽時，我開始念及此事，乃動筆從事相關之記述，並先後在《鵝湖》發表以徵信。有了這個底子，所以師尊喪葬事畢，便順時整理成稿。看似效率甚佳，其實也是十八年來的細心蒐集，勤勞記述，才有這點成績。至於得宜與否，則祈請同門師友與各方人士不吝指正。現錄列「牟先生年譜」的目次於此。

遺照、遺墨、前言（一）（二）

甲、學行紀要：

卷一：自出生之年至四十歲。卷二：自四十一歲至六十歲。卷三：自六十一歲至七十歲。卷四：自七十一歲至七十六歲。卷五：自七十七歲至八十二歲。卷六：自八十三歲至八十七歲。

乙、學思歷程：

第一階段（大學時期）：直覺的解悟。第二階段（四十以前）：架構的思辯。第三階段（四十以後）：客觀的悲情與具體的解悟。第四階段（五十以後）：舊學商量加邃密。第五階段（六十以後）：新知培養轉深沉。第六階段（七十以後）：學思的圓成。

丙、著作出版年次表

【附錄】

一、學行事略。二、喪紀。三、全集編目初擬（按：全集本改列「墓園記」）。

這部年譜的結構，採取雙軌平行的方式：1.「學行紀要」是以編年的方式，記述生平事跡與著述出版。2.「學思歷程」則依學思的階段，以論敘思想的演進和學術的成就。在雙軌並行的論述中，兩部分都必須介紹著作，因此若干重複是必然的，無可避免。就我自己而言，並不覺其重複，也不厭其重複。等到有人不耐其重複時，就會出現新的契機，而一部更好的「牟宗三年譜」便可應運而出世。這也正是我所禱求的。

※　　※　　※

牟先生謝世之後，國史館約我撰述牟先生的「國史擬傳」，由於年譜稿中的資料現成，這篇擬傳很快便撰寫完稿，近一萬五千言。其目如下：

一、家世與簡歷。二、北大求學，化腐朽為神奇。三、從美感直覺到架構思辯（扭轉羅素，提升康德）。四、回向生命，契入儒聖之學。五、新外王與外王三書。六、表述儒釋道（從魏晉到宋明）。七、一心開二門，兩層存有論（漢譯三批判）。八、圓善論：哲學系統之究極完成。九、一生著作，古今無兩。（此「國史擬傳」已編入《牟宗三先生全集》第三十二冊。）

※　　※　　※

同時，又應中華文化復興總會之約，為《中國歷代思想家》叢書之更新版撰著「牟宗三」一章。編入平裝本第二十五冊（與馮友蘭、方東美、唐君毅合為一冊），臺灣商務印書館印行。其目如下：

一、學行傳略：1.家世與少年。2.大學階段。3.抗戰前後。4.在臺時期。5.香港講學。6.港臺來回。7.最後六七年。

二、思想評析：1.靈感與直覺（生命向外照）。2.架構的思辯（邏輯系統的吸收與消化，敲開認識主體之門）。3.大的情感與大的理解（外王學的新開展）。4.中土哲學智慧的重建（表述儒釋道）。5.判教與融通（一心開二門，兩層存有論）。6.安頓真善美（對康德學的譯註融攝與證成）。7.哲學系統的究極完成（古今中外的大統合）。

三、著作介述（類目）：1.易理與哲思。2.邏輯、知性、名理。3.儒家新外王。4.玄學、佛學、理學。5.譯註康德三大批判。6.融攝與圓成。7.疏通中國哲學史。8.會通中西哲學。9.時代與感受。10.自述與年譜。

四、學術貢獻與文化影響：1.表述心性義理（使三教智慧系統，煥然復明於世）。2.發揮外王新義（解答中國文化中政道事功的問題）。3.疏導中國哲學（暢通中國哲學史演進發展的關節）。4.消納西方哲學（譯註三大批判，融攝康德哲學）。5.會通中西哲學（疏導中西哲學會通的道路）。

※　　※　　※

・民國九十年（2001）夏月，以全集編輯委員會之名義，為《牟宗三先生全集》撰寫〈總敘〉（計 44 頁），與全集詳目合編為「附冊」，於二○○三年四月出版。

・為紀念牟先生逝世十周年，我又撰成〈牟先生的自述與論贊〉，於二○○五年九月在香港新亞研究所與中文大學哲學系合辦的學術會議上發表。其目如下：

一、自述：1.五十自述。2.為申展理性而奮鬥。3.六十年中只做一件事。4.譯註康德、功比奘什。5.一生著作，古今無兩。

二、論贊：1.化腐朽為神奇。2.北大哲系唯一可造之才。3.天梯石棧，獨來獨往。4.榮譽文學博士推介詞。5.門弟子四言論贊與治喪會輓詞。（門弟子四言論贊：「氣性高狂，才品俊逸，思想透闢，義理深徹。」治喪會輓詞：「光尼山之道統，弘黃岡之慧命，擴前哲之器識，發儒聖之光輝。」）

另在「墓表」文末，也有四句贊辭：

「浩浩宇宙，慧命長流，師尊法運，炳耀千秋。」

三、後語：感謝天恩祖德、師教友誼

回想五十多年來，投入民族文化與儒學復興之行列，而稍能盡己盡分，除了感念師恩（牟師之外，唐君毅先生、徐復觀先生，亦時賜教言，惠我良多），朋友的切磋互勉與相互資益，也是我生命中特感溫暖的陽光。無論早期「人文友會」的老友，或後來以「鵝湖」為中心的一輩一輩的新交，以及教學生涯中的同仁同學，還有香港新亞與大陸學界的朋友，和南洋星馬與韓國、日本、北美地區的年長年少的友生朋輩，都是我之所以能夠免於孤單寂寞的憑藉。而我妻我子我女，與大陸故鄉的家人，當然更是我人倫生活中溫馨熨貼的泉源。

事實上，這五十多年來，直到今天，我沐浴在民族文化生命的大流裡面，一直都是懷著肫懇真摯的孺慕之思，一直都是以赤子的心情在說話。所以，我並不認為我是學界的長老，而覺得自己不過是一個還算「過得去」的儒門學生而已。

至於我長久以來的大心願，是要寫一部五大冊的「中國哲學史」。因老來精力有差，視力減弱，不得已簡縮為上下兩冊，我希望能在八十之年完稿。（按：已交付臺灣學生書局排印。）此時，我應該實實地對「天恩、祖德、師教、友誼」深致感謝之忱。從今以後，我可能要更舒放一些，來探求和領受人生各方面的「真、善、美」。

民國九十八年（2009）元月

發表於《鵝湖月刊》403、404 期

附　錄

一、蔡仁厚簡介

蔡仁厚（1930-2019），原籍江西雩都。歷任大學教授、東海大學哲學研究所所長、中國哲學會理事、常務監事、國際儒學聯合會理事、顧問。退休後榮任東海大學榮譽教授。他自早年即從學於當代哲儒牟宗三先生，一以貫之，逾四十年。教學之外，又勤於著述，其著作出版者有二、三十種。專著如《孔孟荀哲學》、《孔門弟子志行考述》、《宋明理學北宋篇・南宋篇》、《王陽明哲學》、《中國哲學史》等。而歷年來發表於期刊與國內外學術會議之論文，每三數年即輯為論集出版，如《新儒家的精神方向》、《儒家思想的現代意義》、《儒學的常與變》、《新儒家與新世紀》等。近年來又在兩家書院擔任特約講座，弘揚儒學，老而彌篤。

公元 2017 年 9 月，第八屆「世界儒學大會」，特授予蔡仁厚「世界儒學研究傑出人物」獎，蔡氏以 88 高齡抱病親赴山東曲阜出席領受，並發表領獎感言，呼籲世界各地的儒者，不分畛域，共同一心，以開展儒學的新世紀，為人類社會奠立不拔之根基。

二、蔡仁厚新儒學研究論著目錄

一、專著

1. 《孔門弟子志行考述》，臺北：臺灣商務印書館，1969。
2. 《王陽明哲學》，臺北：三民書局，1974。
3. 《宋明理學・北宋篇》，臺北：臺灣學生書局，1977。
4. 《宋明理學・南宋篇》，臺北：臺灣學生書局，1980。
5. 《儒家心性之學論要》，臺北：文津出版社，1990。
6. 《孔孟荀哲學》，臺北：臺灣學生書局，1995。
7. 《中國哲學史大綱》，臺北：臺灣學生書局，1988。
8. 《中國哲學史》上下冊，臺北：臺灣學生書局，2009。

二、論著

1. 《新儒家的精神方向》，臺北：臺灣學生書局，1982。
2. 《儒家思想的現代意義》，臺北：文津出版社，1987。
3. 《儒學的常與變》，臺北：東大圖書公司，1990。
4. 《中國哲學的反省與新生》，臺北：正中書局，1994。
5. 《孔子的生命境界》，臺北：臺灣學生書局，1998。
6. 《哲學史與儒學論評》，臺北：臺灣學生書局，2001。
7. 《新儒家與新世紀》，臺北：臺灣學生書局，2005。
8. 《儒學傳統與時代》，石家莊：河北人民出版社，2010。
9. 《新儒小品長短篇》，臺中：晨星出版公司，2011。
10. 《蔡仁厚新儒學論文精選集》，臺北：臺灣學生書局，2016。

三、論文

1. 〈大學分章之研究〉，《孔孟學報》第 9 期（1965），頁 53-76。
2. 〈孟子心性論研究〉，《孔孟學報》第 22 期（1971），頁 103-104。
3. 〈孟子的修養論〉，《孔孟學報》第 24 期（1972），頁 155-170。
4. 〈中日陽明學的特色〉，《華學月刊》第 9 期（1972），頁 10-19。

5. 〈周子太極圖說的形上思想〉，《華學月刊》第 18 期（1973），頁 21-29。
6. 〈王門天泉四無宗旨的論辯〉，《鵝湖月刊》第 4 期（1975），頁 11-20。
7. 〈荀子的思想體系〉，《華學月刊》第 48 期（1975），頁 15-36。
8. 〈張子正蒙的天道論〉，《孔孟學報》第 32 期（1976），頁 205-234。
9. 〈程明道的識仁篇與定性書〉，《孔孟學報》第 33 期（1977），頁 129-146。
10. 〈朱子中和舊說與新說〉，《孔孟學報》第 37 期（1979），頁 165-179。
11. 〈禪宗話頭證會舉隅〉，《鵝湖月刊》第 77 期（1981），頁 39-45。
12. 〈南宋理學三大系〉，《新亞學術集刊》第 3 期（1982），頁 143-154。
13. 〈儒家思想與中國現代化〉，《鵝湖月刊》第 95 期（1983），頁 2-8。
14. 〈荀子天論與性論之研究〉，《東海學報》第 24 卷（1983），頁 23-38。
15. 〈荀子的心論〉，《東海學報》第 25 卷（1984），頁 187-201。
16. 〈王陽明大學問思想析論〉，《書目季刊》第 20 卷第 1 期（1986），頁 3-16。
17. 〈朱子心性之學綜述〉，《東海學報》第 27 卷（1986），頁 59-72。
18. 〈荀子與朱子〉，《鵝湖學誌》第 1 期（1988），頁 33-53。
19. 〈儒家與現代化的種種問題〉，《中國文化月刊》第 113 期（1989），頁 4-17。
20. 〈儒家思想與現代社會〉，《論文集刊》，1990，頁 1-16。
21. 〈道德上的義利之辨與經濟上的義利雙成〉，《中國文化月刊》第 144 期（1991），頁 63-70。

22. 〈韓儒曹南冥的性理學說與精神特徵〉，《研究論集》，1991，頁 13-55。
23. 〈徐復觀先生對宋明理學的見解〉，《論文集》，1992，頁 53-68。
24. 〈從「理心氣」的義蘊看船山學之特色〉，《中國文化月刊》第 167 期（1993），頁 34-45。
25. 〈王陽明對心性工夫的指點〉，《中華文化學報》創刊號（1994），頁 149-160。
26. 〈王陽明辨「心學與禪學」〉，《東海哲學研究集刊》第 2 期（1995），頁 11-14。
27. 〈儒家倫理基軸之省察〉，《東海哲學研究集刊》第 5 期（1998），頁 1-19。
28. 〈牟宗三先生鑄造學術新詞之意涵述解〉，《東海哲學研究集刊》第 6 期（1999），頁 1-15。
29. 〈當代新儒家的返本與開新〉，《漢學研究通訊》第 76 期（2000），頁 545-554。
30. 〈王陽明全書的編輯型式與義理結構〉，《明代研究通訊》第 3 期（2000），頁 1-15。
31. 〈韓儒田艮齋學行評述〉，《東海哲學研究集刊》第 7 期（2000），頁 55-72。
32. 〈「繼別為宗」與「別子為宗」〉，《鵝湖月刊》第 306 期（2000），頁 14-17。
33. 〈中國哲學的反思與展望〉，《哲學雜誌》第 31 期（2001），頁 55-72。
34. 〈新儒三統的實踐問題〉，《鵝湖月刊》第 319 期（2002），頁 11-15。
35. 〈當代新儒家的回顧與前瞻〉，《東海中西哲學比較研究》創刊號（2003），頁 5-13。
36. 〈新世紀的文化省思與前瞻〉，上海，《中華文化研究集刊》第 4 期

（2003），頁 30-52。

37. 〈《牟宗三先生全集》總序〉，《鵝湖學誌》第 30 期特載（2003），頁 171-208。
38. 〈「鵝湖人文書院」開幕講詞〉，《鵝湖月刊》第 338 期（2003），頁 1-4。
39. 〈關於邊緣儒學與非漢儒學〉，《鵝湖月刊》第 347 期（2004），頁 5-6。
40. 〈朱陸廬山之會與義利新論〉，《鵝湖月刊》第 373 期（2006），頁 13-17。
41. 〈牟宗三先生的自述與論贊〉，《香港新亞學報》第 24 卷（2006），頁 1-15。
42. 〈二十世紀新儒家的大判教：以唐牟二先生為例〉，《武漢大學人文論叢年刊》，2006 年卷，頁 38-48。
43. 〈牟宗三先生對「外王學」的省察與開擴〉，《鵝湖月刊》第 384 期（2007），頁 12-17。
44. 〈中國哲學史的總檢討與新展望〉，《東方論壇》（青島大學學報）第 87 期（2007），頁 1-11。
45. 〈在西方衝擊下當代新儒家開顯的道路〉，《漢學研究通訊》第 109 期（2009）。
46. 〈新儒家與新外王〉，《鵝湖月刊》第 416 期（2009）。
47. 〈當代新儒家的興起及其文化貢獻〉，《新亞學報》第 28 卷（2010），頁 1-11。
48. 〈從書院說到儒家教化的落實〉，《鵝湖月刊》第 419 期（2010），頁 0-1。
49. 〈簡述牟宗三先生對朱子學的分判——為牟先生逝世二十週年而作〉，《鵝湖月刊》第 476 期（2015），頁 0-1。
50. 〈當代新儒家對漢語哲學之新詮釋〉，《中央大學漢語哲學研討會論文集》，2015。

51. 〈牟宗三先生與心性工夫〉，《鵝湖月刊》第 487 期（2016），頁 0-3。

後　記

今年（2015）是牟宗三先生逝世二十周年紀念，臺北和香港都舉辦國際學術會議，來解讀和討論他的哲學思想。我深深感到，牟先生一生之所講，不但思想透闢、義理深徹，而且最能激發文化意識和提揭文化理想。因此，我很早便自覺地投入講習中華文化和儒家思想的行列。沾溉既久，漸有所得。於是乎——

在隨文解讀之時，亦能不無新的詮釋。

在義理講習之中，亦能不無新的體悟。

在學脈傳承之際，亦能不無新的開展。

多年來，我出版了二十多本書，有的是專著，有的是論集，基本上都是講習我之所知與所信。我甚至認為，一個文化系統之所以能夠演進發展，其實就是持續的講習之功。如果我們不講習古聖賢的經典，文化就會枯萎而斷滅。如果我們不講論近世師儒的學問，學脈就會失去傳承。因此，講習既需要「舌耕、宣講」的隊伍，也同時需要「筆耕、翻譯」的隊伍。

我常想，如果當年沒有晉唐高僧全量翻譯佛經以為弘法之憑藉，佛教又怎麼可能成為中國民間最大的宗教！而在當前這個時代裡，中華民族還能不能再次重現玄奘時代「雄大恢弘」的譯場規模，好讓我們也能從容而持續地來「中譯西、西譯中」，使異質文化經過交流會通之後，也能水乳交融而孕育出新的生命。對此，我不勝嚮往之至。（按：拙著《中國哲學史》下冊509 頁「註 1」的含意，可一參。）

茲者，臺灣學生書局邀請郭齊勇教授和高柏園教授，主編一套講述當代新儒學的叢書。他們約我分擔一冊。為此，特從有關新儒學的論文講詞中，選取二十篇，分為八類目而編輯成冊。其中一半選自學生書局出版的《新儒家的精神方向》、《孔子的生命境界》、《哲學史與儒學論評》、《新儒家與新世紀》。另一半則選自近年來發表於期刊與學術會議之論文。這些文字，有的很長，有的很短，但同樣都具有「講習」的性質。而其論述也大體都能「本乎義理，順乎時宜，不悖事實，解答問題。」

我在時代的大風浪中，投入儒學復興的莊嚴行列，歲歲年年，都會留下一些文字，基本上也是我踐行講習的一些痕跡。如今有緣參與新儒學論文精選集的編寫，心中十分快慰。這套叢書，由兩岸三地之學者三十人分別執筆，各人所持之觀點立場，所取之角度層面，互有異同。其面對問題之觀察與論述，也有深淺廣狹之差別。這些都是可以預見的。但只要開闊心胸，自能相資相益，有容乃大，而匯為智慧之海，顯發理性之光。

在此，特向兩位總主編郭齊勇教授、高柏園教授致意，也向學生書局負責編輯實務的陳蕙文小姐致謝，同時並祝福所有關心新儒學的男女老幼身心康勝。

※　　※　　※

本精選集中，多半是歷年來出席國內外學術會議時宣讀的論文，或是發表於學術期刊的作品，我在不同時間、不同場合，討論新儒學相關的問題時，其論據的共同性是很大的。所以本集各文中，有不少相同的論述，不但觀念論點相同，文句也不免重複。那些重複的地方，正是我所學知、所體悟的重點。因此，行文之時，會有一些重複，也是很自然、很難免的。

另外，再說一句，本精選集最後一文〈半世紀「自我進益」之回思〉，可以略見我學思之全程。尚請讀者先閱，謹特致意。

2017.5. 蔡仁厚於臺中市孔子廟旁

國家圖書館出版品預行編目資料

蔡仁厚新儒學論文精選集

蔡仁厚著. – 初版. – 臺北市：臺灣學生，2020.05
面；公分. – (當代新儒學叢書)
ISBN 978-957-15-1822-0 (平裝)

1. 新儒學 2. 文集

128.07 108022439

蔡仁厚新儒學論文精選集

主編者 郭齊勇、高柏園
著作者 蔡仁厚
出版者 臺灣學生書局有限公司
發行人 楊雲龍
發行所 臺灣學生書局有限公司
地址 臺北市和平東路一段 75 巷 11 號
劃撥帳號 00024668
電話 (02)23928185
傳真 (02)23928105
E-mail student.book@msa.hinet.net
網址 www.studentbook.com.tw
登記證字號 行政院新聞局局版北市業字第玖捌壹號
定價 新臺幣五〇〇元
出版日期 二〇二〇年五月初版
ISBN 978-957-15-1822-0

12851